UNDERDOGS, MISFITS, AND THE ART OF BATTLING GIANTS

DAVID AND GOLIATH

以小勝大

弱者如何找到優勢，
反敗為勝？

麥爾坎·葛拉威爾——著　　李芳齡——譯

MALCOLM GLADWELL

全球好評推薦

這是一本洗練、引人入勝、發人省思的佳作，其中最高明、最迷人的一章把印象主義運動和大學入學選擇關連起來，凸顯選擇就讀頂尖大學的迷思——我們總以為讀頂尖大學能提供優勢，事實上，並不必然。

——《舊金山紀事報》（*San Francisco Chronicle*）

葛拉威爾的著作總是那麼扣人心弦，發人深思……，令人欽佩。

——《紐約時報》（*New York Times*）

本書帶領讀者深入了解各領域人物克服艱難的心路歷程，有英軍涉入愛爾蘭新教徒與天主教徒爭戰、癌症藥物研究、美國民權運動等等，無數的故事與精闢洞察交織成這本饒富趣味的著作。

——《華爾街日報》（*Wall Street Journal*）

引人入勝之作，葛拉威爾真是綜合大師！這位永駐的暢銷書作者展現過人的全新思考，也敦促我們跟進。

——《華盛頓郵報》（*Washington Post*）

葛拉威爾的著作之所以能夠暢銷數百萬冊，是因為他擅於解釋這世界的種種現象、臨界質量的威力、成功的無常性等等，並以有趣、易讀、鞭辟入裡的文風呈現他的洞察。

——《今日美國》（*USA Today*）

葛拉威爾擅長質疑傳統智慧之見，他在本書中檢視弱者戰勝強者的故事，世人往往認為這類故事是難以置信的奇蹟，但透過葛拉威爾的精闢分析，我們看到，這樣的事並非那麼難以置信，也絕非奇蹟。我們給這本佳作四顆星評價！

——《時人》雜誌（*People Magazine*）

流行文化評論家葛拉威爾是概念綜合大師，擅長把來自種種不同領域（從商界到科學界到聖經）的概念結合起來，形成看待世界的新思維。

——美國《讀者文摘》（*Reader's Digest*）

目錄

PART 3 懷柔寬容是最強大的力量

耶和華卻對撒母耳說：「不要看他的外貌或他身材高大，我不揀選他，因為耶和華不像人看人，人是看外貌，耶和華是看內心。」

——《聖經》〈撒母耳記（上）〉第十六章第七節

INTRODUCTION

前言　牧羊少年的逆襲

非利士人（歌利亞）對大衛說：「你拿杖到我這裡來，我豈是狗呢？」
——《聖經》〈撒母耳記（上）〉第十七章第四十三節

楔子

示非拉（Shephelah）是綿延於猶大山地和地中海沿海平原之間的山麓丘陵，這片山谷橫貫之地是古巴勒斯坦的核心區，風景秀麗，葡萄園、麥田，以及篤耨香樹和無花果樹林地交織錯落其中。同時，這地區也具有極大的戰略重要性。

幾世紀以來，為爭奪這片地區的掌控權，爆發了無數戰役，因為東西橫貫於示非拉上的多條谷地是住在地中海沿海平原上的人們通往猶大山地上的希伯崙、伯利恆、耶路撒冷等城市的要道。其中，最重要的谷地是北支的亞雅崙谷（Aijalon Valley），但最著名的是以拉谷（Elah Valley），十二世紀時，薩拉丁（Saladin）就是在此地抗擊東征的十字軍；比這更早的一千多年前，在猶太人反叛敘利亞王的瑪可比戰爭（Maccabean wars）中，以拉谷是核心地。不過，以拉谷最著名、最為世人所知的故事是《舊約全書》中的記載：羽翼未豐的以色列王國在這裡和非利士人打仗。

非利士人的家鄉是東地中海的克里特島，遷徙至巴勒斯坦，定居於沿岸地區，以色列人則群居於山區，受掃羅王的統領。西元前十一世紀後期，非利士人開始朝東沿著以拉谷地往上游遷徙，他們的目標是占領靠近伯利恆的山區，並且把掃羅的王國一分為二。非利士人驍勇善戰，極其兇猛，是以色列人不共戴天的仇敵，心生警覺的掃羅王召聚其百姓，趕著下山去抵抗他們。

非利士人在以拉谷南邊山地安營，以色列人紮營於北邊山上，兩軍隔谷對峙，雙方都不敢輕舉妄動，因為進攻者必須下山至谷地後，再爬上另一邊山地，這無疑是自殺行動。最終，這樣的對峙僵持令非利士人沉不住氣了，他們派出他們最勇猛的戰士下至谷地討戰。

他是個巨人，身高至少兩百公分，頭戴銅盔，身穿鎧甲，背負銅戟，持矛佩刀，另有一個拿著大盾牌的人走在他前面。這巨人對著以色列人呼叫：「從你們中間揀選一人，使他下到我這裡來，他若能與我戰鬥，將我殺死，我們就做你們的僕人。我若勝了他，將殺死他，你們就做我們的僕人，服事我們。」

以色列營中無人敢動，誰贏得了如此駭人的對手啊？有個經常到伯利恆為父親放羊的少年，聽照父親的吩咐，送食物到以色列營裡給他的三個哥哥。那非利士巨人叫戰的話，這少年都聽見了，他志願去與那巨人戰鬥，但掃羅王反對，掃羅對他說：「你不能去與那非利士人戰鬥，因為你年紀太輕，他自幼就作戰。」但這年輕的牧羊人很堅定，他說他在放羊時，曾經面對過比這更兇猛的對手，他對掃羅說：「為父親放羊時，有時來了獅子，有時來了熊，從群中啣一隻羊羔去，我就去追趕牠，擊打牠，將羊羔從牠口中救出來。」掃羅被這少年說服，同意讓他出戰。這少年便下至山谷，迎向那巨人，那巨人見了這年輕的對手，便對他叫道：「來罷，我將你的肉給空中的飛鳥和田野的走獸喫。」史上最出名的戰役之一於焉展開，這巨人名叫歌利亞，少年名喚大衛。

不堪一擊的巨人

本書《以小勝大》談的是當普通人遭遇巨人時的情形，我所謂的「巨人」，指的是所有各種類型的強大對手，舉凡軍隊、強壯的戰士、巨大的不幸、災難、迫害等等，皆包含在內。本書每一章敘述不同的故事：某個著名或默默無聞者，資質普通或聰穎者面臨大挑戰而被迫作出反應的故事。遭遇這種境況，我該依循牌理出牌抑或依憑自己的直覺行事？我該百折不撓抑或棄械投降？我該反擊抑或寬恕？

我想藉由這些故事來探討兩個觀念，第一個觀念是，我們認為珍貴的東西，有很多是來自這種力量懸殊的衝突對立，因為，這種力量懸殊的對抗行動中往往產生偉大與卓越。第二個觀念是，我們往往錯誤解讀這類對立局面，巨人並非如我們所想的那般巨不可摧，賦予他們力量與長處的那些特質往往也正是他們的大弱點源頭。弱勢者往往能做出我們意想不到的改變：他們能夠開啟門徑，創造機會，帶來教育和啟蒙，使原本似乎難以想像、毫無可能之事變成有可能做到。如何應付巨人，我們需要更好的指南，最佳起始點莫過於回顧三千年前大衛與歌利亞在以拉谷的那場英勇之戰。

歌利亞向以色列人叫戰時，他要求來一場所謂的「單挑」，這在古代很常見，對立的兩邊想避免大規模的流血衝突時，便各自挑選一位代表的戰士出戰。例如，西元前第一世紀編年史作者昆圖斯・克勞迪斯・夸德里嘉里斯（Quintus Claudius Quadrigarius）敘述在一場戰鬥中，一名高盧戰士嘲笑敵對的羅馬人，「這立刻大大激怒了一名年輕的羅馬貴族之子提圖斯・曼利烏斯（Titus Manlius）。」夸德里嘉里斯寫道。提圖斯叫那個高盧人來一場單挑：

他無法忍受羅馬人的英勇被一名高盧人羞辱，便站了出來。他一手持盾，一手握著一把西班牙刀，面對那個高盧人，戰鬥在安尼奧河（Anio River）橋上進行，邊上兩軍眾目睽睽，屏息焦慮。那高盧人用自己的戰鬥法，前舉盾牌，等候對方攻擊；曼利烏斯則是仰仗勇氣，而非技巧，舉起盾牌去攻擊那高盧人的盾牌，令那高盧人失去平衡。高盧人試圖回穩姿勢之際，曼利烏斯一再舉盾攻擊其盾，迫使高盧人改變立足之地。就這樣，曼利烏斯躲過高盧人刺出的刀，並以其西班牙刀刺中他的胸……。曼利烏斯殺死那高盧人後，割下他的頭，切下他的舌，把那血淋淋的舌貼到自己的頸上。

歌利亞當時就是如此預期的：一名跟他相仿的以色列戰士將站出來，與他進行勢均力敵的搏鬥。他料想中的這場戰鬥就是如此，並據此料想而做準備，為保護己身，他穿上的鎧甲罩著手臂，長達膝部，重達一百多磅，腿上還有銅護膝，銅片長到蓋住雙腳以為保護，頭戴厚重銅盔。他帶著三種武器，為勢均力敵之戰而備，那支純銅打造的戟能夠刺穿盾牌或盔甲，他的臂上佩掛上一把刀，他的首要武器是一支特製的矛槍，槍桿粗如織布的機軸，還有很重的鐵槍頭，使矛槍擊出時帶有很強的力道和準確度。誠如歷史學家毛許・賈西爾（Moshe Garsiel）所言：「在以色列人看來，當歌利亞用其強壯的手臂揮出這種粗桿、有重槍頭的特製毛槍時，似乎能夠同時刺穿任何的銅盾和銅製盔甲。」所以，你明白何以沒有一個以色列人敢出來與歌利亞對戰了吧？

可是，大衛出現了。掃羅王想讓大衛穿戴上自己的鎧甲、銅盔和盔甲，並帶上自己的刀，讓他至少有一搏的機會，但大衛拒絕了，「我穿戴這些，不能走，因為素來沒有穿慣。」他對掃羅說。大衛去溪中挑選了五塊光滑的石子，放在肩背的袋囊裡，手中拿著牧羊的杖子，便走下山谷。歌利亞看見走向他的這少年，覺得受到羞辱，他預期來與他一搏的會是個經驗豐富的戰士，不意來了個牧童，似乎想用他的牧羊杖來對付他的利刀呢！歌利亞瞧著那牧童手裡的杖子，說道：「你拿杖到我這裡來，我豈是狗呢？」

接下來發生的事，就是千古流傳的傳奇了。大衛從袋囊裡掏出一塊石子，把它裝入投石器的皮囊裡，石子甩射出去，擊入歌利亞暴露於銅盔外的額頭內，歌利亞面朝下仆倒在地，大衛跑過去，將巨人的刀拔出來，殺死他，並割下了他的頭。「非利士眾人看見他們討戰的勇士死了，就都逃跑。」《聖經》上這麼載述。

一個弱勢者就這麼出乎所有人意料之外地、神奇地打贏了，此後多世紀，世人如此述說與流傳這故事，而「大衛與歌利亞」這名詞也被用來比喻不太可能發生的勝利。問題在於，這個故事版本中幾乎所有的敘述和解讀都不正確。

刀與.45自動手槍的對抗

古代的軍隊裡有三類戰士，第一類是騎兵，也就是騎著馬或駕乘戰車的武裝戰士，第二類是穿戴盔甲、手持刀劍與盾牌的步兵，第三類是發射投擲兵，或是我們今日所謂的砲兵，古代的砲兵包括弓箭手和最重要的投石手①。投石手有一個以長繩索貫穿兩端的皮囊，他們把岩石或鉛球放入皮囊裡，以漸快速度和漸廣幅度甩動，然後鬆開一端繩索，把岩石或鉛球甩出。

投石需要卓越技巧與極大量的練習，但在經驗豐富者的手中，投石是殺傷力驚人的武器。中世紀的圖畫顯示，投石手能夠擊中飛行中的鳥，據說，愛爾蘭的投石手能夠在很遠的距離外，擊中他們看見的一枚硬幣，《舊約全書》〈士師記〉中形容有精兵能用機弦甩石打人，毫髮不差。一個訓練有素的投石手能夠在兩百碼外甩石擊死或重傷目標②，羅馬人甚至有特製的鉗夾，專門用來取出被擊入士兵體內的石子。想像站在職棒大聯盟的投手前，讓他瞄準你的額頭投球，當你面對訓練有素的投石手時，就是這種情形，但不同的是，他投擲的可不是軟木和皮革製成的一顆球，而是一塊硬邦邦的石頭！

歷史學家巴魯奇．哈爾朋（Baruch Halpern）指出，在古代的戰事中，投石非常重要，是以，這三類戰士可相互制衡，就像猜拳時的剪刀、石頭、布這三種手勢的相互克制。穿戴盔甲和手持長矛的步兵能對抗騎兵；騎兵能打敗發射投擲兵，因為馬兒跑得快，發射投擲兵難以瞄準；而發射投擲兵是步兵的死敵，因為步兵被厚重的盔甲拖累，猶如靜止不動的鴨子，等著發射投擲兵從一百碼外的攻擊。哈爾朋寫道：「所以，在伯羅奔尼撒戰爭中，雅典人遠征西西里島時慘敗，修昔底德（Thucydides，古希臘歷史學家，著有《伯羅奔尼撒戰爭史》）詳述了穿戴笨重的雅典步兵大軍如何在西西里島山區遭到當地的輕步兵擊潰，主要就是敗在當地軍使用的投石戰術。」

歌利亞是穿戴笨重的步兵，他以為他將遭遇的對手也是穿戴笨重的步兵，就如同提圖斯・曼利烏斯和高盧人對搏的情形。當他對大衛說：「來罷，我將你的肉給空中的飛鳥和田野的走獸喫。」關鍵語是「來罷」，他意指走近我，讓我們近身對搏。掃羅試圖讓大衛穿戴上自己的鎧甲和銅盔和盔甲，並帶上自己的刀，這麼做也是基於相同的設想，他認為大衛將和歌利亞貼近對搏。

但是，大衛根本無意採行這種單挑術。他告訴掃羅，他曾經在牧羊時打死獅子和熊，這些話的目的不僅是要證明自己的勇氣，也道出了另一個重點：他打算用擊敗野獸時學到的方法來對付歌利亞，那就是以發射投擲術來對抗步兵。

大衛跑向歌利亞，因為他沒有穿戴笨重的盔甲，故而能夠迅捷行動。他把石子放入投石器裡，愈來愈快速地甩動大約每秒旋轉六、七圈，瞄準歌利亞的前額，那是全身穿戴盔甲的巨人暴露的唯一弱點。以色列國防部彈道學專家伊騰・赫許（Eitan Hirsch）最近做了一連串計算後指出，一名技巧純熟的投石手在三十五公尺外甩擲一顆普通大小的石子，將以每秒三十四公尺的速率擊中歌利亞的頭部，石子足以射穿著其頭骨，令他不省人事或死亡，這相當於一般規格的現代手槍具有的制止力（stopping power）。赫許在其研究文獻中寫道：「我們發現，大衛有可能在僅僅一秒稍多一點的瞬間甩石擊中歌利亞，這時間短促到令歌利亞無法作出自衛動作，在這一秒多的瞬間，他實際上是處於靜止不動狀態。」③

話說回來，歌利亞又能做什麼呢？他穿戴一百多磅的盔甲，他所做的準備是針對近身對搏——穩如泰山地站定，用他的盔甲抵擋攻擊，用他的矛槍重重出擊。他看到大衛迎面走來時，先是藐視他，繼而驚訝，接著就只能以恐怖二字來形容了，因為他所預期的戰役突然變局，變得他措手不及。

大衛對歌利亞說：「你來攻擊我，是靠著刀槍和銅戟，我來攻擊你，是靠著萬軍之耶和華的名，就是你所怒罵帶領以色列軍隊的神。今日，耶和華必將你交在我手裡，我必殺你，斬你的頭。……使這眾人知道耶和華使人得勝，不是用刀用槍，因為爭戰的勝敗全在乎耶和華，他必將你們交在我們手裡。」

在這段話中，大衛兩度提及歌利亞的刀和槍，彷彿是要強調他的意圖有多麼深切不同於非利士人的意圖。接著，大衛從他的袋囊裡掏出一塊石子，在那一刻，谷地兩邊山上的觀戰者中無人認為大衛可能得勝。大衛是個投石手，投石手輕易地擊敗步兵。

歷史學家羅伯・朵倫文（Robert Dohrenwend）寫道：「與大衛對戰，歌利亞的贏面就如同任何一名銅器時代戰士用刀對抗使用.45自動手槍的敵手。」④

勝利不必靠蠻力

對於那天發生於以拉谷之情事，為何會有這麼多的誤解？首先，那場決鬥凸顯了我們對於力量的愚蠢假定。掃羅王之所以懷疑大衛的贏面，係因為大衛弱小，歌利亞強壯。掃羅思考的是身材體能層面的力量，他沒有思考到**力量也可以來自其他形式，例如打破規則、以速度和出奇不意取勝對方的蠻力**。犯此錯誤的，當然不只有掃羅，在本書中，我將會舉證論述，現今的我們繼續犯此錯誤，導致後果，付出代價，諸如我們對小孩的教育方式，我們打擊犯罪與應付騷亂的方式。

其次是一個更深層的問題，掃羅和以色列人以為他們了解歌利亞是何等的角色，他們打量他的身形外貌後便驟下結論，認定他的能耐。但他們並沒有認真察看他，事實上，歌利亞的行為很奇怪，照理說，他應該是強而有力的非凡戰士，但他的舉止卻不像如此了得。他走下谷地時，有一個拿盾牌的人走在他前頭。在古代，舉盾者往往和弓箭手一起作戰，因為弓箭手無法騰出手來拿持任何的防護具。向以色列人叫戰進行刀對刀單挑的歌利亞，怎麼會需要一個舉盾牌的第三者來幫助他呢？

還有，他為何會對大衛說「來罷！」為何他不上前迎向大衛？《聖經》的敘述強調歌利亞的行動緩慢，就一個被稱為驍勇善戰、力大無窮的戰士而言，這實在很奇怪。總之，在看見未持刀盾、未穿盔甲的大衛走下山時，歌利亞為何沒能更快速反應？看見大衛時，他的第一反應是被羞辱了，照理說，見到前來應戰者是出乎意料的薄弱少年時，他應該感到驚嚇才對。歌利亞似乎沒在注意周遭情勢，甚至，當他看到大衛手持牧羊杖時，他說的話也很奇怪：「你拿杖（sticks）到我這裡來，我豈是狗呢？」他說的「杖」是複數，可是，大衛只持著一根杖啊！

事實上，現在有許多醫學專家相信，歌利亞有嚴重的健康問題，他的外貌和聲音像是罹患肢端肥大症（acromegaly），這是腦下垂體有良性腫瘤導致的疾病，腫瘤導致過度分泌生長激素，這可以解釋何以歌利亞的身材異常巨大。⑤〔史上最高的人是羅伯・瓦羅（Robert Wadlow），他就是肢端肥大症患者，二十二歲去世時身高二百七十公分，當時，他仍然在繼續長高。〕

肢端肥大症的常見副作用之一是視力問題，腦下垂體中的腫瘤可能會生長至壓迫到視神經，致使患者出現嚴重的視野缺損和複視。為何會有另一名非利士人在前領著歌利亞下至山谷呢？因為此人是歌利亞的視導人。為何歌利亞的行動如此緩慢呢？因為他的視覺受損，他眼中的周遭模糊不清。為何他這麼遲才明白大衛已經改變了決鬥規則？因為直到大衛走得近了，歌利亞才看見他。歌利亞對大衛叫道：「來罷，我將你的肉給空中的飛鳥和田野的走獸喫。」這句話就已經暗示了他的弱點：我需要你向我靠近，否則，我看不到你。此外，他說：「你拿杖到我這裡來，我豈是狗呢？」大衛只持著一根杖，歌利亞卻看到他持著兩根杖，這應是肢端肥大症引發的複視所致，否則無法解釋啊。

在山上的以色列人看到的是一個嚇人的巨人，其實，令他身形如此巨大的原因也正是他最大的弱點源頭。**對於和所有種類巨人對抗的戰役，這給了我們一個重要啟示：強者未必強如其表。**

勇氣與信念賦予大衛力量，使他跑向歌利亞，歌利亞沒看到他跑來，沒看清他的迅捷動作，轉瞬間，歌利亞便倒地，他的身軀太龐大，他的動作太遲緩，他的視野太模糊，以致於沒能領會到形勢已經大轉變了。這麼多世紀以來，我們一直錯誤地敘述這類故事，本書就是要扳正它們。

注解

① 在古代，人們知道大衛是個投石能手後，就沒人懷疑他的戰術優勢了。古羅馬軍事史家維蓋提烏斯（Vegetius）在其著作《論軍事》（*Military Matters*）中寫道：新兵被教導用手及投石器彈射石子的技術，據說，西地中海巴利阿里群島（Balearic Islands）的島民是投石器的發明者，並且非常嫻熟於投石技巧，據說這跟他們養育小孩的方式有關。那裡的小孩在首次學會使用投石器之前，不准與他們的母親一起用餐。士兵儘管穿戴盔甲，但相較於被敵人的箭射中，被投石器彈射的石子擊中往往令他們更加惱怒。彈射的石子可以致人於死，但不嚴重損毀身體，因為被石頭擊中的挫傷可以致命，但不流血。舉世皆知，古代人在所有的交戰中都會使用投石手。教導所有士兵一律得熟練這項技能，還有更重要的理由：任何障礙都無法對付投石器，而且，投石器往往是最有效用的武器，尤其是在多石頭的地區交戰、防禦一座山或高地，或是驅逐攻擊城堡或城市的敵人時。

② 現代世界的投石紀錄是由賴利・貝瑞（Larry Bray）在一九八一年所創的四三七公尺，很顯然地，在如此遠的距離，準確度將降低。

③ 參見Eitan Hirsch, Jaime Cuadros, and Hoseph Backofen, "David's Choice: A Sling and Tactical Advantage," *International Symposium on Ballistics*（Jerusalem, May 21-24, 1995）。以下節錄此研究報告的一部分：「以屍體及混合迷你模擬模型進行的實驗顯示，用6.35mm直徑的鋼彈以370公尺／秒速度，產生七十二焦耳的能量就足以穿入（但沒有穿出）顱頂骨。鋼彈不需要穿入顱頂骨內，只需擊中前骨的一部分，就能導致顱骨斷裂，或是導致此人失去意識。顱頂骨受到這種衝擊時，會導致血管及腦部組織的壓力升高，……由於腦部的動作落後於頭蓋骨的動作，欲產生這兩種

作用，分別需要約四十及二十焦耳的能量。」赫許在一場科學會議中提出前述研究報告，他在給我的電子郵件中加了下文：「那場會議結束後隔一天，一位與會者告訴我，在大衛與歌利亞對決的谷地，可以找到質量密度達4.2克／立方公分的硫酸鋇石（一般圓石的質量密度只有約2.4克／立方公分），若大衛當時挑了一顆硫酸鋇石來對付歌利亞，他的優勢會顯著增大。」

④前以色列國防部長、領導以色列在一九六七年「六日戰爭」中獲得壓倒性勝利的指揮官摩西・戴揚（Moshe Dayan）也寫過文章評論大衛與歌利亞的故事。戴揚指出：「大衛並非以較差的武器戰勝歌利亞，而是以較優的武器贏了他；大衛的偉大之處並不在於他自請出戰遠遠比他強壯的對手，而是他懂得如何利用一項武器，使薄弱的人能藉此抓住優勢而變得更強。」

⑤最早提出歌利亞可能罹患肢端肥大症的文獻是：C. E. Jackson, P. C. Talbert, and H. D. Caylor, "Hereditary hyperparathyroidism," *Journal of the Indiana State Medical Association* 53 (1960): 1313-16。史丹利・斯普萊徹（Stanley Sprecher）醫生在一九九〇年七月號的《放射學》（*Radiology*）期刊上投書指出：「無疑地，歌利亞的巨大身材是因為腦下垂體巨腺瘤導致的肢端肥大症，他的腦下垂體腫瘤顯然已經大到壓迫其視神經交叉而導致視野缺損，因此，他無法看清楚繞著他轉圈的大衛。肢端肥大症患者的一個常見特徵是額竇撐大，導致其額骨非常薄，於是，打中歌利亞的石頭穿過非常薄的額骨，進入他的顱頂。石頭卡在他肥大的腦垂體裡，導致腦垂體出血，造成小腦幕腦疝脫（transtentorial herniation）而死亡。」有關於歌利亞的殘疾，最完整的研究報告是以色列神經病學家伍拉迪米爾・柏吉納（Vladimir

Berginer）提出的，他也強調走在歌利亞前面的舉盾者的可疑性質，參見Vlasimir Berginer and Chaim Cohen, "The Nature of Goliath's Visual Disorder and the Actual role of His Personal Bodyguard," *Ancient Near Eastern Studies* 43 (2006)：27-44。兩位作者在文中寫道：「因此，我們推測，最早使用『持盾者』這個名詞的是非利士人，用以委婉尊稱為視覺受損的歌利亞當前導者之人，以免損及這位英勇的非利士戰士的聲名。」

PART

1

優點未必是優勢

假作富足的，卻一無所有；裝作窮乏的，卻廣有財物。

——《聖經》〈箴言〉第十三章第七節

CHAPTER

1

率領烏合之眾打勝仗的阿拉伯的勞倫斯：相信「強者必勝」，就是永遠的輸家

考古學家出身的阿拉伯的勞倫斯，率領被視為「烏合之眾」的貝多因人打敗強大的土耳其軍隊。從未打過籃球的教練拉納戴夫，帶領球技不佳的年輕女孩挺進了全美錦標賽。因為在他們眼裡，巨人未必是戰勝的一方。我們要有怎樣的思維，才能讓自己成為勞倫斯或拉納戴夫，不會視傳統模式或常規為必然或既定？

只會一招的球隊，戰勝群雄

維微克・拉納戴夫（Vivek Ranadivé）決定當其女兒安嘉麗的籃球隊教練時，他訂下兩個原則。第一，他絕對不會高聲叫罵，這是全美青少年籃球賽（National Junior

Basketball），是籃球小聯盟，球隊隊員大多是十二歲的孩子，經驗告訴他，叫罵對十二歲的孩子不怎麼管用。他決心要把他經營治理軟體公司事業的那一套搬到籃球場上，他要平靜溫柔地說話，他要訴諸理智與常識，使那些女孩信服他的方法中的智慧。

第二個原則更為重要。拉納戴夫對於美國人打籃球的方式感到不解，他出生於孟買，伴著他成長的是板球和足球，他永遠忘不了生平第一次觀看籃球賽時的感覺，他覺得那是不動腦子的運動比賽。甲隊得分後立刻退防自己的前場，乙隊從邊線傳球進場，運球至甲隊前場，而甲隊隊員則是在那一端耐心等候。其後，這流程再倒反過來。

正規籃球場長九十四英尺，絕大部分時間，一隊只防守約二十四英尺的場地，其餘七十英尺則是消極而不做防守動作。球隊偶爾會打全場緊迫盯人防守，阻撓對方把球向前推進，但每次採取這種全場緊逼防守時，他們只會打上幾分鐘。拉納戴夫覺得，這彷彿就像籃球界對於比賽模式有某種共謀，而這種共謀造成強隊和弱隊的落差愈加擴大。強隊有高大、運球和投籃技巧皆優的球員，他們能在對手半場俐落地執行他們精心準備的進攻戰術。那麼，奇怪的是，弱隊的打法為何也是防守約二十四英尺場地，讓強隊能夠輕而易舉地做他們那麼擅長做的事呢？

拉納戴夫看著他執教球隊的女孩們，摩根和茱利亞是熟練的籃球員，但妮基、安琪拉、達妮、荷莉、安妮卡和他的女兒安嘉麗從未打過籃球賽，她們不全是高個兒，她們射籃不準，也不特別擅長運球，她們不是那種每天傍晚都去籃球場隨機湊隊較勁的孩子。拉納戴夫居住於加州矽谷核心地的門洛帕克市（Menlo Park），他形容他的球隊是由「金髮小女孩」組成的，她們是科技怪胎和電腦程式設計師的女兒，她們參與科學研究計畫，閱讀長而複雜的書籍，夢想長大後成為海洋生物學家。拉納戴夫知道，若他的球隊採取傳統打法，不加防阻地讓對手把球運至前場，她們鐵定會輸給那些熱愛、熟練籃球的女孩。拉納戴夫在十七歲時帶著五十美元來到美國，他可不是輕易認輸的人，所以，他的第二個原則是，他的球隊每場比賽都要整場打全場緊迫盯人防守。這支球隊最終打進全美錦標賽，「這其實是個偶然，我父親以前從未打過籃球。」安嘉麗・拉納戴夫說。

不按牌理出牌的「阿拉伯的勞倫斯」

彙總過去兩百年間人口與軍力相差十倍以上的大國與小國之戰，你認為在所有這些戰爭中，大國勝利的比例有多大？我想，多數人都會認為接近百分之百，畢竟，十倍的差距相當大。不過，正確答案恐怕會讓你驚訝，幾年前，政治學家伊凡・厄瑞根托福特（Ivan

Arreguín-Toft）算了一算，大國戰勝率是七一・五％，也就是說，小國獲勝率近三〇％。

接著，厄瑞根托福特提出了一個稍稍不同的問題：在強弱懸殊的交戰中，當弱國像大衛那樣拒絕以強國想要的方式交戰，選擇採用非傳統戰術或打游擊戰，強弱兩方的獲勝率呢？答案是：弱國的獲勝率從二八・五％提高至六三・六％。舉例而言，美國人口是加拿大人口的十倍，若兩國交戰，加拿大選擇採用非傳統戰術，徵諸歷史，你應該押注加拿大會打贏。

我們以為弱勢的一方不太可能勝出，正因此，長久以來，大衛與歌利亞的故事深刻迴盪在人們心中。但厄瑞根托福特指出，弱者打敗強者是常有之事。那麼，何以每當有大衛擊敗歌利亞時，總是令我們震驚呢？為何我們總是自然而然地認定較小或較窮或能耐技巧較差者必定處於劣勢？

舉例而言，在厄瑞根托福特彙總的清單中，戰勝的弱勢者之一是英國軍官湯瑪斯・勞倫斯（Thomas Edward Lawrence，亦即著名的「阿拉伯的勞倫斯」），他在一次大戰末領導阿拉伯人起義反抗占領阿拉伯的土耳其人（奧圖曼帝國）。英國人幫助阿拉伯人起義，他們的目標是要摧毀土耳其人興建的、從大馬士革延伸至漢志沙漠（Hejaz Desert）的鐵路。

這是非常艱巨的任務，土耳其人擁有強大的現代軍隊，勞倫斯指揮的是難以約束的貝多因人組成的民兵。貝多因人不是訓練有素的士兵，他們是游牧民族，派駐該地區的英國軍官溫蓋特勛爵（Sir Reginald Wingate）稱他們為：「烏合之眾，其中多數人過去從未用過步槍。」不過，他們很強悍，行動迅捷，典型的貝多因士兵只攜帶一把步槍、百發子彈、四十五磅麵粉，縱使在夏季，一天也能橫越沙漠達一百一十英哩。因為擅於在沙漠中找到水源，他們攜帶的飲水不超過一品脫。「我們的王牌是速度與時間，不是攻擊力。」勞倫斯寫道：「我們可以取得的最大資源是部族男子，他們很不習慣打正規戰，他們的才能是行動力、耐力、個人機智、對國家的知識、勇氣。」

十八世紀的法國將領毛里斯・薩克斯（Maurice de Saxe）有句名言：「戰爭之技靠的是腿，不是手。」勞倫斯的士兵全都是腿功了得。一九一七年春的連續行動中，他的士兵在三月二十四日於巴伊爾（Buair）炸毀六十節鐵軌，切斷一條電報線路；三月二十五日在阿布納姆（Abu al-Naam）破壞一列火車和二十五節鐵軌；三月二十七日在伊斯塔堡安塔（Istabl Antar）炸毀十五節鐵軌，切斷一條電報線路；三月二十九日襲擊土耳其駐軍，讓一列火車出軌；三月三十一日重返巴伊爾，再度破壞鐵路；四月三日在希地亞（Hedia）炸毀十一節鐵軌，四月四日及五日襲擊瓦迪達吉（Wadi Daiji）地區的鐵路線，四月六日又在此地發動第二次攻擊。

勞倫斯的傑作是攻占亞喀巴港（Aqaba）。土耳其軍預期攻擊將來自在西邊阿拉伯灣水域巡航的英國軍艦，勞倫斯決定繞道東邊不設防的沙漠城市出擊，為此，他率領部隊大膽地繞了六百英哩的大圈子，從漢志沙漠向北進入敘利亞沙漠，再轉回頭朝西南方的亞喀巴港前進。此時是酷熱的夏季，這兜大圈的路線行經中東最荒涼的一些地區，勞倫斯還刻意加了一段行程，轉向前往大馬士革邊緣地區，以誤導土耳其軍，使他們搞錯他的意圖。「這年，谷地似乎充滿角毒蛇、鼓腹毒蛇、眼鏡蛇、黑皮蛇。」勞倫斯在其自傳《智慧七柱》（*Seven Pillars of Wisdom*）裡描述這段繞道奇襲的一段過程：

> 天黑之後，我們不能輕率取水，因為水塘或其周邊有蛇。兩度有鼓腹毒蛇鑽進我們圍坐邊喝咖啡、邊商討議論的警戒圈內，三名弟兄被咬而死，另四人在歷經劇痛、恐懼、毒肢腫脹之後幸運撿回性命。哈威塔族（Howeitat）的做法是用蛇皮膏塗在傷部後包紮起來，為傷者頌可蘭經，直到他死去。

終於抵達亞喀巴港後，勞倫斯率領的數百名戰士殺死或俘擄了一千兩百名土耳其軍，勞倫斯的陣營僅僅折損兩員。土耳其軍根本沒料到他們的對手會瘋狂到去繞道沙漠一大圈來攻擊他們。

溫蓋特勛爵稱勞倫斯的兵為「烏合之眾」，他認為土耳其軍具有壓倒性優勢。但你能看出這有多奇怪嗎？像土耳其軍這樣擁有大量士兵、武器和資源是一項優勢，這卻使他們動不了，迫使他們變成防禦的一方。另一方面，勞倫斯的麾下弟兄們充滿行動力、耐力、個人機智、對國家的知識和勇氣，使他們能達成不可能的任務，繞個大圈，從東邊攻擊亞喀巴港，這戰略大膽妄為到致令土耳其軍根本不見敵軍殺至而措手不及。**有些優勢來自擁有有形資源，有些優勢則是來自缺乏有形資源，弱勢者之所以常打贏，原因在於後者與前者有時是不分軒輊的優勢**，阿拉伯的勞倫斯了解這點，拉納戴夫和他的烏合之眾球員也了解這點。

不知何故，我們很難學會這教訓。我認為，**我們對於何謂「優勢」，抱持著一個很僵化且偏限的定義，我們以為有助益的事物，其實並無助益，我們以為無助益之事物，其實使我們變得更強壯、更明智**，本書的第一個部分要探討的是這種錯誤思維導致的後果。當我們看到巨人時，為何我們自然而然地認定他將是戰勝的一方？怎樣的思維或素質才能使一個人像大衛或阿拉伯的勞倫斯或拉納戴夫及其矽谷宅女籃球隊那樣，不會視傳統模式或常規為必然與既定？

不打正規戰，才能異軍突起

在全美青少年籃球賽中，拉納戴夫的籃球隊代表紅木市參加七、八年級組的比賽，她們在聖卡洛斯市附近的佩伊體育館練球。拉納戴夫從沒打過籃球，他招募了一些專家來協助他，第一位是在他的軟體公司任職的前職業運動員羅傑・克雷格（Roger Craig）①。克雷格加入之後，他又招募女兒蘿蜜翠（Rometra Craig），大學時期打籃球校隊的蘿蜜翠常被教練指派負責防守對方的最佳球員，以使對方施展不了拳腳。紅木市隊女孩們非常喜愛蘿蜜翠，「她就像我的大姐姐，有她，真是太棒了。」安嘉麗說。

紅木市隊的策略，是以籃球比賽中進攻一方隊進球時，不得違例的時間限制為基礎。第一個時間限制是邊線發球的時間限制，甲隊得分後，乙隊的某個球員拿球至邊線外發球時，必須在五秒內發球進場給隊友，超過五秒就違例，球權將還給甲隊。這通常不是問題，因為防守方的球員不會積極地阻撓進攻方發球進場，他們大多跑回自己的前場。但紅木市隊不循此傳統模式，該隊的每個球員如影隨形地防守自己負責防守的對象。

通常，當有球隊打緊迫盯人戰術時，防守方的球員會站在自己負責防守的球員背後，以便在此進攻球員拿到邊線發進來的球之後，阻撓她接下來的進攻。但紅木市隊的女孩採取打得更積極的高風險策略，她們站在對手前面阻撓對手取得邊線發進來的球。而且，紅木市隊沒有人去防守對方在邊線發球進場的那個球員，拉納戴夫認為不必這麼做，他讓多出來的那個球員當個機動者，是協助防守對方最佳球員的第二個防守員。

「想想美式足球吧，」拉納戴夫說：「四分衛可以持球跑動，整個場上有他可以傳球的隊友，但成功傳球仍然是難得要命。」籃球更難，場地較小，有五秒的限制，球更大、更重。在紅木市隊的防守戰術之下，其對手球隊往往無法在五秒之內從邊線發球進場，或是發球員心想著五秒將過，著急之下便胡亂地把球拋出，或是傳出的球被紅木市隊攔截。紅木市隊女孩們的防守很瘋狂。

第二個時間限制是十秒違例，進攻方必須在十秒內帶過中場線。若紅木市隊的對手成功在五秒內把球發進場，紅木市隊的球員便會把注意力轉移至第二個時間限制，她們湧向那接到邊線傳進球的對方球員去攔阻她。安嘉麗是指派的攔阻員，她會衝過去，伸張她的長臂包夾運球員，她可能把球抄截，或是造成對手在情急之下慌亂地把球拋出，或是對手被封鎖而十秒違例。

「一開始，我們當中沒人懂得如何打防守戰術什麼的，」安嘉麗說：「所以，我父親就不厭其煩地詳細解說，他說：『妳們的工作就是防守，確保在我們的發球線戰術中，她們無法拿到球。』抄截到對方的球，那真是世上最美妙的感覺，我們一而再、再而三地緊迫盯人和抄截，令對方緊張極了。有球隊遠比我們優秀，身經百戰，還是被我們打敗了。」

在這種不讓對方成功發球進場和帶球過中線的策略下，紅木市隊常在開賽後取得4－0、6－0、8－0、12－0的領先，有一次甚至取得25－0的領先。由於這種戰術總是使她們在靠近對手籃下之處取得球，因此，她們很少需要嘗試命中率低的長射，長射需要技巧和苦練，她們多是帶球上籃。在紅木市隊那年輸的幾場比賽之一，紅木市隊只有四人在場，她們仍然打全場緊迫盯人，最後只輸了三分。

「打防守戰術使我們能隱藏我們的弱點，」蘿蜜翠說：「我們沒有優秀的長射手，沒有最高的球員陣容，但只要我們打緊逼防守，我們就能抄截，打容易的帶球上籃。我很坦白地告訴這些女孩：『我們不是最優的球隊』，但她們了解她們的角色。」十二歲的女孩為蘿蜜翠上場作戰，「她們棒透了。」她說。

勞倫斯攻擊土耳其軍的弱點——鐵路線最遠、最荒涼哨站，而不是攻擊他們的強點。紅木市隊攻擊邊線發球，在這點上，強隊和弱隊的脆弱度相等。大衛拒絕和歌利亞貼近對搏，因為貼近對戰的話，他鐵定輸，他站得遠遠，用整個山谷作為他的戰場。紅木市隊也採用相同的戰術，她們防守整個九十四英尺的籃球場，打全場緊迫盯人靠的是腿，不是手，這是以勤補拙，這些女孩就像勞倫斯的資源：「很不習慣打正規戰，她們的才能是行動力、耐力、個人機智……和勇氣。」

「這是很累人的策略。」羅傑．克雷格說，他和拉納戴夫坐在拉納戴夫的軟體公司的會議室裡，回憶他們的那個夢想季。拉納戴夫在白板上繪出紅木市隊的全場緊迫盯人戰術細節，克雷格坐在會議桌前。

「我的女孩必須比其他球隊的更強健。」拉納戴夫說。

「他讓她們勤練跑。」克雷格在一旁點頭道。

「我採行足球隊的操練術，」拉納戴夫說：「我讓她們跑、跑、跑，我無法在那麼短的期間內教會她們優異技巧，所以，我們確保她們變得強健，對比賽有一些基本的了解。正因此，在這當中，態度非常重要，因為球員會很累。」

拉納戴夫說「累」這個字時，語氣很肯定。他的父親是飛機機師，因為不斷質疑印度飛機的安全性，被印度政府監禁。拉納戴夫觀看了麻省理工學院的學校簡介片後，認為這是他心目中的理想學校，決心申請。那是一九七〇年代，出國讀大學必須獲得印度政府授權釋出外幣，他在印度儲備銀行行長辦公室外紮營，直到獲得這筆錢。拉納戴夫個頭瘦小，步履徐緩，神態鎮靜，但可別被這些外表騙了，以為他是個淡然的人，不，他是個堅持不懈的人。

他問克雷格：「我們的呼叫口號是什麼來著？」

兩人想了片刻，一起開心地叫道：「一、二、三，態度！」

紅木市隊的整個理念基礎就是願意比任何人更努力。

「有一次，一些新女孩加入隊裡，」拉納戴夫說：「第一次練習時，我告訴她們：『聽著，我們的做法是……』我向她們說明，告訴她們：『這一切全關乎態度。』還有，隊上來了個新女孩，我擔心她不了解態度這觀念，但我們呼叫了口號後，她說：『不，不，不是一、二、三，**態度**。應該是一、二、三，態度，**哈**！』」說到這裡，他和克雷格同時爆笑。

弱勢者的策略很艱辛

一九七一年一月，福坦姆大學公羊隊（Fordham University Rams）和麻薩諸塞大學紅人隊（University of Massachusetts Redmen）的一場籃球賽在安默斯特的麻大主場柯瑞希克斯體育館（Curry Hicks Cage）舉行，這座傳奇體育館一般簡稱為「the Cage」，自一九六九年十二月起到當時，紅人隊還未在這主場球場上輸過。當時，該隊的戰績是十一勝一敗，隊上的明星是大名鼎鼎、綽號「J博士」的朱利亞斯・厄文（Julius Erving），籃壇史上最傑出的球員之一。紅人隊非常、非常優異，公羊隊則是由來自紐約布朗克斯區和布魯克林區的孩子組成，該隊中鋒在練球第一週就因撕裂了膝蓋而退出，剩下的球員當中，最高的是一百九十五公分，隊上的先發前鋒（前鋒通常跟中鋒一般高）是查理・葉爾維頓（Charlie Yelverton），身高只有一百八十八公分。但是，從開賽哨音響起，公羊隊就發動全場緊迫盯人，而且永不停下。「我們把比數拉到十三比六，把整場比賽逼迫得就像場戰爭，」公羊隊當時的教練迪格・菲爾普斯（Digger Phelps）回憶：「他們是強悍的市區孩子，我們打全場九十四英尺緊迫盯人，我們知道，對方遲早會被我們逼垮。」菲爾普斯接連派上來自布朗克斯區、不屈不撓的愛爾蘭裔或義大利裔球員去防守厄文，他們一個接一個地五犯離場，他們全都不如厄文優異，但這不打緊，最終，公羊隊以八十七比七十九擊敗紅人隊。

籃壇有無數這種大衛使用全場緊迫盯人戰術擊敗歌利亞的傳奇故事，但令人不解的是，這種戰術從未流行起來。那一季，擊敗麻薩諸塞大學後，迪格・菲爾普斯做了什麼？他並未再以相同方式採用全場緊迫盯人戰術。在自己主場被一群街頭孩子擊敗的紅人隊教練傑克・李曼（Jack Leaman）呢？他是否從挫敗中學到教訓，在其後自己的球隊是弱勢者時，也採用全場緊迫盯人戰術？並沒有。籃壇的許多人其實並不相信這種戰術，因為它並不完美：訓練有素、擁有內行控球員和機敏傳球員的球隊能瓦解此戰術。就連拉納戴夫也很同意這點，對手球隊只需以其人之道反治其人之身，也跟進採用全場緊迫盯人，就能反制紅木市隊，紅木市隊並沒優秀到能夠應付自食其藥。

不過，所有這些反對理由其實都是不得要領，若紅木市隊或公羊隊那些鬥志旺盛、表現超出預期的孩子們採用傳統打法，大概會輸上三十分，全場緊迫盯人是弱勢者最有希望擊敗歌利亞的戰術。邏輯上，每一支弱勢球隊都應該採取這種打法，不是嗎？那為何他們不這麼做？

政治學家厄瑞根托福特的研究也發現了這令人不解的型態，當弱勢者採取類似大衛那樣的戰術時，他通常會贏，但絕大多數時候，弱勢者並不採行那樣的戰術。在厄瑞根托福特彙總的二〇二場強弱懸殊之戰清單當中，有一五二場戰役是弱勢者選擇與歌利亞進行正面對戰，其中一一九場打輸了。一八〇九年，祕魯人正面迎擊西班牙人，打輸了；一八一六年，喬治亞人與俄羅斯人正面對戰，打輸了；一八一七年，賓達里[2]與英軍正面對抗，很快地寡不敵眾；斯里蘭卡的康提王國以正面迎敵反抗英國人的侵略，打輸了；一八二三年，緬甸人也和英國人正面作戰，同樣不敵。這種弱勢者正面迎擊強勢者而落敗的戰爭，不勝枚舉。一九四〇年代，越南共軍令法國人吃足苦頭，直到一九五一年，越南獨立同盟戰略家武元甲（Vo Nguyen Giap）改打正規戰，立刻開始不斷吃敗仗。在美國獨立戰爭中，喬治・華盛頓也犯此錯誤，停止採用戰爭初期使殖民地軍吃香的游擊戰術，美國外交政策顧問威廉・波爾克（William Polk）在其評析非正規戰歷史的著作《暴力政治》（*Violent Politics*）中寫道：「華盛頓盡投注其心力，盡所能地快速建立一支英式軍隊，結果，這支打正規戰的大陸軍（Continental Army）屢戰屢敗，差點使華盛頓輸掉美國獨立戰爭。」

這聽起來沒道理，不過，回顧勞倫斯繞道沙漠長征亞喀巴港的戰略，你就不會這麼認為了。讓穿著鮮明制服、英姿颯颯的士兵們隨著軍樂向前邁進，比讓他們騎著駱駝穿越毒蛇橫行的沙漠，行上六百英里，要容易得多。在籃球場上，每次得分後就退防前場執行精心規畫的戰術，比在全場緊迫奔防要容易得多。弱勢者的策略很辛苦。

能夠從公羊隊和紅人隊那場名戰中領悟教訓啟示的，似乎只有一人，他是麻薩諸塞大學新鮮人籃球隊上的瘦小後衛理查．皮提諾（Rick Pitino）。那場比賽，皮提諾沒出賽，他觀看了，眼界大開。縱使在時隔四十多年的今日，他仍然記得公羊隊那天參賽的每位隊員姓名：葉爾維頓、蘇利文、麥諾（Mainor）、查爾斯、桑貝提（Zambetti）。「在我所見過打全場緊迫盯人的團隊中，他們是最了不起的一支，」皮提諾說：「這五個傢伙身高介於一百八十三公分和一百九十五公分間，他們的防守太令人難以置信了。賽前，我研究過了，他們絕無可能打敗我們，沒人在『the Cage』球場贏過我們。」

一九七八年，當時二十五歲的皮提諾被波士頓大學籃球隊延聘擔任總教練，他使用全場緊迫盯人戰術，率領該校二十四年來首次打進全美大學男籃（NCAA）錦標賽。接下來，他轉往普羅維頓斯學院（Providence College）擔任總教練，前一年，該隊的戰績是十一勝、二十敗，隊員個頭不高，幾乎全無技能，活脫是那支公羊隊的翻版。皮提諾接掌後，他們打全場緊迫盯人，最終，只差一勝而未能進入全美冠亞軍之爭。在其職涯中，皮提諾一再率領遠比對手弱很多的球隊締造非凡戰績。

「每年有很多教練來向我學全場緊迫盯人戰術，」皮提諾說。目前，他是路易斯維爾大學（University of Louisville）的籃球隊總教練，該校已經變成所有想學習如何擊敗歌利亞的大衛們的朝聖地。「他們發電子郵件給我，說他們做不到，他們不知道他們的球員能否撐得住，」皮提諾搖搖頭，無奈地說：「我們每天練球兩小時，球員幾乎百分之九十八的時間都在動著，我們極少花時間，當我們做修正時（註：亦即皮提諾和他的教練們要球員停下來，指導他們時），只用七秒鐘，好讓我們的心跳速率維持著，不徐緩下來。練球時間，我們幾乎是完全不停地動著。」七秒鐘！那些來路易斯維爾大學取經的教練坐在一旁觀看，看到這種不停的跳動、跑動的訓練情形，幾乎全都斷念，不抱希望。要玩大衛的戰術，你必須要被逼到走投無路了，別無選擇了。那些來取經的教練們的球隊沒到這地步，他們還夠好，所以，他們知道這種訓練及戰術在他們的隊上絕對做不來，他們絕對無法說服他們的球員打得那麼辛苦，因為他們還沒到那麼走投無路的地步。那麼，拉納戴夫呢？噢，他真的是走投無路了。看到他的那些女孩，她們完全不擅傳球、運球、射籃，你會想，這是她們最大的弱勢。但實則不然，正是這點使她們的致勝策略得以奏效。

因為無所畏懼，所以毫無損失

紅木市隊開始贏球時，對手球隊的教練開始惱怒抓狂，有人覺得紅木市隊的打法不正直：用全場緊迫盯人來對付才剛開始領略籃球賽入門的十二歲女孩，這是不對的事。異議者說，青少年籃球的目的是學習籃球技巧，他們覺得，拉納戴夫的那些女孩不是真的在打籃球。當然啦，你大可反駁說，全場緊迫盯人戰術可讓十二歲女孩學到更多寶貴的啟示：勤能補拙，成規就是該被質疑挑戰。可是，被紅木隊打得落花流水的對手球隊的教練們可不這麼冷靜地思考這些哲理。

「有個傢伙想在停車場跟我打架，」拉納戴夫說：「他塊頭大，顯然是玩足球和籃球的，看到我這個瘦小、外行的傢伙在他內行的比賽中擊敗他，想要揍我。」

克雷格說他有時會被他目睹的情景嚇一跳：「有些教練對他們的女孩吼叫、羞辱她們，對裁判說：『那是犯規！是犯規！』但我們並沒有犯規，我們只是打積極防守。」

「有一次，我們和來自東聖荷西的球隊比賽，」拉納戴夫說：「她們是從小就玩籃球的女孩，身經百戰，但被我們打得無法招架，我們取得大約二十比零的大幅領先，我們甚至讓她們無法把球發進場，對方的教練氣到抓起一把椅子，用力甩出去。他開始對他的女孩吼叫，當然啦，對這種年紀的女孩，你愈是叫罵，她們愈緊張，」拉納戴夫搖頭，絕對不能高聲叫罵。「終於，裁判把他逐出場，我很擔心，我想，他一定受不了，因為我這些金髮女孩是技巧明顯較差的球員，卻把他的球隊打得一敗塗地。」

在籃壇，優秀球員的特質是展現優異技巧和準確執行教練規畫的戰術，可是，當比賽變成「勤能補拙」的調性時，就看不出優秀球員的這些特質了：不斷的攔阻和揮舞四肢，對方那些能手通常會情急，把球拋出了界。你必須是個門外漢，或是來自紐約、向來坐板凳的小個頭孩子，才能大膽妄為地這麼打。

阿拉伯的勞倫斯之所以能戰勝，是因為他根本不是科班出身的英國陸軍軍官，他不是畢業於頂尖的英國軍校，他是專業考古學家，常寫如詩如夢的散文。去見軍中長官時，他總是腳穿涼鞋，身著整套的貝多因人服飾。他說一口流利道地的阿拉伯語，把駱駝駕馭得猶如從小就以駱駝為騎。他不在乎軍隊裡的人如何看待他的「烏合之眾」，因為他志不在軍旅。還有那大衛，他一定知道，和非利士人的對抗應該是刀矛對決的正規戰，但他是個牧羊人，在古代，牧羊人是最卑賤的職業之一，要不要按照軍人的那套老規矩來，對他而言是半點兒影響也沒有。

我們常想著，名望、資源和隸屬於精英機構對我們有利，卻沒花夠多時間去思考那類有形優勢對我們的選擇構成怎樣的限制。拉納戴夫站在場邊，對手球隊的球員父母和教練群起辱罵他，面對這樣的抨擊，多數人會退卻，但拉納戴夫不為所動，誠如他的女兒所言：「這其實是個偶然，我父親以前從未打過籃球。」他何必在乎籃壇對他的看法？這是他一竅不通的一項運動，他指導的這群女孩對這項運動一竅不通、毫無技能，可是，這些反倒變成了他的優勢。

歌利亞不是打不敗的巨人

在全美錦標賽中，紅木市隊贏了頭兩場，第三場比賽對上來自加州橘郡某地的球隊，紅木市隊是客隊，主場對手派出自己的裁判。比賽在早上八點開打，紅木市隊必須六點從旅館動身，以避開交通尖峰。但紅木市隊的征伐之路就此開始走下坡，那名裁判不信「一、二、三，態度，哈！」他不認為阻撓邊線發球進場的打法是籃球，不斷吹哨，判紅木市隊犯規。

「他判的都是身體接觸犯規，」克雷格說，那些是裁判自由心證的判決，低劣，如今回憶起來，很是痛苦。

「我的女孩們很不解，」拉納戴夫說：「那裁判吹我們犯規的次數是對手隊犯規次數的四倍。」

「觀眾不斷發出噓聲，」克雷格說：「裁判那樣吹，真是差勁。」

「要是雙方犯規次數是二比一，那還能理解，但四比一？」納拉戴夫搖頭。

「我們的一名球員五犯離場。」

「我們並未因此氣餒，仍然有機會贏，可是……」

拉納戴夫決定停止全場緊迫盯人戰術，他不得不這麼做。紅木市隊的球員只好退防前場，消極地看著對手把球推進前場，每次輪為防守方時，紅木市隊的女孩們不再積極地跑動攔阻，她們變得躊躇猶豫，她們的打法變成一般認為應該的籃球打法。最終，她們輸了。不過，在輸了這場球之前，她們已經證明，歌利亞並不是他自以為的那般堅不可摧的巨人。

注解

① 如今已從職業運動場上退休的羅傑・克雷格是全美美式足球聯盟（National Football League）史上最傑出的跑衛。

② 賓達里（Pindaris），印度十九世紀初漸漸壯大的流寇、以劫掠為業的團體。

CHAPTER 2

無法窮養下一代的富爸爸：比人強的形勢，未必擁有優勢

小班制的學習效果比較好？有錢人教養小孩會更輕鬆？我們之所以常誤解優點與缺點、優勢與劣勢，原因之一是就是我們幾乎忘了我們的行事思維假設都是U形曲線。事實上研究顯示，幾乎所有事情的結果都呈現倒U形曲線。

只有兩百名學生的中學

雪堡谷中學（Shepaug Valley Middle School）建校之初，就讀的是嬰兒潮世代小孩，每天早上有三百多名學生步下擁擠的校車，湧入校園，為防塞擠，學校大門是兩扇式。學子眾多，校園裡的走廊猶如車水馬龍的幹道。

但那是很久以前的光景了，嬰兒潮停了。雪堡位於康乃狄克州的鄉下，有宜人的殖民地時期村莊，曲折的鄉間小路，不少紐約市的有錢夫婦發現這景色優美之地，出手置產，這裡的地皮房價被炒高，較年輕的家庭住不起這裡。於是，雪堡谷中學的學生減少至兩百四十五人，繼而減少至兩百出頭。現在，該校六年級只有八十名學童，從這地區小學的學生人數來看，這數字恐怕很快就會砍半，該校平均每班的學生人數很快就會低於全美平均。一所曾經學子擁擠的學校，已經變成一所能親近互動的小班制學校。

你會把你的小孩送去雪堡谷中學嗎？

小班制的學習成效比較好？沒這回事！

拉納戴夫和紅木市女籃隊的故事顯示，我們以為的優勢和劣勢並不一定正確。這一章和下一章，我想把這觀念應用到兩個看似簡單的教育問題上，我用「看似」這字眼，是因為它們似乎簡單，實際上並不簡單。

雪堡谷中學遭遇的問題是這兩個看似簡單問題的第一個。我猜，你會很樂意把你的小孩送到這種能親近互動的小班學校。幾乎世界各地的父母和教育政策制定者都理所當然地認為人數較少的班級較佳，過去數年，美國、英國、荷蘭、加拿大、香港、新加坡、韓國和中國的政府（這裡只舉少數例子），全都採取縮減班級學生人數的舉措。當加州州長宣布全面性縮減加州學校每班學生人數時，他的民調聲望在短短三週內上升了一倍，不出一個月，二十個其他州州長宣布跟進相同計畫；不出一個半月，白宮也宣布縮減每班學生人數的計畫。現今，七七％的美國人認為，花納稅人的錢去縮減每班學生人數比為教師加薪來得更有道理。你可知道，能獲得七七％美國人支持的事情有多麼少嗎？

雪堡谷中學曾經一班多達二十五名學生，現在，這數字有時低至十五人，這意味，相較於以往，該校學生可獲得老師的更多關注，而一般認為，當孩子獲得老師的更多關注，他們的學習體驗將更佳。是以，在這更親近互動的雪堡谷中學，學生的學習成效應該優於以往學子擁擠時代的該校學生，對吧？

有個精簡的方法可以檢驗這論點正確與否。康乃狄克州有很多像雪堡谷這樣的學校，該州有許多設有小型小學的小鎮，小鎮的學校容易受到出生率和房地產價格等自然波動的影響，亦即一個年級的學生人數可能在某年掛零，但在次年大增。例如，〈圖2-1〉是該州另一所中學各年度的五年級註冊學生人數（譯註：美國的middle school有五至八年級或六至八年級）。

圖2-1 康乃狄克州某中學各年度的五年級註冊學生人數

年度	人數	年度	人數
1993	18	2000	21
1994	11	2001	23
1995	17	2002	10
1996	14	2003	18
1997	13	2004	21
1998	16	2005	18
1999	15		

二〇〇一年有二十三名五年級學生，次年就銳減為十人！二〇〇一年至二〇〇二年間，這所學校的其他一切並無改變，有相同的老師、相同的校長，用相同的教科書，在相同的鎮上、相同的建築物內，此外，當地經濟與人口幾無二致，唯一的變化是五年級學生人數。若入學人數較多那年的學生比入學人數較少那年的學生表現更佳，我們就可以相當有把握地說，這跟班級人數多寡有關，對吧？

這是所謂的「自然實驗」（natural experiment）。科學家有時會進行正式的實驗來檢驗假設，但真實世界偶爾（這種情形很罕有）會提供用以檢驗相同理論的自然方式，自然實驗具有制式實驗不具有的優點。所以，用康乃狄克州的自然實驗，把每一個小班學生的每年成績拿來跟每一個大班學生的每年成績拿來相較，結果如何？經濟學家卡洛琳・郝克斯比（Caroline Hoxby）做此研究調查，檢視康乃狄克州的每所小學，得出結果是：沒有差別！「很多研究指出，未發現某項政策改變具有顯著效果，」郝克斯比在其研究報告中寫道：「這並不意味著完全沒有效果，只不過，在資料裡看不出效果。但在我的這項研究中，我發現，非常精確地估計的估計值得出了零，非常精確的零，換言之，**就是沒有效果**。」

當然，這只是一項研究得出的結果。不過，若我們看看所有關於班級人數多寡的影響性研究調查（多年來，有數以百計的相關研究），也無法得出更清楚的結論①。大約一五%的研究結論指出小班學生的成績較佳，但結論指出小班學生成績較差的研究也占了約一五%，另有二〇%的研究跟郝克斯比的結論一樣，班級學生人數多寡對教學成效完全沒有影響，其餘的研究則是發現有一點點跡象顯示小班學生成績較佳或大班學生成績較佳，但不足以遽下任何明確結論。一項全球性的班級大小學習成效影響性研究得出下述結論②：

> 在澳洲、香港、蘇格蘭和美國這四個地區或國家，我們所調查的策略得出極不精確的估計，無法對班級大小的影響性下任何有把握的結論。在希臘和冰島這兩個國家，縮減班級人數似乎有不微小的有益效果。法國是唯一看起來在數學和科學

這兩科教學上產生了值得注意的差異的國家：就統計上看來，班級大小對數學課的教學成效有明顯的影響性，但對科學課程則沒有。在捷克、韓國、葡萄牙、羅馬尼亞、斯洛維尼亞和西班牙這六個國家的九種學校體制，我們可以得出結論，班級大小對這兩科目的教學成效並無影響性。最後，在日本和新加坡這兩個國家，我們的結論是，班級大小對學生的學習成效並無任何明顯影響。

你明白了嗎？在檢視十八個國家的數萬頁學生成績資料後，經濟學家得出的結論是，只有在兩個國家——希臘和冰島，「縮減班級人數似乎有不微小的有益效果。」希臘與冰島？美國推行縮減班級人數的行動，導致一九九六年至二〇〇四年間有大約二十五萬名新聘教師；同一期間，美國政府對平均每位中小學生的教育支出激增了二一%，這幾百億美元的新支出幾乎全是用來聘用那些新老師。我們可以相當有把握地認為，過去三十年，全世界沒有一個職業的就業人數增加量或增加速度或薪資花費比得上教職。一個又一個的國家花了那麼龐大的金錢，只因為我們以看待雪堡谷中學的態度來看待學校——每位教師有機會了解每位學生，我們認為：「我應該把我的小孩送去這樣的學校。」然而，證據顯示，我們以為的大優點，其實可能根本不是個優點③。

有富爸爸真好？

不久前，我跟好萊塢最有錢有勢的人士之一聊天。一開始，他談到自己在明尼亞波利（Minneapolis）的童年。他說，每年冬季之初，他都會在街坊挨家挨戶爭取他們把車道和人行道的掃雪工作委託給他。接著，他再把這些委託工作一一轉發包給其他街坊鄰居小孩，工作完成時，他就支付現金給他們，稍後再向那些委託的家庭收取費用，因為他知道，這是最能確保他的工班努力工作的方法。他的工班有八或九名孩子，秋季時，他把工作轉換為掃落葉。

「我親自檢查他們的工作，這樣，我才能向客戶保證，他們的車道和人行道一定會清得令他們滿意。」他回憶：「總是有一、兩個小孩沒把工作做好，我必須開除他們。」那時，他十歲，到了十一歲時，他的銀行存款已有六百美元，全都是自己賺來的。那是一九五〇年代，六百美元相當於今天的五千美元，「我賺錢存錢不是為了我想去哪裡或做什麼，」他邊說邊聳聳肩，那模樣彷彿是說，十一歲的小孩已經知道自己想做什麼。「任何笨蛋都懂得如何花錢，但賺錢和存錢，並延後滿足與享受，你就會學到以不同的態度去珍惜錢。」他說。

他的家庭居住在人們委婉稱為「種族混居街坊」(mixed neighborhood),他上公立學校,穿的是別人穿過的舊衣服。他的父親經歷過大蕭條時代,開口閉口談的都是錢,他若想要什麼東西,譬如一雙新的運動鞋或一輛腳踏車,他的父親會要他自己付一半的錢。要是他沒有隨手關燈,父親便會拿電費帳單給他看,「他會說:『瞧瞧,這是我們的電費,你太懶惰,不關燈,你的懶惰害我們得付更多電費。不過,要是你為了工作而需要開燈,哪怕是一天開燈二十四小時也沒問題。』」

十六歲那年夏天,他去父親的廢金屬工廠工作,那是件辛苦的勞力工作,他可不是什麼小開,他的工作待遇與其他員工沒兩樣,「這使我不想長久居住於明尼亞波利,」他說:「使我從不想仰賴為我父親工作,那工作真可怕,既髒又辛苦,而且乏味,就是把廢金屬裝入桶裡。我從五月十五日工作到勞動節那天,我身上的髒污都去不掉。如今回想起來,我的父親要我去那裡工作是因為他知道,一旦我在那裡工作後,我就會興起逃離的念頭,那體驗會激勵我去做別的、更好的差事。」

大學時期,他做起一種洗衣服務的賺錢事業,為富有的同學收取衣服和送去乾洗。他也安排飛往歐洲的學生專機,從中賺取佣金。他跟朋友一起去看籃球賽,坐在很糟糕的座位，被一根柱子擋住視線，那時，他心想，若能坐在場邊的高價區，該有多好。後來，他去紐約讀商學院和法學院，為了省錢，住在布魯克林一個很糟糕的街區。畢業後，他在好萊塢找到一份工作，再轉換到更好的工作，繼而更上一層樓，再加上一些私下交易、獎金和一連串非凡的成功，使他飛黃騰達，現在在比佛利山莊擁有一棟大如飛機維修棚的房子，擁有私人飛機、車庫裡有法拉利，進了他的豪宅大門後，通往宅第的車道長得好似沒有盡頭，這豪宅看起來就像是從歐洲運送過來的某座中世紀古堡。他了解金錢，因為他覺得在明尼亞波利的老家，他已經接受過充分教育，了解金錢的價值與功用。

「我想要有更多的自由，我想立志追求不同的東西，金錢是我可以用來追求與實現我的抱負、渴望和企圖的工具，」他說：「沒人教我這個，我自學的，就像在嘗試和錯誤中不斷摸索一般，我喜歡這種摸索，我從中得到自尊，覺得對自己的人生有更大的掌控力。」

他坐在自宅的辦公室裡跟我聊這些，這間辦公室大如多數人的房子，終於，聊天內容來到了重點。他深愛他的小孩，跟所有父母一樣，他想提供、給予他們遠多於他所擁有的，但他知道，他已經創造了一個巨大的矛盾。他能成功是因為他從千辛萬苦中學到金錢的價值、工作的意義，以及從自立奮鬥成功中獲得的快樂與成就感，但是，因為他的成功，他的小孩將難以學到這些教訓與啟示。好萊塢億萬富翁的小孩不會為比佛利山莊的鄰居掃落葉；當他們不關燈時，他們的父親不會生氣地對他們揮舞電費帳單；他們不會坐在被柱子擋住視線的籃球場觀台座位，心想若能坐在場邊的高價區，該有多好，他們就生活在場邊。

「我的直覺是，在富有的環境下教養小孩，遠比任何人想像的還要難，」他說：「艱辛的經濟生活磨蝕人，但財富同樣也會磨蝕人，因為富有使人喪失雄心抱負，喪失自豪，喪失他們的自我價值感。在這兩種極端上都有其困難，或許，居中之處最好。」

當然啦，億萬富翁為其小孩傷神，世間少有比這更難引起同情的事情，這位好萊塢富人的小孩將來住的一定是豪宅，坐的一定是頭等艙。但他談的不是物質方面的安逸舒適，他自食其力，奮鬥至功成名就，他的一位哥哥接掌家裡的廢金屬事業，經營有成，另一個哥哥是成功的醫生，他的父親在明尼亞波利的種族混居街區教養出三個有抱負、力爭上游、有成就的兒子。他的談話重點是，身為億萬富翁，他將更難成為一個像他的父親那樣成功的父親。

太有錢，不是好事

這位好萊塢富翁並不是第一個有此感觸的人，我想，多數人對此都能直覺地理解。**在思考教養子女和金錢的關係時，有一個重要原則可循：更多並非必然更好。**

太窮，很難當個好父母，這一點是不說自明的，貧窮令做父母的筋疲力盡，壓力沉重，你得做兩份工作以應付生活基本開銷，到了晚上，你幾乎沒有精力在小孩睡床前為他們閱讀。若你是工作養家的單親爸爸或媽媽，掙錢付房租與衣食，辛苦長途通勤去做很耗體力的工作，你很難為孩子提供富有家庭能夠一貫提供給小孩的關愛與教養。

但沒人會說有更多錢必定能當個更好的父母，若要你繪出教養子女和金錢的關係圖，你不會繪出如〈圖2-2〉的曲線圖。

有錢的確使教養子女的工作更輕鬆，但金錢的功用有極限，過了這個極限，金錢能在教養子女上發揮的效用就變得很有限了。這極限點是什麼呢？**研究快樂之源的學者指出，在年收入七萬五千美元左右的家庭，更多的金錢將不會再帶來更多的快樂，過了這個點，金錢就呈現經濟學家所謂的「邊際效用遞減」**。若你的家庭年收入達七萬五千美元，你的

圖2-2

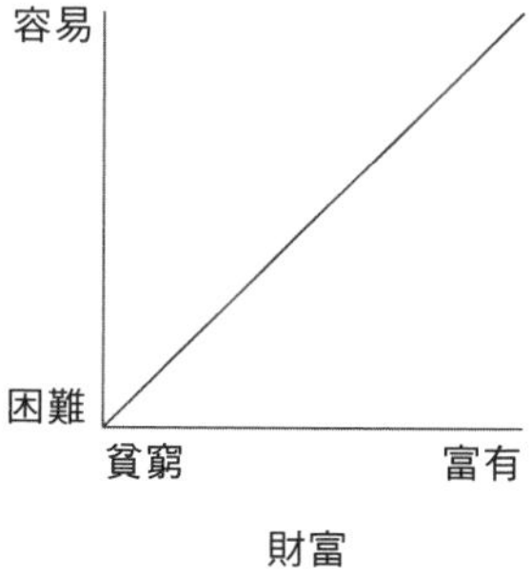

圖2-3

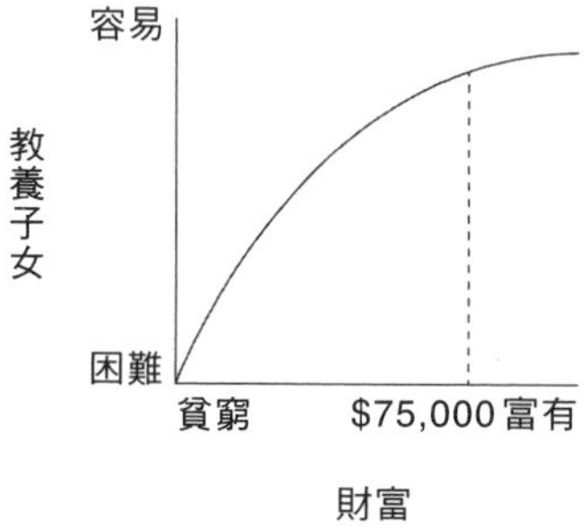

鄰居年收入十萬美元，那多出來的兩萬五千美元意味你的鄰居能開更好的車，能更常外出打牙祭，但這些並不會使你的鄰居比你更快樂，或是更能做數以千計大大小小的事而成為更好的父母。〈圖2-3〉更能呈現教養子女和金錢的關係。

不過，這曲線圖只描繪了部分真相，不是嗎？因為當父母的收入達到夠高水準時，教養子女的工作將再度變得更難。對多數人而言，我們成長時代的世界跟我們為我們的子女創造的世界，這兩個世界的價值觀其實並沒有極大的差異，但對那些變得很富有的家庭而言，可就不是如此了。心理學家詹姆斯・葛魯曼（James Grubman）用「財富的移民」（immigrants to wealth）一詞來形容第一代的百萬富翁，因為他們面臨的子女教養挑戰跟移民至任何一個新國家的人所面臨的挑戰相同。像前述好萊塢大人物那樣生長於舊年代中產階級家庭的人，匱乏是一個很好的激勵因子與教師，他的父親教他領悟金錢的意義和自食其力與辛勤工作的美德。但是，他自己的小孩生活於富人的新世界，在這個新世界，規則不同且令人困惑，小孩環顧四周，理解到他們永遠不必辛勤工作，無需自食其力，無需學習與領悟金錢的意義，你要如何教他們這些呢？因此，世界各地的無數文化都有格言形容在富有環境下教養子女的困難，英國有格言：「富不過三代」（Shirtsleeves to shirtsleeves in three generations）；義大利有格言：「從明星到馬棚，一落千丈」（Dalle stele alle stalle）；西班牙有格言：「貧乏者力爭之，富有者濫用之」（Quien no lo tiene, lo hance; y quien lo tiene, lo deshance）。富有內含了自我毀滅的種子。

葛魯曼說：「父母必須訂定上限，但對財富的移民而言，這是最難做到的事情之一，因為當『我們負擔不起』這個理由已不存在時，他們不知該說什麼。他們不想撒謊，說：『我們沒這個錢，』因為若你有個青少年的小孩，他會說：『可是，你有保時捷，媽媽有瑪莎拉蒂耶！』父母得學會從說：『不，我們買不起。』改變為說：『不，我們不買。』」

但葛魯曼指出，說「不，我們買不起」比較容易，說「不，我們不買」困難得多。有時候，身為父母的你只需說一、兩次「我們買不起」就行了，中產階級家庭的小孩很快就能明白，要求父母買匹小馬給他是異想天開，因為根本買不起。

富有的父母對小孩說「不，我們不買（一匹小馬）」，不是說個一、兩次就成了，這需要溝通交談，需要誠實和溝通技巧，解釋「買得起」並不代表應該買。「我輔導富有的父母演練情境，他們不知該如何對小孩說，」葛魯曼說：「我必須教他們這麼說：『沒錯，我是買得起這東西給你，但我選擇不買，因為這不符合我們的價值觀。』」不過，要如此回答小孩，前提是你得有套價值觀，並且懂得如何闡明這些價值觀，懂得如何說服你的小孩理解並接受這些價值觀，但對所有不論經濟境況如何的父母來說，這些都是很難做到的事，尤其是當你擁有法拉利、私人飛機、大如飛機維修棚的比佛利山莊豪宅時，更難做到。

這位好萊塢大人物太有錢了，這對身為父母的他構成問題。他擁有的財富遠遠超過了金錢具有正效用的極限點，他已經到達金錢反而使其教養子女工作變得更困難的境界，他的過於富有使他更難教養子女成為正常、有良好適應力的人。

子女教養圖其實應該如〈圖2-4〉所示。

圖2-4

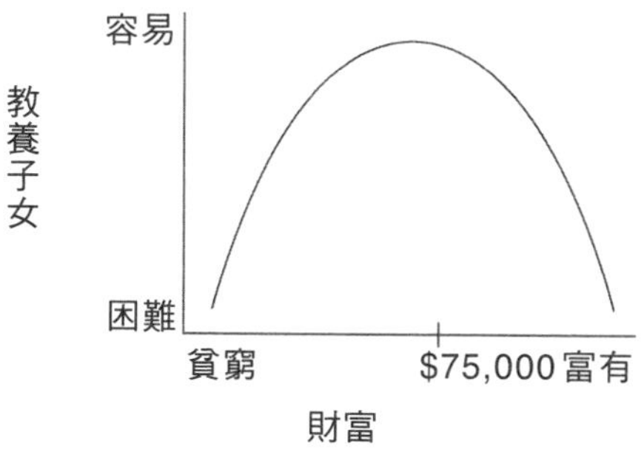

這是所謂的倒U形曲線，這種曲線很難理解，幾乎總是令我們感到驚訝。**我們之所以太常誤解優點與缺點、優勢與劣勢，原因之一就是我們忘了我們的行事思維假設是U形曲線**④。

再回到有關於班級規模對於學習成效影響性之謎：若一個班級學生人數和學生成績之間的關連性並非如〈圖2-5〉所示，也非如〈圖2-6〉，而是如〈圖2-7〉呢？

泰莉莎・迪布里托（Teresa DeBrito）是雪堡谷中學的校長，五年任職期間，她目睹該校每班學生人數逐年減少。在家長看來，這可能是好消息，但迪布里托思考這種變化情形時，想的是〈圖2-7〉的曲線。「不出幾年，從小學升上來的整個年級學生將不到五十人，」她說，她對此感到憂心：「我們將會陷入困境。」

人數減少，但老師會更用心嗎？

倒U形曲線有三個部分，每個部分循的是不同邏輯⑤。左邊部分代表做愈多或擁有愈多則愈好，亦即有正效果；中間平坦部分意味做愈多或擁有愈多並不會造成多大差異；右邊部分代表做愈多或擁有愈多反而愈糟，亦即有反效果⑥。

圖 2-6

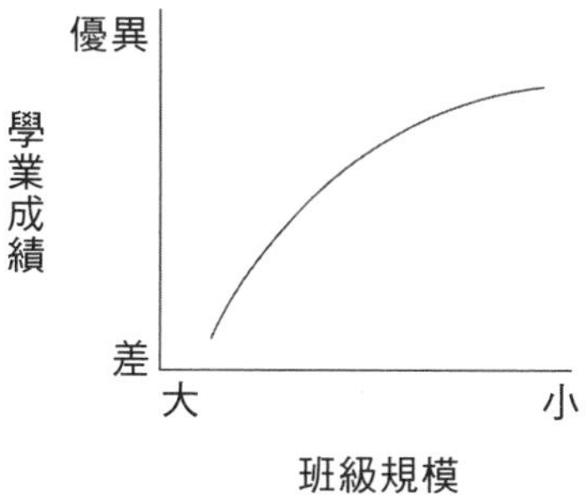

圖 2-5

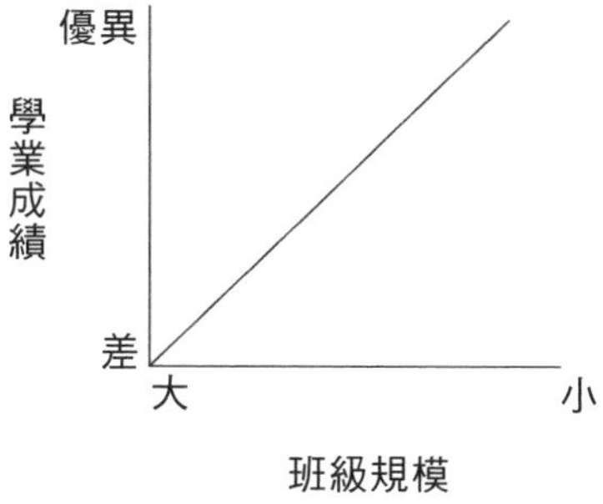

圖 2-7

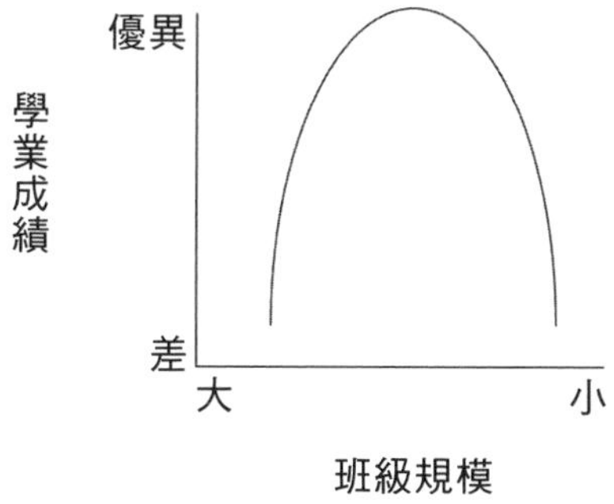

用倒U曲線的三段邏輯來思考班級規模對於學習成效影響性之謎，原先的疑惑就會開始變得更有道理了。一個班級的學生人數就像父母擁有的金錢量，一切取決於你處在曲線的哪一段，例如，以色列的小學向來有相當大的班級（亦即每班學生人數多），該國的教育體制採用以十二世紀的一位拉比名字命名的「麥莫尼迪斯法則」（Maimonides Rule），那位拉比主張一個班級的學生人數不應超過四十人。所以，以色列的小學往往一個班級有多達三十八名或三十九名學生，不過，若一個年級有四十名學生，這所學校可能就會把學生分成兩班，每班二十名。若使用郝克斯比式的分析方法，比較那些大班學生和只有二十人的小班學生的成績，將發現小班學生的成績較佳。這不足為奇，一班有三十六或三十七名學生，對老師是頗大的負擔，不易妥善照顧到每位學生。因此，縮減班級規模將對學生學習成效有助益，以色列處於倒U形曲線的左邊段⑦。

現在，回想康乃狄克州的情形。在郝克斯比研究檢視的那些學校裡，絕大多數班級規模介於十幾、近二十人和二十五人以下，郝克斯比說她的研究發現「無差異」，指的是把這規模範圍內的班級再縮減規模的話，不會產生任何實質效益。換言之，若班級規模介於以色列和康乃狄克州之間，就沒有必要再縮減班級規模了，因為此區間落入曲線中段的平坦區，班級規模大小對學習成效沒有影響，亦即，對班級增加資源，並不會提升孩子的學習體驗。

二十五名學生的班級和十八名學生的班級，何以學習成效沒有多大差異？無疑地，後者對老師而言較輕鬆，要批閱的學生報告減少，要認識、照顧和追蹤的學生較少。但是，唯有在工作負擔減輕之後，老師也改變了他們的教學作風，這樣，班級規模的減小才會對教學成效產生益處。但證據顯示，在此班級規模範圍內，老師未必會這麼做，他們只是減輕了工作負擔，並沒有因此而改變他們的教學作風。這其實是人性，想像你是個醫生，原本週五下午要看二十五個病人，突然間得知減少至二十個病人，但收入不變。你會因此把每個病人的問診時間增長嗎？抑或你只是從七點半提早至六點半離開，和你的孩子共進晚餐？

接下來要談的是一個重要問題：如同父母賺太多錢未必有益於子女教養，那麼，班級規模太小是否也可能反而有害？我對美國和加拿大的大量教師進行問卷調查，詢問他們這個問題，幾乎所有老師都認為有可能。以下是一個典型的反應：

我的理想班級規模是十八人，這人數夠多而不會令任何一名學生覺得容易被盯，但每個學生仍可以感覺受到關注。十八個人很便於分成兩組、三組、或六組，各有各的親近程度。十八個學生的班級讓我在需要時總是能夠一一照顧到。我偏好的第二個規模是二十四人，多了六人，學生之中比較可能產生異議，可能有一、兩個叛逆者質疑現狀，但二十四人的好處是容易產生活躍的聽眾能量。但是，若再增加六人，使班級規模達三十人，那就會明顯削弱活躍的互動與連結，以至於就算是最具吸引力的老師也無法總是能夠達到令學生聚精會神的效果。

換個方向，把理想的十八人減少為十二人，形成耶穌和十二使徒共進最後晚餐的局面呢？那就有問題了。十二人的規模夠小，可以全體一同坐上假日的晚餐桌，但太親近而無法讓許多中學生在需要時得以保護他們的自主，也太容易被高談闊論者或霸道者支配，而此人可能就是教師本身。把班級規模縮減到只剩六人時，學生就無處可躲了，也沒有足夠的思想與經驗多樣性可以增添豐富性。

換言之，小班可能跟規模很大的班級一樣，令教師難以應付，潛在的互動數和潛在的互動密集度都是問題。誠如一位教師所言，當班級規模太小時：「學生開始表現得像坐在車子後座的兄弟姊妹，根本無法把糾纏在一起的孩子拉開來。」

一名高中老師最近帶了一個有三十二名學生的班級，他討厭這麼大規模的班級：「面對這麼大的一班時，我的第一個想法是：『該死的！每次得留校花上幾個小時批報告或改考卷了，這些時間拿來陪我的小孩該有多好！』可是，他也不想教少於二十人的班級：

任何課程的生命泉源是課堂討論，這需要一定人數才動得起來。我現在教的班級，學生根本不討論什麼，這有時真令人不快。學生人數太少的話，課堂討論就受影響，這似乎反直覺，因為我原以為，在三十二人班級中猶豫而不發言的安靜學生，要是換成在十六人的班級，就會樂意發言，但我的經驗發現並非如此，不發言的學生，不論如何就是不發言。若班級學生人數太少，無法從發言學生中獲得足以帶動討論的廣量意見。此外，也有難以激發活力的問題，人數太少的團體往往缺乏人與人之間相互摩擦而產生的活力。

規模非常小的班級呢？當心了。

我曾經教過一班十二年級的學術法語課，只有九名學生，聽起來像是夢幻班級，對吧？夢魘啊！根本激發不起任何使用法語的談話或討論，也難以用玩遊戲來加強詞彙、文法技巧等等，課堂上完全沒有動能。

經濟學家傑西・雷文（Jesse Levin）對這些層面有出色的研究，他以荷蘭學童為研究對象，計算他們在班上有多少學業能力相近的同學，他發現，學業能力相近的同學數目跟學生的學業成績有驚人的關連性，尤其是對那些有學習困難的學生而言⑧。換言之，學生（尤其是有學習困難的學生）需要的是周遭有提出相同疑問、被相同問題困擾、擔心之事跟自己相同的同學，這麼一來，他們就不會感到那麼孤獨，他們會稍加覺得自己是正常學生。

雷文指出，這是人數很少的班級將會發生的問題，當班上學生太少時，孩子周遭有一定數量的相似同儕的可能性變得很低。雷文說，縮減班級規模之舉若做得太過，將會「導致有學習困難的學生缺乏可以學習的同儕」。⑨

所以，你明白為何泰莉莎・迪布里托為何那麼憂心雪堡谷中學的未來了吧？她是一所中學的校長，她教的學生正處於開始困難過度邁入青春期的年紀，他們尷尬困窘，忸怩羞怯，怕自己看起來太聰明伶俐，迪布里托說，想讓他們在課堂上活潑熱烈地討論，別只是被動地和老師一問一答，有時「就像是拔牙般地困難」。她希望她的課堂上有很多有趣、不同的聲音，有一定數量學生為相同問題絞盡腦汁時所引發的那種興奮。但是，在一個半空的教室裡，要如何做到這些呢？「學生愈多，課堂討論就有愈高的多樣性，」她說：「這種年紀的孩子，若班級學生人數太少，他們不會發言，好似戴上了口套。」她雖沒這麼說，但你可以想像她在這麼想：若有人在該校旁邊的草地再蓋一個大型分校（意味學生增多），她就不會那麼不快樂了。

「踏入教壇後，我首先在梅里登（Meriden）的一所中學教數學，」迪布里托回憶，梅里登是康乃狄克州的一個中低收入城市：「我教的最大班級有二十九個小孩。」她描述那有多辛苦，得花多大工夫去追蹤、認識及回應這麼多學生，「你的腦袋背後得長眼睛，在應付某組學生的同時，你必須豎起耳朵聽周遭其他學生的狀況。教室裡有那麼多學生時，你真得有些本事，能夠掌控全局，以免在某個角落的學生聊些與課堂內容無關的東西。」

但她接著承認，她喜歡教那個班，那是她教職生涯最好的其中一年。對於教十二、三歲小孩數學的老師而言，一個大困難是使課程變得活潑有趣，那二十九個小孩在此課堂上表現得很活潑。「相較於小班，他們有更多同學可以互動，不會總是只跟一個小組互動，學生有更多機會獲得不同體驗。這很重要，你才能做那些可以使孩子活潑起來、使課堂變得豐富充實、使孩子投入其中的事，使他們不會只是被動的。」她說。

迪布里托希望雪堡谷中學的每一班都有二十九個小孩嗎？當然不。她知道自己有點不尋常，多數教師心中的理想班級規模小於二十九人。她只是想提出她的一個感想與觀點：在班級規模的問題上，我們已經變得太著迷於小班制的優點，忘了大班級的好處。把同一個教室裡的其他學生視為和你的孩子相互競爭以爭取老師關注的競爭者，而不是把他們視為學習之旅的伙伴，這種教育理念很奇怪，不是嗎？追憶在梅里登的那一年時，迪布里托的眼睛流露出恍惚神情：「我喜歡熱鬧，我喜歡聽到他們互動，噢，那很有趣！」

財富能買到的東西未必有益

從雪堡谷驅車半小時來到康乃狄克州雷克維爾鎮（Lakeville），鎮上的哈奇基斯中學（Hotchkiss School）被視為美國最頂尖的私立寄宿學校之一，一年學費近五萬美元，校園廣闊，有兩座湖、兩座曲棍球場、四具大型望遠鏡、一座高爾夫球場、十二架鋼琴，不是普通的鋼琴哦，該校特意指出，這些是世界最頂級的史坦威鋼琴⑩！哈奇基斯中學是那種對其學生教育花錢不手軟的學校，那麼，該校平均每班的規模呢？十二名學生。令泰莉莎．迪布里托憂心的情況，相隔不遠的哈奇基斯中學卻把它拿來宣傳為該校的最大優點，該校驕傲地宣稱：「我們的學習環境是親近、互動、融合。」

為何像哈奇基斯中學這樣的學校會做這種明顯對其學生不利的事？答案之一是該校考慮的不是它的學生，而是學生的父母，在那些家長眼中，高爾夫球場、史坦威鋼琴、小班制之類的東西就是值得一年花五萬美元的證據。不過，更好的答案是，**哈奇斯基中學落入了有錢人、有錢的機構、富有的國家——所有歌利亞太常落入的陷阱：該校以為，財富能買到的東西必定能轉化為真實世界裡的優勢或優點**。當然不是如此，倒U形曲線闡釋了這一課，比你的對手更強大是好事，但過於強大而使你變成容易被時速一百五十英哩的石子擊中的目標，那就不好了。**歌利亞因為太巨大，故而未能如願與大衛貼近對搏；那位好萊塢男士因為太有錢，故而無法成為他想當的那種父親；哈奇基斯中學的班級規模太小，故而無法成為它想成為的那種學校**。我們全都以為，更大、更強、更富有必然對我們有利，拉納戴夫、牧羊童大衛和雪堡谷中學校長迪布里托會告訴你：未必！

注解

① 有關於縮減班級人數的效果，最著名的研究大概是一九八〇年代在田納西州進行的「STAR研究計畫」（Student-Teacher Achievement Ratio）。STAR研究計畫把六千個小孩隨機分派至小班級或大班級，追蹤觀察他們就讀小學期間的學習成效。研究指出，小班級的學生表現優於大班級的學生，差異程度雖小，但有其深義。後來，美國和其他國家砸大錢推動縮減班級學生人數，主要就是受到這項研究計畫的結論影響。然而，STAR研究計畫根本稱不上完美，例如，有充分的證據顯示，在研究期間，大班級和小班級的學生出現大量的換班行動或異動，許多具有高企圖心的父母成功地把他們的小孩換到小班，此外，不少在小班中成績不佳的小孩退出此班級和此研究計畫（譯註：成績不佳的小孩退出，自然使得小班學生的平均成績提高）。更大的問題是，這項研究並不是盲實驗，教小班級的老師知道，這項實驗研究要檢視的是他們所教的班級的學習成效。通常，在科學界，非盲實驗得出的結果被視為可疑，可信度大打折扣。史丹福大學教育經濟學家艾力克・漢努謝克（Erik Hanushek）曾對STAR研究計畫的結論提出了強而有力的抨擊，參見艾力克・漢努謝克 "Some Findings from an Independent Investigation of the Tennessee STAR Experiment and from Other Investigations of Class Size Effects," *Educational Evaluation and Policy Analysis* 21, no. 2 (summer 1999): 143-63。就這類「自然實驗」而言，郝克斯比的研究遠遠更有價值，可信度更高，參見Caroline Hoxby, "The Effects of Class Size on Student Achievement: New Evidence from Population Variation," *Quarterly Journal of Economics* 115, no. 4 (November 2000): 1239-85。

② Ludger Wössman and Marin R. West, "Class-Size Effects in School Systems Around the World: Evidence from Between-Grade Variation in TIMSS," *European Economic Review* (March 26, 2002).

③ 教育經濟學家艾力克・漢努謝克在其著作《班級規模的證明》（*The Evidence on Class Size*）中對有關於班級學生人數對學習成效影響的數百項研究與結論作出評析，他指出：「對於學校的研究當中，被研究得最多的層面大概是班級學生人數多寡對學習成效的影響，這方面的研究已經持續了多年，但仍然沒有理由相信，班級學生人數多寡與學習成效之間具有任何一貫的關連性。」

④ 心理學家巴利・施瓦茲（Barry Schwartz）和亞當・葛蘭特（Adam Grant）在他們的傑出研究報告中指出，事實上，幾乎所有後果都呈現倒U形曲線：「在心理學的許多領域都可以發現這樣的型態，X的增加使Y增加，但增加到某一點後，X的增加就會導致Y減少……。世上沒有永無止境地增加能夠帶來永無止境好處的東西，所有正面有益的特質、境況、及體驗都有其成本，在到達高程度時，其成本可能會大於它們的效益。」參見巴利・施瓦茲和亞當・葛蘭特 "Too Much of a Good Thing: The Challenge and Opportunity of the Inverted U," *Perspectives on Psychological Science* 6, no. 1（January 2011）: 61-76。

⑤ 我的父親是個數學家，很愛挑剔、爭論這類東西，他說，我對問題和事情過於簡化視之，倒U形曲線其實有四個部分，第一階段的曲線是線性；第二階段是初始的線性關係衰退，邊際效用遞減就是處於這個階段；第三階段是更多的資源不會對結果產生任何影響；第四階段是再增加資源反而造成了反效果。他是這麼寫的：「我們用建造房子的打地基（footing）來比喻第一階段，那麼，為便於記

憶，這四階段可以分別名之為footing（豎立）、flagging（衰退）、flat（平坦）和falling（下滑）。」

⑥ 酒精飲料消費和健康之間的關係就是典型的倒U曲線。從滴酒不沾改變為每週喝一杯葡萄酒，對健康有益，可延年益壽。若你每週喝兩杯，壽命會再加長一點；每週喝三杯，壽命又加長一點，就這樣，一直到每週約喝七杯（這數字針對的是男性，不是女性），曲線都是呈現正斜率，代表愈多愈有益。接著，有一段範圍，例如每週喝七到十四杯，並不會對你產生延年益壽之效，但也不會對你的健康有害，這就是曲線的平坦區間。最後是曲線變成負斜率的右邊那一段，當你每週喝超過十四杯，喝愈多開始導致你的壽命減短。酒對於健康不具有必然好處或壞處或不好不壞，它對健康的作用是隨著數量的遞增，先有好處，繼而無好處或害處，最後是有害。

⑦ 參見約書亞・安格里斯特和維特托・拉維（Joshua Angrist and Victor Lavy）"Using Maimonides' Rule to Estimate the Effect of Class Size on Scholastic Achievement," *Quarterly Journal of Economics*（May 1999）。兩位學者認為，他們觀察到的可能是一種曲線左邊段現象，他們也指出：「此外，值得思考的是，發生在以色列的結果是否也適用於美國或其他已開發國家。除了文化和政治的差異性，以色列的生活水準較低，該國政府對平均每位中小學生的教育支出，低於美國和一些經濟合作暨發展組織（OECD）國家。此外，如前所述，以色列的學校班級規模大於美國、英國和加拿大。因此，本研究發現的結果可能顯示，讓超過一定規模範圍的班級縮減人數，能產生正邊際效益，但美國多數學校的班級規模並未超出此範圍。」

⑧ 明顯的例外情形是那些有嚴重行為問題或學習障礙的孩子。就那些有特殊需要的學生來說，倒U形曲線移往更遠的右邊。

⑨參見傑西・雷文“For Whom the Reductions Count: A Quantile Regression Analysis of Class Size and Peer Effects on Scholastic Achievement,” *Empirical Economics* 26（2001）：221。執著於小班制，會有嚴重後果。所有研究教育政策的學者一致認同的一點是，教師素質遠比班級規模重要，優秀的老師能夠以一年時間教一年半分量的教材，而低於平均水準的老師可能花上一年只教了半年分量的教材，這相當於一年間相差了一年分量的學習。顯然，聚焦於改進教師素質，其效益遠勝於縮減班級學生人數的效益。問題在於優秀的教師不多，具備專業和複雜技巧而能啟發學生的教師數量不足。

那麼，我們該做什麼？我們應該開除差勁的教師；或是訓練他們以改善他們的表現；或是支付最佳教師更高薪以換取他們教更多學生；或是提高教職資格條件和地位，以吸引更多勝任教職的特殊人才。面對太多差勁教師和優秀教師不足的問題，我們最不應該採行的做法是招聘更多的教師，但是，許多工業化國家近年著迷於推行縮減班級規模的同時，招聘了更多的教師。此外，值得一提的是，在教育領域，成本最高的政策與行動莫過於縮減班級規模，增聘老師和增建教室花太多錢了，以至於沒多少剩餘的教育經費可用於為教師加薪，結果，在過去五十年，相對於其他職業，教師薪資持續下滑。

過去二、三十年，美國的教育制度決定不訴諸對小孩最有幫助的做法——尋求最好的教師，付他們更高薪資，讓他們教大量的孩子；它決定盡可能地招聘更多的教師，付他們更低薪資。美國在二十世紀的政府教育經費支出成長驚人：以固定幣值（亦即經過通貨膨脹率調整）衡量，從一八九〇年的二十億美元增加到一九九〇年的一八七〇億美元，直至二十世紀結束，仍持續增加。這些教育經費支出的增加，絕大部分是用來增聘教師以遂行縮減班級規模。一九七〇年至一九九〇年間，美國公立學校的小學生與教職員的比率從20.5降低至15.4，在這些年間，付給那些增聘教師的薪資占了數百億美元教育經費支出增加額的大部分。

為何會發生這種情形？答案之一是教育界的政治——教師和他們的工會的力量，以及學校獲得經費的奇特方式。不過，這不是一個完全令人滿意的解釋。美國大眾（加拿大大眾、英國大眾、法國大眾等等亦然）並非被迫把這些錢花在縮減班級規模上頭，是他們自己想要縮減班級規模的，為什麼？因為富有到有能力支付小班制這類東西的人們和國家並不了解，他們的財富能買到的東西未必對他們有益，未必能增進他們的福祉。

⑩ 雖然哈奇基斯中學的網站上寫著有十二架史坦威鋼琴，但該校的音樂總監曾經在其他場合說他們實際上有二十架，外加一架法吉歐利（Fazioli）鋼琴，這極品中的極品可是大型演奏鋼琴中的勞斯萊斯（Rolls-Royce）。算一算，該校的鋼琴總價超過一百萬美元。若你在哈奇基斯中學的鋼琴練習室裡玩筷子，聽起來必定相當悅耳。

CHAPTER

3

拒絕參加主流沙龍展的印象派畫家：勇敢離開大池塘，到小池塘裡當大魚

進入最頂尖的機構或名校真的對我們有益嗎？該選擇當大池塘裡的小魚，還是小池塘裡的大魚？拒絕向主流靠攏需要勇氣，但在這看似不利的處境中，也意味你能擁有更大的自由度與機會，去做任何你想做的事。就像當初雷諾瓦、莫內這些印象派畫家拒絕參加當時全歐洲最重要的沙龍展，而在自辦的展覽中成功地找到自己的舞台。

印象派畫家的兩難抉擇

一百五十年前，當巴黎是世界藝術中心時，一群畫家每晚在巴蒂諾斯區（Batignolles）

的蓋布瓦酒館（Café Guerbois）聚會，為首的是愛德華・馬奈（Édouard Manet），他是這群人當中年紀最長、最有名氣的畫家之一。三十出頭的馬奈衣著高雅，大方和善，其活力和幽默吸引周遭所有畫家為之傾倒。愛德加・竇加（Edgar Degas）是馬奈的好友，他是少數機智堪與馬奈匹敵的人之一，兩人都是熱情激昂的性子，都有張利嘴，經常你一言我一句，有時演變成爭吵。老是板著一張臉的高個兒保羅・塞尚（Paul Cézanne）總是進了酒館就悶悶不樂地坐在角落，有一回，在坐下之前，他對馬奈說：「我不跟你握手了，我已經八天沒洗手啦。」只專注於自己、意志堅定的克勞第・莫內（Claude Monet）是雜貨店家的兒子，缺乏其他一些畫家所受的教育。莫內最要好的朋友是「隨和的淘氣鬼」皮耶・奧古斯特・雷諾瓦（Pierre-Auguste Renoir），兩人友誼往來期間，他畫了十一幅莫內的畫像。這群人當中的精神領袖是卡米耶・畢沙羅（Camille Pissarro），他是一個非常具有政治風範、對朋友忠實、正直而有原則的人，就連脾氣最壞、最不合群的塞尚都喜愛他，多年後，塞尚還稱自己為「畢沙羅的弟子」。

這群傑出的畫家後來共同發展推動新風格的繪畫運動，名為「印象派」。他們畫彼此，也一起作畫，在情感和財務上相互扶持，今天，他們的作品懸掛於世界各地的每一個知名美術館。但在一八六〇年代，他們卻是生活困頓，莫內一貧如洗，雷諾瓦一度得帶麵包給他，讓他免於挨餓，但雷諾瓦本身的境況也好不到哪裡，他窮到沒有足夠的錢可以買作畫顏料和信封郵票。當時，幾乎沒有畫商對他們的作品感興趣，藝術評論家提及印象派畫家時（一八六〇年代，巴黎只有一小批藝術評論家），通常都是鄙視貶損他們。馬奈和他的朋友們坐在蓋布瓦酒館，這酒館是暗色系裝潢，擺放了大理石桌面的餐桌和不堅固的金屬椅，他們喝酒用餐，辯論政治、文學、藝術，最主要談的是他們的行業，因為印象派畫家全都為一個重要問題傷神：他們該拿沙龍畫展（the Salon）怎麼辦？

藝術在十九世紀的法國文化生活中扮演重要角色，繪畫藝術的主管單位是一個名為皇室與藝術部（Ministry of the Imperial House and the Fine Arts）的政府機關，繪畫被視為一種必須受過教育和專門訓練的職業，就像今天的醫生或律師。一個有前途的畫家通常先在國立巴黎高等美術學院（École Nationale Supérieure des Beaux-Arts de Paris）接受嚴格、正統的教育，循序漸進地學習臨摹、素描、畫真人，每個教育階段都有比賽，表現差的將被淘汰剔除，表現優秀者可獲得獎項和會員資格殊榮。畫家職業的頂峰是入選沙龍畫展，這是全歐洲最重要的藝術展。

每年，法國的畫家把兩、三幅他們最出色的油畫提交給專家評審，截止日是四月一日。來自全球各地的藝術家推著裝載油畫的手推車行經巴黎的鵝卵石街道，帶著他們的作品前往工業博物館（Palais de l'Industrie），這座坐落於香榭麗舍大道和塞納河之間的宏偉建築是為了一八五五年舉行的巴黎世界博覽會而興建的。接下來幾週，評審對每一幅畫進行投票，未通過的畫作被蓋上紅色「R」字（代表rejected），通過的畫作則被懸掛於工業博物館的牆上。從五月初開始為期六星期的展覽期間，多達上百萬人湧入參觀，最知名的畫家的作品前方總是擠滿想搶個好位置欣賞畫作的民眾，不得他們青睞的畫作則是被嘲笑奚落。最好的作品獲頒獎項，獲獎的畫家被讚美頌揚，他們的畫作價值也水漲船高；未獲獎的畫家則是沮喪而歸，繼續努力。

雷諾瓦曾經說：「在巴黎，懂得欣賞與喜愛沙龍展落選畫家之畫作的藝術熱愛者不到十五人，不願購買未入選沙龍展畫家之畫作者高達八萬人。」沙龍展令雷諾瓦焦慮不已，有一年，在評審期間，他忍不住焦慮，前去工業博物館外頭等候，希望能提早得知自己的畫作有無入選，但他很羞怯，便向人自稱是雷諾瓦的友人。另一個蓋布瓦酒館的常客腓特烈・巴吉耶（Frédéric Bazille）曾坦承：「我非常害怕理想落選。」畫家朱爾斯・赫爾札菲爾（Jules Holtzapffel）沒能入選一八六六年的沙龍展，便舉槍朝頭自殺，自盡前他寫了字條：「評審委員否決我，可見我沒才華，我該死。」對十九世紀的法國畫家而言，沙龍畫展猶如操控他們生殺大權之神，這群印象派畫家之所以對沙龍畫展如此不滿是因為，沙龍展的評審一再否定他們。

沙龍畫展評審的心態很傳統，「他們認為畫作必須鉅細靡遺地、精確地潤飾，必須規規矩矩地架構，有正確比例和大家熟悉的所有傳統作畫技巧。」藝術史學家蘇・羅（Sue Roe）指出：「明亮代表鮮活，陰暗代表莊重嚴肅，在寫實的畫作裡，景物不僅要精確，也應該有道德上被接受的基調；下午參觀沙龍畫展，就像晚上去巴黎歌劇院聆聽觀賞歌劇一樣，要能娛樂觀眾、昇華他們。這些評審有既定的成見，他們知道自己喜歡怎樣的畫作，也期望見到符合他們成見的作品。」蘇・羅說，那些在沙龍展中獲獎的畫作都是氣勢磅礴、一絲不苟的油畫，描繪法國歷史或神話的場景，有馬和軍隊或美麗的女性，有「士兵出征」、「讀信而泣的女人」、或「被棄的純真」之類的作品名稱。

印象派畫家對藝術有全然不同的看法，他們畫日常生活，他們畫生活中看得到的景象，但畫中人物模糊、不精確，也不細緻。在沙龍展評審和觀展的民眾眼中，他們的作品是業餘水準，甚至到了無禮、不敬的程度。一八六五年，馬奈描繪一名妓女裸體的畫作《奧林比亞》（Olympia）出乎意外地入選沙龍展，這幅畫在巴黎引發騷動，工業博物館得派出守衛駐守於展出的這幅畫作前，不讓擁擠的觀眾靠近作品，並維持秩序。「當時籠罩著歇斯底里、甚至害怕的氣氛，」藝術史學家蘇・羅寫道：「有些觀眾狂笑絕倒，有些觀眾——大多是女性觀眾，則是驚駭地轉過頭去。」一八六八年，雷諾瓦、巴吉耶和莫內的畫作終於入選沙龍展，但在六週展覽期間中途，他們的作品從主展覽區被移至工業博物館後方一間小而陰暗的廢品堆積室，被視為失敗的畫作都移置此處，這跟作品未入選幾乎沒兩樣。

沙龍畫展是舉世最重要的展覽，蓋布瓦酒館裡的每個畫家都認同這點，但要入選沙龍展，他們得付出代價：他們得畫他們認為不合乎他們的技法理念的作品，而且，和眾多其他畫家的作品一起展出，他們的作品可能根本不被注意到。這值得嗎？這些印象派畫家一晚接一晚地辯論他們該不該再繼續向沙龍展叩關，抑或應該自行舉辦展覽？他們應該繼續當沙龍展這個大池塘裡的小魚，抑或當他們自己選擇的小池塘裡的大魚？

最終，印象派畫家們作出了正確選擇，這也是他們的作品現在能夠懸掛在全球各地知名美術館裡的原因之一。但是，相同的兩難在我們的生活裡一再出現，我們往往未能如此明智地作出抉擇。倒U形曲線提醒我們，到了某一點，金錢和資源就不再為我們的生活帶來優勢或益處，反而開始有害。印象派畫家的故事點醒了第二個類似的問題：我們認為進入最頂尖的機構很重要、很有助益，我們盡最大努力追求進入這樣的機構，但我們鮮少像印象派畫家那樣停下來認真思考，進入最頂尖的機構一定對我們最有益嗎？這樣的例子很多，但最顯著的例子之一是我們在考慮該選擇進入哪所大學時的思維。

那裡是天堂！我以為

卡洛琳・薩克斯（Carline Sacks，作者註：為保護隱私，本文未使用她的真名，也改變部分的內容細節）生長於華盛頓特區都會區的最邊緣地，從小至高中，讀的都是公立學校，她的母親是會計師，父親任職一家科技公司。小時候，她是教會唱詩班成員，她也喜愛寫作和繪畫，但真正令她興趣盎然的是科學。

「我經常帶著放大鏡和素描簿，在草地上爬，追蹤蟲子，畫它們。」薩克斯說。她是個有思想、表達能力好的年輕女性，非常坦誠率直，「我對昆蟲非常、非常著迷，還有鯊魚，所以，有一陣子，我想我將來會成為獸醫或魚類學家。我很崇拜尤琴妮・克拉克（Eugenie Clark），她是第一位女性潛水家（譯註：這應是不正確資訊，但人稱「Shark Lady」的尤琴妮潛水探索鯊魚數十載，也是以浮潛進行研究的先驅），她生長於紐約市的一個移民家庭，儘管很多人說：『噢，妳是女性，不能潛入海裡』，最終她仍在所屬領域出類拔萃，我認為她很傑出。我的父親見過她，並且帶回一張她的簽名照給我，那真是令我興奮極了。科學一直是我非常熱中的東西。」

高中時期，薩克斯在班上的成績名列前茅，她也在附近一所學院修一門政治學，在當地社區學院修一門多變數微積分，兩門課都拿A，當然，高中裡的每一門課也都拿A。她在每一門大學先修課程都獲得最佳成績。

高二升高三那年夏天，她的父親帶她旋風式地造訪美國的大學，「我記得，我們三天造訪了五所學校，」她說：「分別是衛斯理安大學（Wesleyan University）、布朗大學、普羅維頓斯學院（Providence College）、波士頓學院和耶魯大學。衛斯理安大學很有趣，但規模很小，耶魯大學很酷，但我一定沒法適應那裡的氣氛。」贏得她心的是位於羅德島州普羅維頓斯的布朗大學，學校規模不大，坐落於小山坡上，堪稱全美校園最美的大學，附近盡是十九世紀殖民時期喬治亞風格的紅磚建築。薩克斯申請布朗大學，馬里蘭大學是她的備胎，幾個月後，她收到布朗大學的入學許可通知。

「我預期布朗大學的每個學生都來自富有家庭，老於世故，博學廣見，」她說：「進去之後發現，所有人似乎都跟我一樣，充滿好奇心，既緊張、又興奮，沒把握能否交到朋友，這讓我放心不少。」最難的部分是到底要選修什麼課程，因為每門課聽起來都令她很感興趣，最後，她選了普通化學、西班牙語、語言演進學，以及現代醫學的植物學根源，她描述後面這門課是：「一半是植物學課程，一半是檢視原生植物在醫藥上的使用，以及它們是基於什麼化學理論。」她簡直是進入了天堂。

躋身大池塘的代價太高

卡洛琳．薩克斯作出了正確選擇嗎？多數人大概會認為她的選擇正確。和父親旋風式地造訪各大學後，她把這些學校按照最好到最差作排序，布朗大學排名第一，把馬里蘭大學作為備胎，是因為它在各方面都不如布朗大學那麼優。相較於馬里蘭大學，常春藤盟校之一的布朗大學有更多資源，學生學術能力更佳，教師更有名望與成就，在《美國新聞與世界報導》雜誌每年出版的全美大學排名中，布朗大學總是排名前十或前二十，馬里蘭大學遠落其後。

但是，讓我們用印象派畫家對沙龍畫展的思維來思考卡洛琳的決策。在蓋布瓦酒館的無止境辯論中，印象派畫家們了解到，沙龍畫展和自行舉辦畫展這兩者之間的選擇，並非孰者最佳和孰者次佳這麼簡單的問題，這其實是兩個非常不同的選項，兩個選擇各有其優點和缺點。

沙龍畫展就像一所常春藤盟校，它是創造名氣之地，競爭激烈是令它如此特別的一大原因，一八六〇年代的法國約有三千名擁有全國知名度的畫家，每位畫家提交自己最好的兩、三件作品給沙龍畫展的評審團。這意味的是，評審們將從堆積如小山般大量的作品中挑選，而落選是正常，入選是難得。馬奈說：「沙龍展是激烈戰場，你必須掂掂自己的斤兩。」在所有印象派畫家當中，他是最相信沙龍畫展價值的其中一位。藝術評論家西奧多．杜雷茨（Théodore Duret）是蓋布瓦酒館圈的一員，是早期印象派的辯護者和收藏家，但他也認同馬奈的看法，他在一八七四年寫給畢沙羅的信中提出忠告：「你仍然有一步要走，那就是成功建立大眾知名度，被所有經紀商和藝術熱愛者認同與接受……。我敦促你參展，你必須製造名氣，引起批評或好評，和大眾面對面。」

但是，致令沙龍畫展如此具有吸引力的因素（亦即競爭非常激烈，非常有名），也為它帶來問題。工業博物館是一座宏偉的建物，長三百碼，中間通道有兩層樓高，每年的沙龍展通常有三、四千幅畫作入選，展出時，從地面向上延伸至天花板，排成四列懸掛，只有那些獲得全體評審一致通過的作品，才得以懸掛在視線所及之列，參觀者根本看不到被懸掛在最接近天花板高處的畫作（雷諾瓦的一幅畫作曾經被掛在廢品堆積室的最高處）。參選的任何一位畫家不得提交超過三幅作品，此外，參觀者往往擁塞，沙龍畫展是個大池塘，在展覽中很難看清什麼，只看得到小魚。

畢沙羅和莫內不認同馬奈的見解，他們認為，與其當大池塘裡的小魚，不如當小池塘裡的大魚。他們說，自行舉辦畫展，就不必受限於沙龍畫展的規矩，在沙龍展中，馬奈的畫作《奧林比亞》被視為傷風敗俗之作，獲獎的是那些描繪士兵出征和哭泣女性的作品。自行舉辦畫展，他們可以畫自己想畫的東西，他們的畫作不會在擁擠的作品中迷失而不被注意到，因為自辦的展覽不會有擁擠的作品。畢沙羅和莫內在一八七三年提議印象派成立一個名為「畫家、雕塑家與雕刻家合作協會」（Société Anonyme Coopérative des Artistes Peintres, Sculpteurs, Graveurs）的組織，沒有競爭，沒有評審，沒有獎項，每一個藝術家被平等對待。除了馬奈，所有印象派畫家都加入這組織。

該組織在卡普辛大道（Boulevard des Capucines）一棟建物的頂樓設立了展覽場，這頂樓原是一名攝影師承租，有多個紅棕色牆面的小房間。印象派畫家在一八七四年四月十五日揭開為期一個月的畫展，參觀費為一法郎，共展出一百六十五件作品，包括塞尚的三幅畫、竇加的十幅畫、莫內的九幅畫、畢沙羅的五幅畫、雷諾瓦的六幅畫、以及阿佛列德・希斯里（Alfred Sisley）的五幅畫，展覽作品遠少於沙龍展。在自辦的展覽中，印象派畫家們想展出多少作品都行，懸掛的位置也可以讓參觀者看得清清楚楚，「就算入選沙龍展，在眾多展出作品中，人們也不會看到和注意到印象派畫家的作品。在自辦的集體畫展中，他們的作品能被大眾看到，」藝術史學家哈里森・懷特（Harrison White）和辛蒂雅・懷特（Cynthia White）寫道。

總計有三千五百人參觀那場畫展，光是第一天就有一百七十五名參觀者，足以引起藝術評論家的注意，但並非全都是好評，其中一個評論戲謔地說，印象派畫家的作畫是拿手槍裝上顏料，對畫布發射。儘管小池塘與大魚這個選擇可能遭到一些局外人的嘲笑輕蔑，但小池塘是受到那些局內人歡迎的地方，小池塘有來自社群和朋友的種種支持，是創新和個人特色不會遭到不贊成的地方。「我們開始為自己打造出一個棲位，」滿懷希望的畢沙羅在給一位朋友的信中寫道：「我們已經成功入侵，在擁擠中豎立我們的小旗幟……，我們可以在不擔心評價輿論之下向前推進。」他說的沒錯，在自力救濟下，印象派畫家找到了一個新識別，他們感受到新的創作自由，過沒多久，外界開始注意並支持他們。在現代藝術史中，從未有比這更重要、更知名的展覽，今天，若你想在那頂樓房間買畫，你得花超過十億美元。

印象派畫家的故事帶給我們的啟示是：有時候，當小池塘裡的大魚勝過當大池塘裡的小魚；當個邊緣世界局外人的明顯劣勢未必真的是劣勢。畢沙羅、莫內、雷諾瓦和塞尚權衡掂量名氣與能見度、選擇性與自由之後作出決斷：躋身大池塘的代價太高了。卡洛琳．薩克斯也面臨相同的抉擇，她可以當馬里蘭大學裡的大魚，或是當世界最知名大學之一裡的小魚；她選擇了沙龍展，而非卡普辛大道上那三個房間的頂樓展覽場，最終，她為此選擇付出了高代價。

雖然，我只輸給1%的人

卡洛琳的麻煩始於大一那年春季（大一下）選修的化學課。如今回想起來，她認為自己當時可能修選了太多科目，也參加了太多課外活動。第三次期中考的成績單發下來時，她的心重重一沉，她去找教授商談，「他帶我檢討了幾個題目後說道：『嗯，妳的一些基本概念有問題，我會建議妳退掉這門課，別參加期末考了，下學年秋季再修。』」她聽從教授的建議，大二上時再度選修這門課，但成績並沒有改善，得了個B⁻，令她大為震撼。「我從沒在學校拿過B的成績，」她說：「我從未拿過不是優等的成績。這門課，我修第二次了，這次，我是大二生，一起修這門課的，絕大多數是第一學期的大一新生，這令我沮喪極了。」

獲得布朗大學入學許可時，卡洛琳就已經知道，在這所頂尖大學將不同於高中，她將不再是班上最聰明的女孩，她接受這事實。她說：「我想，不論我準備得多充分，一定有同學已經接觸過我連聽都沒聽過的東西，所以，我做好心理準備，盡可能別天真地預期自己仍會是最優。」但是，化學這門課超出她的想像，班上學生很競爭，「我連跟班上那些同學交談都有困難，」她說：「他們不願和我分享他們的讀書習慣，他們不願談有助於理解課程內容的方法，因為那可能會對我有所幫助。」

大二那年春季，她選修有機化學課，情況更糟，她應付不來，「你記住了一個概念的應用，接著，他們給你一個你從未見過的分子，要你提出一個你從未見過的分子，你必須舉一反三，從這個東西想到另一個東西。有人很自然地這麼思考，不到五分鐘就完成了，他們是異常出色的學生；有人則是非常努力地自我訓練出這種思考能力。我拚命努力，就是做不出來。」老師問一個問題，四周都有同學舉手，卡洛琳只能安靜地坐著，聽別人的出色回答，「我只感覺自己非常無能，格格不入。」她說。

某晚，她熬夜準備有機化學課的評量考，她感到悲哀惱怒，她不想在凌晨三點苦讀有機化學，也明知這一切努力不會對她的成績有多少幫助。她說：「我想，就是在那時，我開始思考或許我不應再繼續走這條路了。」她已經受夠了。

悲哀的是，她喜愛科學。她敘述放棄自己的最愛，哀痛所有她想選修、但不再能修的課——生理學、傳染病學、生物學、數學。大二結束的那年夏天，她對自己的決定感到萬分痛苦，「成長過程中，我總是能夠很驕傲地說：『我是個七歲女孩，我喜愛昆蟲，我想研究它們，我經常閱讀昆蟲相關書籍，在素描簿上畫它們，標示它們身體的各個部分，談論它們住在哪裡及它們的活動，』後來則是興致勃勃地說著：『我對人和人體的運作非常感興趣，這些實在很奇異，不是嗎？』說自己是科學女孩，真的很光榮；要我放棄這些，改口說：『唉，我打算改做其他比較容易的事，因為我受不了那壓力。』這對我來說真是太丟臉了。有陣子，我只想著這個，覺得自己完全失敗，那是我一直以來的目標，我卻做不來。」

卡洛琳的有機化學課成績如何，其實並不要緊，不是嗎？她從未想要成為有機化學家，那不過是一門課罷了，讀不來這門課的人很多，不少醫學院預科生利用夏天去另一所學院或大學修有機化學課。更何況，卡洛琳是在全世界最競爭、最嚴格的大學之一修這門課，要是把全世界修有機化學課的所有學生匯集起來排序，她搞不好排在第九十九個百分位（勝過九九％的其他學生）呢！

問題是，卡洛琳並不是拿自己和全世界修有機化學課的所有學生相較，而是跟布朗大學的同學相較。她是全美最深、最競爭的池塘之一裡的小魚，把自己拿來和這池塘裡的其他所有出色魚兒較量，這樣的體驗粉碎了她的信心，令她自覺愚鈍，儘管，她一點都不笨，「哇，其他人這麼高明，就連那些一開始跟我一樣沒頭緒的學生都很快就搞懂了，我似乎就是學不來這樣的思考方式。」她說。

相對剝奪感會放大負面感受

卡洛琳・薩克斯經歷的是所謂的「相對剝奪感」（relative deprivation），這是社會學家薩謬爾・史托佛（Samuel Stouffer）在二次大戰期間提出的一個名詞。史托佛受美國陸軍委託研究美國士兵的態度與士氣，他調查五十萬名男女士兵，檢視士兵對其指揮官的觀點、黑人士兵對於他們的待遇的感想、士兵覺得在孤立的基地服役是否很辛苦等等。

在史托佛調查詢問的問題當中，有一組問題很特別。他詢問服務於憲兵隊的士兵和服務於空軍的士兵，他們認為他們的所屬單位在識察人員的能力、並據以晉升他們方面做得好不好？調查結果很顯然，憲兵隊士兵遠比空軍士兵更肯定他們的組織在這方面的作為。

表面上看來，這樣的調查結果沒道理，因為在所有美國軍種當中，憲兵隊是晉升率最差的軍種之一，空軍則是晉升率最好的軍種之一；空軍士兵晉升為軍官的機會是憲兵晉升為軍官的兩倍。那麼，為何憲兵隊的士兵會感到較滿意呢？史托佛作出了日後很著名的解釋：憲兵只拿自己和其他憲兵相較。若你在憲兵隊獲得晉升，因為這是很罕見的事，你會感到很開心；若你在憲兵隊未獲晉升，因為多數同儕也未獲晉升，所以，你不會感到很不開心。「拿憲兵和教育程度及服務年資與他相同的空軍士兵相較，」史托佛在其研究報告中指出，空軍士兵晉升為軍官的機會高出五〇％，「若他獲得晉升，隊上多數同儕也獲得晉升，因此，他的成就就不如獲得晉升的憲兵那麼顯著了。若他（空軍士兵）未獲得其他多數同儕成功獲得的評分，他就更有理由心生個人挫折感，他可能透過批評空軍的晉升制度來表達他的沮喪與不滿。」

史托佛的見解是，我們並不是宏觀地形成我們的感想與印象，亦即，我們並非把自己放在盡可能最廣的背景下來看自己的處境；而是局部地拿自己和那些跟我們在同一條船上的人相比。因此，我們對於自己的被剝奪感是一種相對的感覺。這是既明顯且具有深義的觀察心得，它為所有看似令人困惑不解的觀察現象提供了合理解釋，例如，你認為哪一類國家的人民自殺率較高？是那些人民聲稱他們很快樂的國家，如瑞士、丹麥、冰島、荷蘭和加拿大？抑或是希臘、義大利、葡萄牙和西班牙這類人民聲稱他們不很快樂的國家？答案是：那些所謂的快樂國家，人民自殺率較高。這現象相同於憲兵隊士兵和空軍士兵的感想，若你感到不快樂，你身處之地的多數人也相當不快樂，那麼，你拿自己和周遭人相較，你就不會感到那麼糟了。但是，你能想像，在一個絕大多數人臉上都掛著微笑的國家，鬱鬱寡歡的你身處其中有多難過嗎？①

了解這道理後，我們對於卡洛琳・薩克斯拿自己和有機化學課同學相較，而評價自己的行為就不會感到奇怪、覺得她不理性了，這是人類常做的事，我們拿自己和相同處境的人相比。意味著，那些精英學校的學生將面臨他們在競爭氛圍較不那麼激烈的學校不會面臨的負擔，或許只有那些班上最頂尖的學生不會感受到這種負擔吧。快樂國家的人民自殺率高於不快樂國家的人民，係因為他們看著周遭人們微笑的臉，感到反差太大。優異學校的學生看著周遭出色的同學，你認為他們感覺如何？

「相對剝奪感」現象應用於教育界②，名之為「大魚小池塘效應」（Big Fish-Little Pond Effect）。愈精英的教育機構，其學生愈容易懷疑或否定自己的學業能力，在優秀學校名列前茅的學生，換到了非常優異的學校，很可能成績排名殿後；在優秀學校覺得自己是某學科能手的學生，換到了非常優異的學校，很可能感覺他們愈來愈跟不上。這種感覺，不論是多麼主觀、荒謬、不理性，將產生顯著影響。在你的班上，你感覺自己的能力如何（此即你對於自己的學業能力的自我看法），將會影響你應付挑戰和完成困難課業的意願。換言之，這種感覺，這種自我看法，是影響你的幹勁與信心的重要因素。

率先提出「大魚小池塘」理論的是任教於英國牛津大學的赫伯・馬許（Herbert Marsh），他認為，多數父母和學生基於不正確的理由來挑選學校，他說：「很多人認為，進入錄取率低的優異學校是有益之事，其實不然，事實上是利弊參半，好壞未卜。」馬許在其研究報告中寫道：「我住雪梨時，有些錄取率低的公立學校甚至比精英私立學校更有名氣，入學考試極其競爭。因此，每當這些學校舉行入學考時，《雪梨晨鋒報》（*Sydney Morning Herald*）總會打電話採訪我，年年如此，我總是感到壓力，不知這一年該說些什麼新鮮話。終於，有一年，我說了這番話——或許，我不該說這些話的，我告訴採訪記者：若你想知道進入精英學校對學生的自我看法的正面影響，那你是問錯了對象，你應該去問學生的家長。」

寧為雞首，不為牛後？

卡洛琳・薩克斯的經驗並非不常見，起初選擇科學、技術、工程和數學科系（也就是所謂的STEM科系）的美國學生當中，有超過一半在第一或第二年退出。儘管，在現代經濟中，科學學位堪稱是年輕人能擁有的最有價值資產，但許多原本主修STEM科系的學生後來轉換至學業負擔及壓力較輕、課業競爭沒那麼激烈的人文科系。在美國，美國教育出身的合格科學家和工程師如此短缺，這也是一個主因。

欲了解是哪些學生中途退出STEM科系，以及退出原因，讓我們來看看位於紐約州北部的哈威克學院（Hartwick College）的STEM科系入學情形，這是一所美國東北部很普遍類型的小型文理學院。

〈圖3-1〉根據數學測驗成績，把哈威克學院的所有STEM科系主修生區分為三群（前三分之一、中間三分之一、後三分之一），這些數學成績取自學術能力測驗（Scholastic Aptitude Test或Scholastic Assessment Test，簡稱SAT），許多美國大學院校使用SAT成績作為入學申請審查標準之一，SAT測驗內容分幾個部分，每個部分滿分為八百分。

若我們以SAT測驗成績為依據，可以看出，在哈威克學院，最優異的學生和最差的學生的數學能力差距相當大。

接著來看看哈威克學院授予的所有STEM科系學位中，分別由這三群學生取得的百分比，如〈圖3-2〉所示。

在取得哈威克學院STEM科系學位的學生當中，前三分之一的這群學生囊括了過

圖3-1　哈威克學院STEM科系入學生SAT測驗數學成績

STEM科系	前三分之一	中間三分之一	後三分之一
SAT測驗數學成績	569	472	407

圖3-2　取得哈威克學院STEM科系學位的比例分布

STEM科系	前三分之一	中間三分之一	後三分之一
SAT測驗數學成績	55.0	27.1	17.8

半數，後三分之一的這群學生僅有一七・八%取得STEM科系學位。該學院入學時數學成績最差的學生，有大批退出了STEM科系，這似乎挺合理，畢竟，成為工程師或科學家必讀的高等數學和物理非常難，只有班上少數名列前茅的學生夠聰穎而能夠應付得來。

接下來，對舉世最頂尖學府之一的哈佛大學進行相同的分析。

哈佛大學入學學生的SAT測驗數學成績（參見〈圖3-3〉）遠高於哈威克學院的入學生，這一點也不意外，事實上，哈佛的後三分之一群學生的數學測驗成績比哈威克學院前三分之一群學生的數學測驗成績還要高。若取得STEM科系學位與否取決於你是否夠聰穎，那麼，幾乎所有哈佛STEM科系的學生最終都取得了SETM科系

圖 3-3　哈佛大學STEM科系入學生SAT測驗數學成績

STEM科系	前三分之一	中間三分之一	後三分之一
SAT測驗數學成績	753	674	581

圖 3-4　取得哈佛大學STEM科系學位的比例分布

STEM科系	前三分之一	中間三分之一	後三分之一
SAT測驗數學成績	53.0	31.2	15.4

學位，對吧？至少，照理說，沒有一位哈佛學生缺乏應付課業的智力。那麼，咱們就來看看這三群學生取得STEM科系學位的比例（參見〈圖3-4〉）。

這不是很奇怪嗎？入學哈佛時數學成績最差的後三分之一學生，退出STEM科系的比例竟與哈威克學院不相上下，哈佛大學學生取得STEM科系學位的比例分布跟哈威克學院相同。

想想看，哈威克學院有一群成績優異的學生，我們姑且稱之為哈威克的明星；哈佛大學有一群成績較差的學生，我們姑且稱之為哈佛的渣滓。在高等微積分和有機化學等等課程，這些學生全都讀相同的教科書，學習相同的概念，在課程中應付相同的問題，根據SAT測驗的數學成績，他們的學術能力大致相當。但最終，哈威克的明星中有超過半數取得STEM學位，成為工程師或生物學家；哈佛的渣滓在這所名氣遠遠更大的學府中被他們的體驗感受挫擊到不行，導致他們當中有許多人退出STEM科系，轉換至非科學科系。哈佛的渣滓是非常大而嚇人的池塘裡的小魚，哈威克的明星是非常宜人的小池塘裡的大魚。由此看來，**贏得科學學位的可能性不僅是取決於你的聰穎程度，也取決於你感覺自己在班上相對於其他人的聰穎程度**。

順便一提的是，不論檢視哪一所學校，不論學校的學術聲望如何，都存在這種型態。社會學家羅傑斯・艾略特（Rogers Elliott）和克里斯多福・史特倫塔（Christopher Strenta）對美國的十一所大學院校進行相同分析，得出結果如〈圖3-5〉所示。

現在，我們回頭想想，當卡洛琳・薩克斯在面臨布朗大學和馬里蘭大學這兩所學校的抉擇時，她應該如何思考。進入布朗大學，該校的名氣將使她受益，她可能會遇上更有趣、家境富有的同儕，在此校建立的人脈和布朗大學文憑的品牌價值可能在就業市場上助她一臂之力。這些全是典型的大池塘優點，布朗大學就像法國的沙龍畫展。

不過，她的這個選擇將是冒險之舉，進入布朗大學，她完全退出科學科系的可能性將大增。這風險有多大呢？根據加州大學洛杉磯分校教授米契爾・張（Mitchell Chang）的研究，在其他條件相同之下，一所大學學生的SAT平均分數每降低一〇分，學生完成STEM科系學位的可能性就提高兩個百分點③。你的同儕愈聰穎，你愈覺得自己愚鈍；

圖3-5 美國十一所大學院校STEM科系的分析

學校	前三分之一	SAT測驗數學成績	中間三分之一	SAT測驗數學成績	後三分之一	SAT測驗數學成績
哈佛大學（Harvard University）	53.4%	753	31.2%	674	15.4%	581
達特矛斯學院（Dartmouth College）	57.3%	729	29.8%	656	12.9%	546
威廉斯學院（Williams College）	45.6%	697	34.7%	631	19.7%	547
柯蓋德大學（Colgate University）	53.6%	697	31.4%	626	15.0%	534
理奇蒙大學（University of Richmond）	51.0%	696	34.7%	624	14.4%	534
巴克內爾大學（Bucknell University）	57.3%	688	24.0%	601	18.8%	494
肯尼恩學院（Kenyon College）	62.1%	678	22.6%	583	15.4%	485
西方學院（Occidental College）	49.0%	663	32.4%	573	18.6%	492
卡拉馬祖學院（Kalamazoo College）	51.8%	633	27.3%	551	20.8%	479
俄亥俄衛斯理大學（Ohio Wesleyan）	54.9%	591	33.9%	514	11.2%	431
哈威克學院（Hartwick College）	55.0%	569	27.1%	472	17.8%	407

你愈覺得自己愚鈍，就愈可能退出科學科系。由於馬里蘭大學入學生和布朗大學入學生的SAT平均成績相差約一五〇分，卡洛琳選擇優異學校（布朗大學）、捨棄好學校（馬里蘭大學）所付出的「懲罰」是：她取得科學學位的可能性降低了三〇%。三〇%哪！在這個取得人文學學位的學生難以找到工作的時代，擁有STEM學位的學生幾乎保證有更好的職業前途，擁有科學和工程科系學位者的工作機會多且待遇高，為了一所常春藤盟校的名氣而使失去這些機會的風險大增，其風險及代價實在太高了！

我再為你舉一個大池塘的實例，這例子可能更驚人。設若你是一所大學，正想招聘從研究所畢業的最優秀年輕學者，你應該採取怎樣的招募策略？只招募最精英研究所的畢業生嗎？抑或招募在研究所時名列前茅者，而不論他們讀的是哪一所大學的研究所？

多數大學採行第一種策略，它們甚至誇耀這點：我們只聘用最頂尖學校的研究所畢業生！不過，我希望閱讀本章至此，你至少已經對這主張抱持了一點懷疑。在選擇大池塘裡的小魚之前，至少該再多看小池塘裡的大魚一眼吧？

所幸，有一個很簡單的方法可茲比較這兩種策略，這是來自約翰·康利（John Conley）和阿里·西納·翁德（Ali Sina Önder）這兩位學者對經濟學博士班畢業生的研究。在經濟學術界，有一些人人閱讀和推崇的經濟學期刊，頂尖的經濟學期刊只接受最佳、最創新的研究報告與論述，經濟學者們大多根據刊登於這些頂尖期刊的研究文獻數量多寡來彼此評比。所以，康利和翁德認為，想知道前述兩種策略何者較佳，我們只需比較小池塘裡的大魚和大池塘裡的小魚被刊登的研究文獻數量就可得知。那麼，他們的研究得出什麼發現呢？普通水準學府的最優生幾乎總是勝過最佳學府的優良生！

我知道，這聽起來是個非常反直覺的事實，大學聘用哈佛或麻省理工學院的博士未必是好選擇，這論點聽起來似乎有毛病。但是，康利和翁德的分析真的很難反駁。

我們先來看北美的頂尖經濟學博士班，這些全都是世界最頂尖者：哈佛、麻省理工學院、耶魯、普林斯頓、哥倫比亞、史丹福和芝加哥大學。康利和翁德根據這些博士班畢業生在班上的成績排名來區分，接著計算每個人在其學術生涯頭六年刊登的研究文獻數量，請看〈圖3-6〉的統計結果。

我知道，這圖上的數字很多，咱們先只看圖左邊那些在班上成績排名第九十九個百分位的學生（亦即他們的成績優於班上九九％的其他學生）。學術生涯之初，能夠在最具聲望的期刊上刊登三、四篇論文，這是相當了得的成就，這些人很優秀，這也很有道理，能在麻省理工學院或史丹福大學的經濟學研究所名列前茅是傑出成就。

圖 3-6 北美頂尖經濟博士班畢業生的學術文獻統計

	99th	95th	90th	85th	80th	75th	70th	65th	60th	55th
哈佛大學	4.31	2.36	1.47	1.04	0.71	0.41	0.30	0.21	0.12	0.07
麻省理工學院	4.73	2.87	1.66	1.24	0.83	0.64	0.48	0.33	0.20	0.12
耶魯大學	3.78	2.15	1.22	0.83	0.57	0.39	0.19	0.12	0.08	0.05
普林斯頓大學	4.10	2.17	1.79	1.23	1.01	0.82	0.60	0.45	0.36	0.28
哥倫比亞大學	2.90	1.15	0.62	0.34	0.17	0.10	0.06	0.02	0.01	0.01
史丹福大學	3.43	1.58	1.02	0.67	0.50	0.33	0.23	0.14	0.08	0.05
芝加哥大學	2.88	1.71	1.04	0.72	0.51	0.33	0.19	0.10	0.06	0.03

可是，令人不解的現象開始了，看看那些成績在班上排名第八十百分位的學生。麻省理工學院和史丹福大學這類學校每年大約收二十幾個博士班學生，所以，排名第八十百分位大概是班上第十五或第十六名，他們也是傑出的學生。可是，看看他們被刊登的論文數量之少！跟班上最優秀的學生相比，真是差太多。再看看圖中最右邊第五十五個百分位那一欄（成績稍高於全班平均的學生），他們得夠聰穎才能進入舉世最競爭的研究所之一，並且成績能夠在班上平均水準之上。可是，他們幾乎沒有一篇論文刊登於這些期刊上，身為專業經濟學家，他們只能被視為令人失望的學者。

接著，我們來看看普通水準學府的博士班畢業生，我用「普通水準」這字眼，只是因為

圖 3-7　普通水準學府經濟博士班畢業生的學術文獻統計

	99th	95th	90th	85th	80th	75th	70th	65th	60th	55th
多倫多大學	3.13	1.85	0.80	0.61	0.29	0.19	0.15	0.10	0.07	0.05
波士頓大學	1.59	0.49	0.21	0.08	0.05	0.02	0.02	0.01	0.00	0.00
非前三十名	1.05	0.31	0.12	0.06	0.04	0.02	0.01	0.01	0.00	0.00

那七所精英學府的人會這麼稱呼它們罷了。在《美國新聞與世界報導》雜誌每年出刊的研究所排名中，這些學校排名總是殿後，我挑選其中三校來作為比較：第一所是我的母校多倫多大學（出於我的愛校精神！），第二所是波士頓大學，第三所是康利和翁德所謂的「非前三十名的大學」，代表排名墊底的所有學校的平均。請看〈圖3-7〉的統計數字。

你能看出令人震懾之處嗎？非前三十名學校（那些常春藤盟校的人連一想到涉足其中都會露出輕蔑表情的學校）的最優生有一・〇五篇的論文刊登於這些頂尖期刊，明顯優於除了哈佛、麻省理工學院、耶魯、普林斯頓、哥倫比亞、史丹福和芝加哥大學最優秀學生之外的其他學生。所以，聘用來自小池塘的大魚，勝過來自大池塘的中級魚？當然！

康利和翁德內心掙扎地解釋他們的研究發現④，他們寫道：

> 想進入哈佛，申請者必須有優異成績、理想的測驗

分數、可靠且強而有力的推薦信，並且懂得如何把所有這些包裝得宜，呈送給入學審查委員會。因此，成功入學者必定在大學時期很用功、聰慧、訓練有素、領悟力高、且很有雄心抱負。為何這些截至申請研究所之前那麼優異、做對所有事的成功入學者，在受過研究所訓練之後，大多數會變成這麼平庸呢？是我們有負於學生，還是學生辜負了我們？

答案當然是兩者皆非，誰也沒辜負誰，而是頂尖學校的特質使得它們之於頂尖者而言是絕佳之地，但這些特質卻使得它們對其他人而言是很困難之地。這只不過是卡洛琳・薩克斯的經驗的另一種版本，大池塘接收了很傑出的學生，但他們當中有很多人在大池塘裡感受到挫折、沮喪。

哦，對了，你可知道哪一所頂尖學府在近五十年前就已經認知到大池塘的這種危險性了？是哈佛大學！一九六〇年代，弗瑞德・葛林普（Fred Glimp）接掌哈佛大學招生處主任，制定了所謂「快樂的四分之一墊底者」（happy-bottom-quarter）政策。葛林普在他接掌招生處後的首批備忘錄之一上寫道：「任何一班，不論多麼優秀，一定有四分之一的墊底者，在一個很優秀的團體中感受到自己的平庸，那種心理會產生什麼影響？是否有什麼心理類型或某某類型的人，縱使其課業成績在班上吊車尾，他們仍然能夠忍受而依舊快樂，或是對教育機會最充分利用？」葛林普知道大池塘對於那些非最優秀者的信心與士氣打擊有多麼大，他認為，他的職責是**去找到夠堅韌、在課堂外有足夠成就而能夠在哈佛的巨大池塘中承受當小魚壓力的學生**。於是，哈佛推出了從那時起一直持續至今的政策：錄取相當數量有運動才能、但學業成績比班上其他同學差的運動員。這政策的背後理論是：**若一個班上要有人當墊底砲灰的話，最好是此人另有獲得成就感的途徑，例如他在足球場上是佼佼者**[5]。

相同的邏輯也適用於有關平權優待措施（affirmative action）的爭議。在美國，到底大學院校和職業學校應不應該為弱勢族群降低入學標準，這議題存在巨大爭議，平權優待措施的支持者認為，因為種族歧視持續了一段很長時期，因此，理應幫助少數族群進入競爭激烈的優異學校。反對者認為，進入競爭激烈的優異學校太重要了，應該純粹以學術能力來較量。還有折衷派認為，以種族作為入學優待措施依據是錯的，我們其實應該優待的對象是窮人。這三個團體全都理所當然地以為，能夠進入優異學校是如此重要的一個優勢，因此值得力爭那頂尖的少數名額。但是，人們究竟為何相信那頂尖之地是如此寶貴而值得去力爭呢？

在法學院，平權優待措施實行得最猛，黑人學生經常得以進入比他們實際學術能力高一級水準的學校。結果呢？法學教授理查・桑德（Richard Sander）的研究發現指出，在美國，過半數（51.6%）的非裔美國法律系學生在他們的法學院班上是成績吊車尾的一〇%，此外，有近三分之二的人是墊底的二〇%⑥。你已經在前文中讀到，若你是班上成績墊底的學生，將多麼難以取得科學學位，我想，你會同意，桑德提供的這些統計數字真嚇人。還記得卡洛琳・薩克斯所說的嗎？她說：「哇，其他人這麼厲害，就連那些一開始跟我一樣沒頭緒的學生都很快就搞懂了，我似乎就是學不來這樣的思考方式。」卡洛琳並不笨，她其實很聰明，但布朗大學使她感覺自己笨，若她真想畢業時取得科學學位，她的最佳做法應該是降低一個等級，去馬里蘭大學。沒有任何一個頭腦清楚的人會說她的問題解方是去讀史丹福大學或麻省理工學院之類更加競爭的學校，可是，我們的平權優待措施就是在這麼做啊！我們把像卡洛琳（碰巧，她就是個黑人）這樣大有可為的學生往上推一個等級，我們為何這麼做呢？因為我們以為這是在幫助他們。

這並不是說平權優待措施是錯的，它是出自最佳意圖，而且，精英學校往往提供其他學校未能提供的資源來幫助貧窮學生。但是，這並不會改變誠如牛津大學教授赫伯・馬許所說的事實：進入錄取率低的優異學校（大池塘），其實是利弊參半，好壞未卜。但奇怪的是，很少人談到進入大池塘的不利面。父母仍然要孩子去讀他們所能申請到的最好學校，理由是，讀最好的學校可以讓他們將來能做任何他們希望做的事。我們理所當然地認為大池塘能擴展機會，就如同我們理所當然地認為班級規模愈小愈好。對於何謂優勢，我們的腦袋裡有一個定義，但這個定義不正確，本著這個不正確的定義，其結果就是犯錯，**我們錯誤地解讀弱勢者與巨人之戰，低估了看似不利的東西或處境裡內含的自由度。小池塘才能使你有最多機會去做任何你想做的事。**

在申請大學時，卡洛琳不知道她正在拿她喜愛的東西去冒險，現在，她知道了。在我們的交談末了，我問她，若她當初選擇去讀馬里蘭大學，不去布朗大學的大池塘裡當小魚，那會是什麼光景？她毫不遲疑地回答：「我現在仍然會待在科學界。」

此路不通，就換條路走

「我從小到大都是個非常熱中學習的學生，我真的很愛學習，我喜歡學校，成績也很好。」史帝芬・藍道夫（Stephen Randolph，註：這是個假名）娓娓道來。他是個高個子的年輕人，深棕色的頭髮梳理整齊，身上的卡其服燙得筆挺。「我在四年級時修高中代數學，五年級時修中級代數，六年級時修幾何學。進入中學後，我修高中的數學、生物、化學和大學先修課程的美國史。我也從五年級開始去當地一所學院修一些數學課，但五年級時，我也修其他科學。我當時想，等到高中畢業時，我已經有足夠學分可以很快取得喬治亞大學（University of Georgia）的學士學位，對此，我相當有把握。」

從小一到高中畢業，藍道夫上學都打領帶，「這有點難為情，有點古怪，但我還是這麼做。我不記得這是如何開始的，就是小一的某天，我心生打領帶的念頭，從此就保持這習慣。我想，我大概是個怪胎吧。」他說。

高中畢業時，藍道夫代表他的班級致辭。他的大學入學成績近乎完美，哈佛和麻省理工學院都錄取他，他選擇哈佛。開學第一週，他走在哈佛校園，深感自己是幸運兒，「看著周遭的哈佛人，我心想，噢耶，這些全都是有趣、聰穎、傑出的人，這將是很棒的體驗，我滿懷熱情。」

他的故事幾乎與卡洛琳的故事如出一轍，二度聽到這樣的故事，令我更加感到印象派畫家的成就有多麼了不起。他們是藝術天才，但他們也具有罕見的智慧來看待世界，面對絕大多數世人認為的一大優點，他們能夠洞悉其弊。莫內、竇加、塞尚、雷諾瓦和畢沙羅決定走向他們的第二選擇。

藍道夫在哈佛過得如何？我想，你應該猜到了答案。大三時，他選修量子力學，「我的成績不好，」他承認：「我記得我好像拿了B^-。」那是他有生以來拿過的最差成績。「我心想，要不就是我不擅此學門，要不就是我能力不夠而讀不來。或許，我是覺得自己必須獲得最好的成績，或是有這學門的天賦，才有道理繼續走這條路。有些人看來比我更快上手這學門，你總是會聚焦於這些人，而不是去看那些跟你一樣失意的人。」

「我對課程內容很感興趣，」他繼續說：「但那經驗和感受令我自卑，心生自卑後，你坐在教室裡，不能理解課程內容時，你會覺得：『我永遠也無法理解這些東西！』你做習題，這邊理解一點，那邊理解一點，但你總是認為班上其他人比你理解得更好。我想，哈佛有太多聰穎的人，所以，在那裡，你很難覺得自己是個聰明人。」他決定不再走下去了。

交談過程中，藍道夫提到：「你知道嗎？解數學題目令人很有成就感，」臉上浮現留戀的神情：「一開始，你可能不知如何解這道題目，但你知道一定有你可以依循的定理，一定有你可以使用的方法，在這過程中，中間的結果往往比你開始時更加複雜，但最終結果卻很簡單。解題的過程令人樂在其中。」藍道夫上了他想上的學校，但他獲得了他想要的教育嗎？「我想，大致說來，我對於情況的演變還算滿意啦，」他說，接著笑了起來，笑容裡帶著一絲遺憾：「至少，我是這麼告訴自己的。」

大三結束時，藍道夫決定參加法學院入學考，畢業後，進入曼哈頓的一家律師事務所工作，哈佛使這世界折損了一個物理學家，給了這世界另一名律師。「我是搞稅法的，」他說：「挺有趣的，很多原本主修數學和物理學的人，最終走上稅法這條路。」⑦

注解

① 這個例子是取自經濟學家瑪麗・達利（Mary Daly）的研究，她寫了很多有關於這種現象的研究報告。這裡再舉另一個例子，取材自卡蘿・葛拉罕（Carol Graham）的著作《這個世界幸福嗎？》（*Happiness Around the World: The Paradox of Happy Peasants and Miserable Millionaires*）：智利的一個窮人和宏都拉斯的窮人，你認為誰比較快樂？照理說，應該是智利的窮人比較快樂，因為智利是現代化的已開發國家，智利窮人的所得水準大約是宏都拉斯窮人所得水準的兩倍，意味智利的窮人可以住較好的房子，吃較好的食物，負擔得起更多物質上的舒適。但是，比較兩國窮人的快樂分數，宏都拉斯窮人的分數遠高於智利窮人。為什麼？因為宏都拉斯的窮人只在乎其他宏都拉斯人的處境。葛拉罕寫道：「因為平均國民所得水準對窮人的快樂感無多大影響性，但窮人的所得水準與全國平均所得水準的相對差距會影響他們的快樂感；宏都拉斯的窮人比較快樂是因為他們和全國平均所得水準的差距較小。」若以窮人的財富水準和全國平均財富水準的差距來看，宏都拉斯窮人的這個差距也比智利窮人的這個差距來得小，因此，他們感覺較好。

② 第一份探討挑選學校與「相對剝奪感」問題的學術研究報告是戴維斯（James Davis），“The Campus as Frog Pond: An Application of the Theory of Relative Deprivation to Career Decisions of College Men,” *The American Journal of Sociology* 72, no. 1（July 1966）。戴維斯的結論是：「盡可能上最好的學校真的是提高謀職成功率的最有效率途徑嗎？我的研究發現，在申請學校時，個人應該質疑這論點。若相當確定把孩子送到一所傑出大學之後，孩子的成績將在班上殿後的話，那麼，輔導顧問和家長最好也要考慮這麼做的優缺點。『寧願當小池塘裡的大青蛙，勝過當大池塘

裡的小青蛙』，這句格言雖非完全正確的忠告，但也不無道理。」

③ 這點很重要，值得在此更詳細說明。張教授及其研究報告的共同作者們以數千名大學院校一年級學生為研究樣本，調查導致學生可能退出科學科系的主因，發現最重要的因素是一所大學學生的學術能力。他們在報告中寫道：「一所大學院校的新鮮人入學時的SAT平均分數每增加一〇分，科學科系學生繼續留在這些科系的可能性便降低兩個百分點。」值得一提的是，若只看少數族裔學生，情況更明顯，新鮮人入學時的SAT平均分數每增加一〇分，他們繼續留在這些科學科系的可能性便降低三個百分點。此研究報告指出：「那些進入他們視為第一選擇學校的學生，較不可能繼續留在生物醫學或行為科學等主修科系。」你想進入你所能進入的最佳學府，三思吧。

④ 在此作一個小小的釐清：康利和翁德列出的統計數字並不是每個經濟學者獲刊登的研究文獻總數，而是一個加權平均數——刊登於最富聲望的期刊〔例如《美國經濟評論》（*The American Economic Review*）和《計量經濟學》（*Econometrics*）〕的論文獲得較高權值，刊登於競爭程度較不那麼激烈的期刊，則給予較低權值。換言之，他們的統計數字不僅衡量一學者能寫出多少篇研究論文，也衡量他有多少篇高品質論文獲得刊登。

⑤ 關於葛林普的「快樂的四分之一墊底者」政策，取材自Jerome Karabel, *The Chosen: The Hidden History of Admission and Exclusion at Harvard, Yale, and Princeton* (Mariner Books, 2006), 291.

⑥ 法學教授理查・桑德是使用大池塘理論來反對平權優待措施的先鋒，他和史都華・泰勒（Stuart Taylor）合寫了一本探討此主題的絕佳著作《懸殊》（*Mismatch: How Affirmative Action Hurts*

Students It's Intended to Help, and Why Universities Won't Admit It），我在下面的註7提供桑德的一些論點摘要。

舉例而言，以下是桑德和泰勒思考的一個問題。少數族群學生若選擇讀更好的學校，可能因為競爭激烈而更難以成為一名律師，這一點是很顯然的。但是，若取得更好學校的學位更有價值，而這價值會不會大到可以抵得過前述困難呢？桑德和泰勒也檢視了這個疑問，他們的結論是：不會。在好學校取得優異成績，或是在優異學校取得好成績，這兩者在職場上的價值大致相同，前者的價值甚至高於後者。他們在合著中寫道：「甲生就讀排名第十三的福坦姆大學（Fordham University），並以班上成績排名第五畢業；乙生就讀排名第五、競爭遠遠更激烈的哥倫比亞大學，成績在班上排名中間偏後，這兩人在職場上的工作和待遇很相近。我發現，在多數類似這樣的例子中，那名福坦姆大學的學生在職場上較具優勢。」

這個研究發現應該不令人感到意外。在班上成績吊車尾的黑人學生，其感受和反應跟其他任何在班上成績墊底的學生應無二致吧。

桑德的論點引發相當的爭議，其他社會學家對他的一些研究發現提出質疑，這些學者對數據有不同的解讀。不過，大致而言，許多心理學家——甚至遠溯至二次大戰時社會學家史托佛的研究心得，大概都會認同桑德所闡釋的大池塘危險性，在他們看來，這論點應該是常識吧。

⑦ 平權優待措施的議題值得詳加探討，〈圖A〉取材自理查・桑德和史都華・泰勒的合著《懸殊》（*Mismatch*），顯示非裔美國學生在法學院班上各段成績排名的人數分布比例，相較於白人和其他人種學生在各段成績排名的人數分布。排名從1到10，1代表在班上成績墊底的一〇%，10代表成

績最好的前一〇%。

這圖上有很多數字，但真正要看的只有兩列，第一列和第二列，顯示各種族學生在美國的法學院班上成績墊底的人數比例，如〈圖B〉所示。

桑德和泰勒對於平權優待措施的成本分析如下。想像兩名法學院黑人學生，兩人的高中成績和入學學術能力測驗分數相同，兩人都在平權優待方案下被一所頂尖的法學院錄取，甲生選擇就讀，乙生放棄，改選其第二選擇（可能是基於通勤或財務或家庭因素），這所法學院名氣沒那麼大，競爭沒那麼激烈。桑德和泰勒檢視大量這種配對樣本，比較他們在以下四個項目中的表現：從法學院畢業的比例；第一次就通過律師執照考試的比例；最終得以通過律師執照考試的比例；實際執業的比例。比較結果發現，這兩群人在這些項目的表現連勢均力敵都稱不上；不論在哪一個項目，那些放棄就讀「最佳」學校的黑人學生都遠優於那些選擇就讀「最佳」學校的黑人學生，參見〈圖C〉。

桑德和泰勒極具說服力地忠告：若你是黑人，很想成為律師，你應該學印象派畫家的做法，遠離大池塘，別去讀想讓你向上跳升一級的學校。桑德和泰勒說得很直率：「在任何一所法學院的班上，吊車尾都是難受的滋味。」

順便一提的是，我的前著《異數》（*Outliers*）中也討論過平權優待措施和法學院，不過，在那本書中，我凸顯的是另一個很不同的觀點：到達某一點後，智商和智力的效用就開始趨平了，這意味的是，精英學校用以區別學生的那些特徵與標準未必有用。換言之，當初以較差成績和測驗分數進入優秀法學院就讀的律師，能力未必比當初以優異成績和測驗分數入學的律師來得差。為支持此論點，我使用取自密西根大學法學院的資料，這些資料顯示，透過平權優待方案進入法學院的黑人畢業生，其職場表現絲毫不比其白人畢業生遜色。

我仍然相信這論點嗎？嗯，是與否參半。我想，智力的效用在多達一高點後就開始趨平，這論點仍然大致成立。但是，如今回顧我在《異數》一書中對法學院的一論點，我認為那是天真之見，那時，我並不熟悉「相對剝奪感」理論。現在，我對於「平權優待方案」抱持的懷疑程度遠甚於過去。

圖A

排名	黑人	白人	其他
1	51.6	5.6	14.8
2	19.8	7.2	20.0
3	11.1	9.2	13.4
4	4.0	10.2	11.5
5	5.6	10.6	8.9
6	1.6	11.0	8.2
7	1.6	11.5	6.2
8	2.4	11.2	6.9
9	0.8	11.8	4.9
10	1.6	11.7	5.2

圖B

排名	黑人	白人	其他
1	51.6	5.6	14.8
2	19.8	7.2	20.0

圖C

職業成就	白人	放棄就讀最佳學校的黑人	在平權優待方案下就讀最佳學校的黑人
從法學院畢業的比例（%）	91.8	93.2	86.2
第一次就通過律師執照考試的比例（%）	91.3	88.5	70.5
最終得以通過律師執照考試的比例（%）	96.4	90.4	82.8
實際執業的比例（%）	82.5	75.9	66.5

PART

2

有益的困境

有一根刺加在我肉體上，就是撒旦的差役要攻擊我，免得我過於自高。為這事，我三次求過主，叫這刺離開我。但他對我說：「我的恩典夠你用的，因為我的能力是在人的軟弱上顯得完全。」所以，我更喜歡誇自己的軟弱，好叫基督的能力覆庇我。我為基督的緣故，就以軟弱、凌辱、急難、逼迫、困苦為可喜樂的，因為我什麼時候軟弱，什麼時候就剛強了。

——《聖經》〈哥林多後書〉第十二章第七至第十節

CHAPTER

4

打贏微軟反托拉斯案官司的閱讀障礙症律師：命運的逆境，讓人生可以「不只是這樣」

只有高中學歷的頂尖律師波伊斯、ＩＫＥＡ的創辦人坎普拉、高盛集團總裁柯恩，他們的共同點是：都有閱讀障礙症。天生的殘疾與缺陷，迫使他們發展那些原本可能不會發展的技巧，去做原本可能不會考慮去做的事，也有勇氣去抓住原本不會把握的機會。

閱讀是一種關鍵能力

掃描一個閱讀障礙症（dyslexia）患者的腦部，得出的影像看起來有點奇怪，這類患者腦部的一些重要部分——那些司掌閱讀和處理文字的部分，有較少的灰白質，這些區域的腦細胞少於正常量。胎兒在母體子宮內發育時，神經細胞應該游移至腦部的正確區域，就像在棋盤上走到它們應在的格子內，但因不明原因，閱讀障礙症患者的神經細胞走失了方向，落在不正確的位置上。腦部有個腦室系統（ventricular system），這是腦部的進出點，一些有閱讀困難的人，其腦神經細胞在腦室排隊，就像受困於機場的乘客。

對患者進行腦部攝影時，患者執行一個動作或一件事，神經學家觀察這動作或這件事引起患者腦部的哪些部分活動起來。對閱讀障礙症患者進行腦部攝影時，若你請他做的事是閱讀，他的腦部應該活動起來的那些部分可能根本不活動，素描影像看起來就像一個停電熄燈的城市的空拍照。閱讀障礙症患者在閱讀時，他們的右腦使用量遠多於正常的閱讀者，右腦是概念區，不適合用來處理像閱讀這類精確的事務（譯註：處理閱讀、語言等的是左腦）。有時候，閱讀障礙患者閱讀時，每一步都會延遲，彷彿大腦中司掌閱讀的各部分是透過弱連結來溝通。

欲知一個小孩是否有閱讀障礙，一個測試方法是讓他做「快速自動化念名」（rapid automatized naming）：向他接連展示不同顏色——一個紅色圓點，接著是一個綠色圓點，接著是一個藍色圓點，接著是一個黃色圓點……，觀察他的反應。正常人多數的腦部自然反應是：看到顏色↓辨識顏色↓把一個名稱冠到這個顏色上↓說出這顏色名稱；但有閱讀障礙者的腦部就不是這樣運作了，在過程中的某個點上，這四步驟的連結開始故障。你問一個四歲的孩子：「你能說『banana』這個字，但不發出『buh』嗎？」或者，跟他說：「聽以下的三個發音：cuh、ah、tuh，你能把它們合併成『cat』嗎？」或者，你問他：「cat、hat、dark，這三個字當中的哪一個押韻不同？」這些問題對多數四歲小孩而言都很容易，但對閱讀障礙症患者卻很難。以前，許多人以為，閱讀障礙症就是在看字時是倒著看，例如把cat看成tac，所以，閱讀障礙症就是「看字方式的問題」。其實，閱讀障礙症遠比這更複雜，它是聆聽與處理聲音的方式出問題。根據研究發現，正常人的大腦在聽到一個字的頭四十毫秒內就處理完這個字的第一個音節了，所以，大腦在聽到後的頭四十毫秒就能處理完「bah」和「dah」的區別。有時候，未正確區別「bah」和「dah」這兩個聲音可能導致災難性的錯誤。若某人的大腦處理速度非常慢，慢到他在拼湊字母時，他的大腦無法在那關鍵的四十毫秒處理完第一音節，你能想像其後果嗎？

哈佛大學的閱讀障礙症研究員娜丁．蓋博（Nadine Gaab）博士解釋：「若你對語言的聲音沒概念，你漏掉一個字母，或漏掉一個音，你不知該怎麼辦，那你就很難把聽到的那些發音轉換成書寫的字。你可能得花上好一段時間才學會讀，且讀得非常慢，這導致你的閱讀流暢度差，流暢度差又導致你的閱讀能力差，因為讀得太慢，等你讀到一個句子末尾時，你已經忘了句子的開頭是什麼。這導致你在初中或高中時的種種學習問題，接著開始影響學校裡的所有其他科目，你無法閱讀，你要如何做那些有許多文字敘述的數學測驗題呢？或者，在社會研究這科目的考試中，若你得花上兩個小時讀題目，你要如何在考試時間內答題？」

「通常，你在八或九歲時被診斷出有閱讀障礙症，」她繼續解釋：「可是，我們發現，到了此時，你已經受到很多嚴重的心理影響，因為你已經在困難中掙扎三年了。也許，四歲時，你在遊樂場上是個很酷的小孩，後來，進了幼稚園，你的所有同儕突然開始閱讀，你卻應付不來，因此，你感到沮喪。你的同儕可能覺得你笨，你的父母可能認為你懶惰，導致你很沒自尊，於是，你愈來愈沮喪消沉。有閱讀障礙症的孩子後來進少年觀護所的可能性明顯較高，因為他們深陷挫折感，不知怎麼辦，便任性、搗蛋。在我們的社會，有閱讀能力實在太重要了。」

你不會希望閱讀障礙症發生在你的孩子身上。難不成，你希望嗎？

因為更困難，所以會更用心

本書前面幾章探討我們經常錯誤解讀「優勢」性質的情形，接下來，我們把焦點轉到另一邊，當我們說某個處境或事物是「劣勢」時，意指什麼？傳統智慧之見認為，「劣勢」是應該避開的東西，劣勢是會導致你不利、導致你境況變差的逆流或困難。其實，這觀點未必正確。接下來幾章，我想探討「有益的困境」（desirable difficulty）這個概念，這是加州大學洛杉磯分校的心理學家羅伯・畢約克（Robert Bjork）和伊麗莎白・畢約克（Elizabeth Bjork）提出的概念。透過這概念來了解劣勢者如何戰勝，真的非常感人。

舉例而言，請看以下兩個謎題。

1. 一支球棒和一顆球合計$1.10，球棒比球貴$1.00，請問，一顆球多少錢？

你的直覺反應是？我猜，你大概直覺地回答一顆球是$0.10。不過，這答案不正確，對吧？球棒比球貴$1.00，若一顆球是$0.10，那一支球棒就應該是$1.10，兩者加起來就超過$1.10囉。正確答案應該是一顆球$0.05。

2. 五台機器用五分鐘製造出五個機件，請問，一百台機器要製造出一百個機件，得花多少時間？

很多人會快速回答一百分鐘，其實是被這問題的設計給耍了。一百台機器同樣是花五分鐘製造出一百個機件啦。

這兩個謎題是全世界最短的智力測驗的三道題目中的兩題①，這項智力測驗名為「認知反射測驗」（Cognitive Refection Test，簡稱CRT），是耶魯大學教授謝恩・腓特烈（Shane Frederick）所設計，用以評量在碰上實際比表面看來更複雜的問題或狀況時，你能夠避免提出衝動、直覺解答，更深入理解分析後作出判斷的能力。

腓特烈指出，若你想要一個快速評量人們的基本認知能力程度的方法，他的這個小測驗幾乎跟那些有幾百道題目、得花幾小時才能完成的測驗一樣實用。為證明這點，他讓九所美國大學院校的學生接受CRT，測驗結果非常接近那些學生在更傳統的智力測驗中可能獲得的評級②。這測驗總共有三道題目，麻省理工學院（大概是舉世智力水準最高的大學）的學生平均答對2.18題，另一所頂尖學府、位於匹茲堡的卡內基梅隆大學（Carnegie

Mellon University）的學生平均答對1.51題，哈佛的學生平均答對1.43題，密西根大學1.18題，俄亥俄州的托利多大學（University of Toledo）0.57題。

CRT很難，但有件事很奇怪。你可知道使人們在此測驗中提高得分的最簡單方法是什麼？答案是：把這測驗弄得更難一點！幾年前，心理學家亞當・奧特（Adam Alter）和丹尼爾・歐本海默（Daniel Oppenheimer）對普林斯頓大學的一群大學生進行此測驗，首先，他們以正常方式進行此測驗，學生平均答對1.9題。雖低於麻省理工學院的2.18，但也相當不錯了。接著，奧特和歐本海默改以很難讀的字型列印試題，使用大小為10-point、樣式為斜體、色彩為一〇%灰色的「Myriad Web」字型，所以，印出來的試題看起來如下：

1. 一支球棒和一顆球合計$1.10，球棒比球貴$1.00，請問，一顆球多少錢？

結果，這次測驗，學生平均答對2.45題，明顯優於麻省理工學院！

這很奇怪，不是嗎？通常，我們會認為，問題以清楚簡單的方式呈現時，我們的解題表現會更好，但這裡的情形恰恰相反。10-point大小、一〇%灰色的「Myriad Web」斜體字型，讀起來真的很吃力，你必須稍微斜著眼睛看，可能得讀兩遍，你可能會邊讀邊納悶，這樣列印試題，到底是誰出的餿主意啊。突然間，你必須花工夫去讀題目。

但是，這多花的工夫產生了效益，誠如奧特所言，把試題弄得難以流暢閱讀，導致人們：「更深入思考，他們將使用更多資源於其上，他們會更深入處理，或是更仔細思考。若他們必須克服一道障礙，當你迫使他們更認真點思考時，他們將會在克服此障礙上做得更好。」奧特和歐本海默把CRT弄得更困難，但這困難反而有益（desirable）。

當然啦，並非所有困難都有曙光。卡洛琳・薩克斯在布朗大學修有機化學時歷經的是無益的困難，她是個有濃厚好奇心、勤奮努力、好資質、喜愛科學的學生，讓她陷入令她感到洩氣不夠格的處境，對她沒好處。這樣的困境非但不會使她對科學產生新的瞭解，還把她嚇跑，就此離開科學領域。但是，有時候，困境具有反效果，那些看似應該會嚴重削弱劣勢者的希望與機會的障礙，實際上反而產生助益，就像奧特和歐本海默的10-point大小、一〇%灰色的「Myriad Web」斜體字型。

閱讀障礙症能變成一種「有益的困境」嗎？一生被此障礙所困者那麼多，很難相信它能變成有益的困難，但一個奇怪的事實證明它能：很多成功的創業家是閱讀障礙症患者。倫敦城市大學（City University London）教授茱莉・羅根（Julie Logan）在幾年前進行的研究調查結果是，約有三分之一的創業家是閱讀障礙症患者，其中包括許多在過去數十年間最知名的創新者，這裡僅舉幾位：英國的億萬富豪創業家理查・布蘭森（Richard Branson）、線上折扣證券經紀商嘉信理財（Charles Schwab）的創辦人查爾斯・施瓦布（Charles Schwab）、行動電話先驅克雷格・麥考（Craig McCaw），捷藍航空（JetBlue）創辦人大衛・尼勒曼（David Neeleman）、科技業巨人思科系統公司（Cisco Systems）的執行長約翰・錢伯斯（John Chambers）、金考快印（Kinko's）的創辦人保羅・歐法拉（Paul Orfalea）。

神經學家雪倫・湯普森・施爾（Sharon Thompson-Schill）憶及她在一所知名大學捐款人聚集的會上演講，這些捐款人全都是成功的企業家，演講中，她一時興起詢問有多少在座者曾經被診斷出有學習障礙問題，「半數的人舉手，」她說：「真令人難以置信。」

這驚人的事實，有兩個可能的解釋。**其一，這群卓越之士不為他們的缺陷所限，他們是如此的聰穎、如此的有創造力，沒有什麼能阻撓他們，就連終身困擾他們的閱讀障礙也不能。第二種可能的解釋更有趣而引人好奇：他們的成功有部分是因為他們的閱讀障礙症，他們在奮鬥掙扎的過程中學會了日後對他們產生巨大益處的東西。**你會希望閱讀障礙症發生在你的孩子身上嗎？若這第二種可能性是真的，你可能會希望。

從建築工人變成頂尖律師

大衛・波伊斯（David Boies）生長於伊利諾州的農鄉，是家中五個小孩中的老大，他的父母是公立學校教師。小時候，母親為他誦讀，他用心記住內容，因為他讀不來書面文字，直到小學三年級，他才開始閱讀，但讀得非常慢、非常吃力。多年後，他才知道自己患了閱讀障礙症，但在當時，他並不覺得自己有問題，他居住的那個農村小鎮並不是一個將優良閱讀能力視為重要成就象徵的地方，他的許多同學早早就放棄學業，上農場去工作了。波伊斯讀漫畫書，因為漫畫書容易且有很多圖畫，但他從來就無法為了興趣和樂趣而閱讀，縱使到了現在，閱讀一本書可能得花上他一年。他看電視，「任何會動、彩色的節目。」他笑著說。波伊斯的會話詞彙有限，他使用簡單的字和簡短的句子，有時候，當他大聲誦讀什麼東西，但碰上一個他不認識的字時，他會停下來，慢慢地拼字母。「一年半前，我太太給了我一台iPad，那是我的第一個電腦類器材。有趣的是，我試圖拼許多字，但還是很差勁，差勁到連拼字檢查功能都無法派上用場，數不清有多少次，拼字檢查功能送出小訊息說：『沒有拼字建議』。」波伊斯說。

高中畢業時，波伊斯沒有任何大抱負，他的成績很差。此前，他的家庭已經搬遷至南加州，當地經濟欣欣向榮，他在建築業找到一份工作，「那是一份戶外工作，同事大多是年長的傢伙，」他回憶：「我的收入多到超乎我所能想像，非常有趣。」後來，有段期間，他在一家銀行當簿記員，工作之餘，經常在外面玩橋牌，「那段日子很快活，我原本可以繼續這樣過上好一陣子，可是，我們的第一個小孩出世，我太太愈來愈認真考慮我的前途。」她把當地大學院校的簡介手冊帶回家，波伊斯記得自己在孩提時代對法律很感興趣，決定去讀法學院。今天，大衛．波伊斯是世界最知名的訴訟律師之一。

波伊斯如何從一個只有高中文憑的建築工人變成法律界頂尖律師，實在令人費解，讀法律和從事這個領域的工作需要大量閱讀，閱讀案例、判決文及學術分析等等，但閱讀對波伊斯而言是困難的事，連興起讀法學院的念頭似乎都令人覺得瘋狂、不可思議。但是，別忘了，若你正在閱讀此書，那麼，你是個讀者，這意味的是，你大概從不需要去想到種種可以避開閱讀的捷徑、策略和旁門左道。

一開始，波伊斯讀的是瑞蘭茲大學（University of Redlands），這是一所小型私立大學，位於洛杉磯以東一小時車程，上這所大學是他的第一個突破。瑞蘭茲大學是個小池塘，波伊斯在那裡表現得很優異，他很勤奮，也非常有條理，因為他知道他必須這樣。此外，他很幸運，瑞蘭茲大學要求必須修一些核心課程才能畢業，這些核心課程全都需要大量閱讀，不過，在那個年代，未完成大學學業也可以申請法學院，波伊斯乾脆跳過那些核心課程。「我還記得，當我得知不需要等大學畢業，就能申請法學院時，真是興奮，難以置信。」他說。

當然啦，讀法學院，需要閱讀的東西更多。但波伊斯發現，重要案例都有摘要，把冗長的最高法院判決文精簡為一頁左右的重點，「人們可能會告訴你，讀法學院，這不是令人滿意的方法，但它對我有幫助。」波伊斯說。再加上，他是個優秀的聆聽者，「聆聽是我這輩子一直在做的要事，我必須學習聆聽，因為我只能靠聆聽來學習。我記住人們說的話，記住他們使用的字。」他說。所以，在法學院的課堂上，當人人都拚命作筆記，或是心不在焉地塗鴉，或是夢周公，或是時而入神、時而出神時，波伊斯總是專注聆聽，努力把聽到的內容記起來。到了這時，他的記憶力已經非常了得，畢竟，打從母親為他誦讀的幼年起，他就開始練習記憶了。那些拚命作筆記或打瞌睡或時而出神的同學，因為注意力不集中，總是會遺漏一些內容，波伊斯沒有這問題。他有閱讀障礙，但因為無法流暢閱讀而迫使他做的那些事，反而更有助益。波伊斯先讀西北大學法學院，再轉學至耶魯。

成為律師時，波伊斯沒有選擇走公司法這條路，選這條路將是愚蠢之舉，因為公司法的律師們必須閱讀堆積如山的文件，連小字體的註解都不能忽略。他成為訴訟律師，這工作需要他能夠隨機應變，他記住他需要說的話。有時候，在法庭上，當他碰上必須閱讀東西，碰上一個他無法及時處理的字時，他就會結結巴巴，此時，他得停下來，拼這個字，就像拼字比賽裡的小孩。這場面實在尷尬，不過，這看起來沒那麼像是個問題狀況，反倒更像古怪行為。一九九〇年代，他率領控方團隊，控訴微軟公司違反反托拉斯法，在法庭上，他一再把「login」說成「lojin」，這是閱讀障礙症患者會犯的典型錯誤。但是，在反詰問證人時，他犀利極了，因為他優異的聆聽力不會漏失任何細節、狡猾的迴避、刻意選擇的冷僻字，一個小時前或一天前或一週前的證詞中所有疏忽下做出的陳述或暴露的承認之詞，他全都聽在耳裡，記在腦裡。

「若我的閱讀速度更快，會使我做的很多事更輕鬆，這無庸置疑，」波伊斯說：「但另一方面，因為無法閱讀很多東西，只能靠著聆聽和問問題來學習，使我必須把事情簡化至它們的根本。這非常有幫助，因為在訴訟中，法官和陪審團都沒有時間或能力成為訴訟主題的專家，我的長處之一是把一個案件呈現得讓他們能了解。」他的對手往往是學術型，針對手上這個案件，閱讀了能取得的所有相關分析，但他們一再地在極細節之處陷入泥沼，波伊斯沒有這個問題。

波伊斯最知名的官司之一是〈裴利訴史瓦辛格案〉（Perry v. Schwarzenegger）③，此案涉及加州通過婚姻必須是一男一女的〈第八號提案〉（Proposition 8）。波伊斯是代表控方主張〈第八號提案〉違憲的律師，在法庭上，最令人印象深刻的攻防交手之一是，波伊斯的詰問把對方的重要專家證人大衛・布蘭肯霍恩（David Blankenhorn）擊潰，迫使他認同波伊斯的大量觀點。

「在幫助證人做好上庭準備時，你要提醒他們的一件事是，在庭上回答問題時，慢慢來，就算你可以快速回答，也要徐緩從容地說，」波伊斯說：「因為，將會出現一些你需要慢下來的問題和時候，要是你本來都快速回答，此時卻慢了下來，那就是向審問者暴露，這是一個你需要時間考慮的問題。所以，當對方問你：『你的生日是？』你應該慢慢地回答：『我的生日……是……一九四一年……』不要連珠砲似地快速回答：『我的生日是一九四一年三月十一日早上六點半。』你要展現出不論是容易的問題，還是較難的問題，你的反應與速度都是相同的，這樣，你的回答才不會暴露出什麼問題對你而言容易，什麼問題對你而言較難。」

在證人席上回答問題時，當布蘭肯霍恩在某些關鍵點上暫停得稍久一點時，波伊斯注意到了。「從他的語調、速度和用詞可以觀察到蛛絲馬跡，有些跡象來自他的暫停，當他試圖思考如何措詞時，他的速度就會慢下來。若你刺探他，並仔細聽他說，你就能聽到他不自在的部分，他會在這些部分使用含糊遮掩的字眼。我對準這些部分，便能迫使他承認我們的主張的重點。」

被迫練就的彌補性學習

波伊斯有一項特殊技巧，這項技巧有助於解釋他為何能成為如此卓越的訴訟律師：他是優異的聆聽者。但是，想想他是如何發展出這項技巧的。多數人自然地傾向我們擅長、優秀的領域，在閱讀方面輕易上手的小孩往往會閱讀更多，變得更加擅於閱讀，最終進入需要大量閱讀的領域。一個名為老虎伍茲的年輕男孩具有明顯優於同年齡層小孩的動作協調性，他發現高爾夫球這運動跟他的想像力很相稱，所以他喜歡打高爾夫球。因為他太喜歡練此運動，所以技巧愈來愈好，技巧愈好，愈加喜歡打，形成了一個良性循環。這是「資產化學習」（capitalization learning）：以我們天生的長處為基礎而學習與發展，變得擅長於某個項目。

但是，「有益的困境」的邏輯恰好相反。在奧特和歐本海默進行的CRT實驗中，他們把試題變得閱讀起來更吃力，迫使學生必須作出彌補性的行為，結果反而使他們的測驗成績變得更好。波伊斯學習更專注聆聽，這也是一種彌補行為，他別無選擇，因為他的閱讀能力如此差，迫使他必須拚命適應，於是做出某種策略，好讓他跟得上周遭的人。

我們所做的大部分學習都是資產化學習，容易且明顯，例如，若你有一副漂亮的嗓音，不需費多大工夫就能加入合唱團。但「彌補性學習」（compensation learning）可就難得多了，記住母親為你誦讀的內容，再以令周遭人信服的方式複述那些內容，這需要你正視自己的一些障礙與限制。你必須克服你的不安全感和羞恥感；必須非常專注，才能記住那些內容字句；必須有自信去追求成功的表現。多數有嚴重缺陷的人無法駕馭這一切，但那些能夠做到這些的人將因此受益而改善境況，因為，出於必要而學會的東西總是比那些容易、輕鬆學會的東西來得更強，更有效用。

令人驚訝的是，常有閱讀障礙症的成功人士述說這類彌補性學習的故事。一名男士布萊恩・葛拉哲（Brian Grazer）告訴我：「在學校的生活真是可怕，我的身體化學作用經常變化，有時焦慮極了，一份簡單的家庭作業，我卻好像永遠做不完似的；有時則是做好幾小時的白日夢，因為我根本讀不來字句。你會發現自己端坐了一個半小時，卻什麼也做不成。從七年級到十年級，絕大多數學科我都得F，偶爾有一科得D或C，我之所以能一年年地升級，是因為我的母親不讓學校把我留級。」

那麼，葛拉哲如何完成學業呢？在任何測驗或考試之前，他先規畫、想對策，連小學時也這麼做，「考試前一晚，我會找個同學，詢問：『你打算如何準備？』、『你會如何回答這些問題？』；我會嘗試猜題目；要是有辦法事先取得試題，我會這麼做。」

上高中之後，他已經發展出另一種更好的策略，「我質疑我的所有成績，」他說：「高中時，每次成績出來後，我就去找每一科的老師，一對一地商談，爭取把原本的D成績變成C，C變成B，大約九成都能如願改變成績。我總是能說服他們，我變得很擅長此道，很有信心。大學時，我知道成績出來後，我將和教授進行一小時的這種商談，所以，我努力研究，學習如何說服他們接受我的說辭，這是非常有益的訓練。」

當然啦，所有好父母都會嘗試教其子女說服的技巧，不過，一個正常、適應良好的小孩並無努力學習這些技巧的必要性；若你在學校拿A的成績，你沒必要傷神該如何向老師談判以取得過關成績，或是以僅僅九歲的年紀就開始環顧整個房間，思考下個小時要如何應付的策略。可是，就如同波伊斯被迫必須練習聆聽技巧一般，葛拉哲也是被迫必須練習談判技巧，他日復一日、年復一年地練習，他說：「這是非常有益的訓練。」意指學習以弱勢之姿去談判協商至有利地位，日積月累下來，這項技巧為他後來的職業做了很好的準備。如今，葛拉哲是好萊塢近三十年間最成功的電影與電視製作人之一④，若他不是一個閱讀障礙症患者，他會有今天這樣的成就嗎？

世界的進步仰賴不理性的人

讓我們再更深入探究這種本質上的神經系統缺陷和職場成就之間的奇怪關連性。第三章探討大池塘時談到，身為局外人，在一個較不那麼精英、頂尖的環境中，可以讓你有更高的自由度去訴諸自己的看法和學術興趣。卡洛琳・薩克斯當初若就讀她的第二個選擇（馬里蘭大學），而非選擇就讀布朗大學，她應該會有更大希望去做她喜愛的專業；同理，因為選擇在幾乎沒人去的小畫廊自行舉辦畫展，捨棄舉世最知名的畫展，才得以造就印象派畫家的成功。

閱讀障礙症患者也是局外人，因為無法做到學校要求他們做的事，他們被迫在學校裡變成局外人，有無可能是這種局外人的境況賦予他們某種益處呢？欲回答這個疑問，我們可以思考那些創新者和創業家們的人格特質。

心理學家用所謂的「五因素模型」（Five Factor Model，或稱Big Five）來分析人格⑤，用以下五個層面來分析評估我們是哪一種類型的人，這五個層面及其特徵如下：

1. 神經質（neuroticism）——敏感／緊張vs.安心／有信心
2. 外向性（extraversion）——活躍／合群vs.孤僻／沉默寡言
3. 開放性（openness）——有創意／好奇vs.墨守成規／謹慎
4. 勤勉認真性（conscientiousness）——有條理／勤奮vs.輕鬆隨性／漫不經心
5. 親和性（agreeableness）——樂意合作／同理心vs.自私／敵對

心理學家喬丹．彼得森（Jordan Peterson）指出，創新者和革命者多半具有很特殊的混合人格特質，尤其是後面三個層面（開放性、勤勉認真性、親和性）。

創新者必須心態開放，他們必須能想像別人想像不到的東西，並且願意挑戰他們自己的成見。他們也必須勤奮認真，一個有出色點子的創新者，若缺乏執行點子所需的紀律和毅力，就只是個夢想家。這些是很顯然的道理。

但很重要的是，創新者也必須具有不親和性。我所謂的不親和，並非指惹人討厭或令人不愉快；我的意思是，在「五因素模型」的親和性這個層面，他們往往落在程度輕淡的這一端。他們願意冒社會性風險，做他人可能不認同的事。

這個部分就不容易了，社會不喜歡不親和性，人類天性尋求周遭人的認同，但是，若欠缺挑戰傳統的意願，激進改革的思想不會有效益或實現。「若你有個顛覆性的新構想，但你很親和，你打算拿這新構想怎麼辦？」彼得森說：「若你擔心會傷及他人的感受，擾亂社會結構，你就不會推動這新構想。」誠如劇作家蕭伯納（George Bernard Shaw）所言：**「理性的人使自己適應世界，不理性的人使世界適應自己，因此，世界的所有進步仰賴不理性的人。」**

有一個好例子可茲闡釋與印證彼得森的這番論點：瑞典家具零售業者宜家家居（IKEA）的創業故事⑥。英格瓦・坎普拉（Ingvar Kamprad）創立此公司，他的傑出創新在於他理解到，家具有一大部分的成本在於其組裝：為一張桌子裝上腳，不僅要花錢，還導致高運費。因此，他販售未組裝、以平整包裝降低運費的家具，售價低於所有競爭者。

但是，坎普拉在一九五〇年代中期遇上麻煩，瑞典家具製造業者發起抵制宜家家居的行動，該公司的低售價惹惱它們，它們停止出貨給它，宜家家居面臨大危機。急於找到解方的坎普拉往南瞧，看到相隔波羅的海那一岸的波蘭，那個國家有充沛的木材，還有遠遠更廉價的勞工。這是坎普拉的開放性：一九六〇年代初期，很少公司採行這樣的外包。接著，坎普拉集中心力於搞定波蘭那邊的貨源，這可不是易事，一九六〇年代的波蘭仍是一團亂，它是個共產國家，缺乏基礎建設、機器、訓練有素的勞力，以及像西方國家那樣的法律保護。但坎普拉成功做到，「他是事必躬親型的經理人，」彼得森國際經濟研究所（Peterson Institute for International Economics）的研究員安德斯·阿斯倫（Anders Åslund）說：「這是別人失敗、他成功的原因。他前往這些令人不愉快的地方，確保事情順利運作，他就是這麼一個極固執的人。」這是勤勉認真性。

但坎普拉的決策中最驚人的事實是：他去波蘭的那一年是一九六一年，柏林圍牆在這年豎立，冷戰達到高峰，不出一年，東西方將在古巴飛彈危機中瀕臨爆發核戰。換作今日，這相當於沃爾瑪（Wal-Mart）在北韓開店，前往敵人之地做生意，多數人連想都不敢想，害怕被貼上「叛國者」標籤。但坎普拉不一樣，他根本不在乎別人如何看待他，這就是不親和性。

只有很少數的人有創思去想到販售平整包裝的未組裝家具，並且在面臨抵制下採行外包模式。不僅具有這樣的洞察力，還有紀律去一個經濟落後國家建造一流製造作業的人，那就更少了。可是，有創意且勤勉認真，並且有精神強度而膽敢蔑視冷戰的人，那就罕見了。

閱讀障礙症未必使人更開放，也未必使人更勤勉認真（當然是有可能），但身體缺陷最奇特的可能性是，它也許稍稍更易使人不親和。

成長經歷使我對失敗處之泰然

蓋瑞．柯恩（Gary Cohn）生長於俄亥俄州東北部克利夫蘭市郊，家裡做電氣工程承包業務。那是一九七〇年代，鮮少有閱讀障礙症被診斷出來，小學時，因為無法閱讀，被留級一年⑦，「不過，重來一年，我的表現也沒有比第一年好。」柯恩說。他在風紀方面闖了禍，「我等於是被小學開除啦。」他說：「我想，一個人要是打了老師，就會被開除。其實，那是意外……，是我被虐待。那位老師把我壓在她的桌子底下，再把她的椅子往裡滑，接著開始用腳踢我，我就把她的椅子推回去，一拳揮中她的臉，然後，我就走了出去。那時，我四年級。」

他把他人生的那一段稱為「醜陋的歲月」，他的父母不知該怎麼辦，「那大概是我人生中最沮喪的時期，」他說：「不是我不努力，我非常、非常努力，但沒人了解個中問題，他們認為我是下了決心要當個搞破壞的小孩，不學習，想把整班拖垮。你知道那是怎樣的情形，一個六歲、七歲、或八歲的孩子，在公立學校，人人都認為你是白痴，於是，你嘗試做怪，想藉此贏得一些社會尊敬。每天早上起床後，你告訴自己，今天會更好，但這麼嘗試幾年之後，你發現，今天跟昨天沒兩樣，我必須掙扎奮鬥度過，我必須掙扎再活過一天，看看接下來會怎樣。」

父母帶著他不斷轉學，嘗試找到可行之路，「我母親只冀望我能高中畢業。」柯恩說：「我想，你要是問她，她大概會說：『他若能從高中畢業，那將是我這輩子最快樂的一天，這樣，他就能去開卡車了，但至少，他將有高中文憑。』」有一天，他終於畢業了，母親淚流不止，「我這輩子從沒見過哭得這麼慘的人。」柯恩說。

二十二歲時，他找到一份工作，為美國鋼鐵公司（U. S. Steel）的克里夫蘭廠銷售鋁門窗，那時，他剛從美利堅大學（American University）畢業，學業成績普通。感恩節前一天，在拜訪公司位於長島的銷售部門時，他說服經理放他一天假，他便前往華爾街逛逛。幾年前的一個夏天，他曾在地方上的一家證券公司當實習工讀生，開始對證券交易感興趣。那天，他朝位於舊世貿中心的商品交易所走去。

「我想要找份工作，」他說：「但哪兒都進不了，全都有門禁。所以，我就上了觀景臺，看到那些傢伙，我心想，不知能不能跟他們談談？於是，我走到有門禁的交易廳，站在門邊，裝出一副裡頭有人要讓我進去似的，其實當然是沒有啦。就在收盤後，我看到有個穿得很體面的傢伙邊跑出交易廳，邊回頭對他的辦事員喊道：『我得走了，我要趕去拉瓜地亞（機場），快趕不上了，我到機場再打電話給你。』我立刻跟隨他進電梯，對他說：『我聽到你要去拉瓜地亞機場，』他說：『對，』我問：『我能跟你搭同部計程車嗎？』他說：『可以。』我心想，好極了，週五交通繁忙，接下來在計程車上的一小時，我可以找到一份工作。」

柯恩與這位陌生人一同跳上計程車，跟他同車的正好是華爾街一家大證券公司的高層，該公司剛在那週開張了選擇權買賣業務。

「這傢伙負責選擇權業務，但我不知道選擇權是什麼，」柯恩繼續說，並且大笑自己的厚顏大膽，「前往機場的一路上，我都在騙他。他問我：『你知道什麼是選擇權嗎？』我說：『當然知道啦，無所不知，我可以幫你做任何事。』下計程車前，我已經拿到他的電話號碼，他說：『星期一打電話給我。』我星期一打電話給他，星期二還是星期三飛回紐約面試，敲定隔週一開始上班。接下來幾天，我閱讀麥克米倫（Lawrence McMillan）寫的《選擇權投資策略》（*Options as a Strategic Investment*），這本書就如同選擇權交易的聖經。」

這當然不容易，柯恩估計，讀得順利的那天，他六小時讀二十二頁⑧。他埋首書中，一次一個字地讀，重複句子，直到確定了解它們。開始上班時，他已經準備好了，「我的工作就是站在他後面，告訴他：『買進那些，賣出那些，買進那些。』」柯恩說：「我從未向他坦承我騙了他，說不定他已經知道了，但他並不在意，我幫他賺了很多錢。」

對於自己在華爾街的發跡，柯恩並不感到羞恥，但他也不以此為傲，他夠聰明，知道靠著吹牛獲得第一份工作並不是什麼很光采的事。他述說這故事是本於誠實精神：這就是我。

柯恩在計程車上必須扮演一個角色：假裝自己是一個經驗豐富的選擇權交易員，其實他不是。多數人在這種情況下是演不來的，我們不習慣扮演不是自己的某人，但柯恩自小學開始就一直扮演著不是他自己的某人，還記得他說的嗎？「你知道那是怎樣的情形，一個六歲、七歲、或八歲的孩子，在公立學校，人人都認為你是白痴，於是，你嘗試做怪，想藉此贏得一些社會尊敬。」寧願扮個小丑，也勝過被視為白痴。若你一輩子都在扮演某人，那麼，在前往機場的計程車上吹牛一小時，有何之難？

更重要的是，換作我們多數人，不會跳上那台計程車，因為我們會擔心潛在的社會性後果，那位華爾街的傢伙可能識破我們，可能會告訴華爾街的所有人：當心，有個傢伙偽裝自己是選擇權交易員哦。要是跳上那台計程車，我們接下來會如何呢？噢，我們可能會被扔出計程車；我們可能回家後醒悟到自己對選擇權交易一竅不通；我們可能在週一開始上班後出洋相；我們可能在一星期或一個月後被識破而遭開除。跳上那台計程車是不合宜的行為，我們多數人傾向行為要合宜。但柯恩呢？他是個鋁門窗銷售員，他的母親認為他若能當個卡車司機就算幸運了；他曾被學校開除，被視為白痴；縱使成年了，他還是得花六個小時閱讀二十二頁，因為他必須一個字一個字地讀，以確保自己了解內容。對於這樣的柯恩，跳上那台計程車，沒啥可損失的。

「我的成長經歷使我對失敗處之泰然，」他說：「我認識的許多閱讀障礙症患者都有一項特質，那就是等到我們踏出大學校門時，我們應付失敗的能力已經非常成熟了。而且，我們面對多數境況時，多看有利面，少看不利面，因為我們太習慣於不利了，它不會令我們膽怯。這點，我思考過很多遍了，真的，因為這就是我。若不是有閱讀障礙症，我就不會是今天的我，我永遠不會抓住那第一個機會。」

閱讀障礙症迫使你發展原本可能不會發展的技巧，迫使你去做你原本可能不會考慮去做的事，就像坎普拉那不親和的波蘭之行，或是跳上陌生人的計程車，假裝自己是某人。噢，你也許不知道吧，坎普拉也是閱讀障礙症患者。柯恩呢？他後來的確成為優秀的交易員，而且，事實證明，學習如何應付失敗的可能性，真的對商界職涯很有助益，柯恩如今（二〇一三年）是高盛集團（Goldman Sachs）總裁。

注解

① 其實還有一個更短的智力測驗。阿默斯・特沃斯基（Amos Tversky）是傑出的當代心理學家之一，他實在太聰明了，所以，幾位也是心理學家的同事設計了「特沃斯基智力測驗」（Tversky Intelligence Test）：你愈快認知到特沃斯基比你還聰明，你就愈聰明。告訴我這個測驗的是現任教於紐約大學的心理學家亞當・奧特（Adam Alter），他在這個測驗的得分應該很高吧。

② 為確保此測驗評量的是智力，而非其他東西，腓特烈也說明ＣＲＴ得分和其他因素的關連性。他在研究文獻中寫道：「這些反應的分析顯示，一個人的ＣＲＴ得分跟他對於蘋果與橘子、百事可樂與可口可樂、啤酒與葡萄酒、或饒舌歌曲演唱會與芭蕾舞演出之間的偏好無關。但是，ＣＲＴ得分可以強烈預測此人偏好《時人》或《紐約客》雜誌。在ＣＲＴ低分群當中，有六七％的人偏好《時人》；在ＣＲＴ高分群當中，有六四％的人偏好《紐約客》。」（我是《紐約客》的作家，當然要在此提及這點啦，對吧？）

③ 加州原已通過法律，允許同性結婚，但在二〇〇八年十一月通過必須一男一女婚姻才合法的〈第八號提案〉公投案，引發爭議。二〇〇九年中，包括Kristin Perry在內的兩對同性戀者無法取得結婚證照，這兩對同性戀者遂對包括加州州長史瓦辛格和首席檢察官傑利・布朗（Jerry Brown）在內的多人提出訴訟，此訴訟案名為〈Perry v. Schwarzenegger〉。不久，當布朗獲選為新任加州州長後，此案改名為〈Perry v. Brown〉。但因被告的史瓦辛格和布朗都認為〈第八號提案〉違憲，選擇不抗辯，以參議員丹尼斯・霍林斯沃（Dennis Hollingsworth）為首的〈第八號提案〉支持派尋求介入作為抗辯方代表，因此，此案上訴至最高法院層級時，改名為〈Perry v. Hollingsworth〉。

④ 葛拉哲監製過許多影片，包括《現代美人魚》（*Splash*）、《阿波羅13號》（*Apollo 13*）、《美麗境界》（*A Beautiful Mind*）、《街頭痞子》（*8 Mile*），他也出現於我的前著《決斷2秒間》（*Blink*），談到為電影或電視選角的藝術。

⑤「五因素模型」是社會心理學家用以分析人格的標準方法，不過，並非所有社會學家都信奉並喜歡使用諸如「邁爾斯─布里格斯」（Myers-Briggs）之類的人格分析測驗，因為這種以一般人為主的測驗忽視了重要特質，或是未能反映某些人的特徵。

⑥ 關於宜家家居的故事，最好的著作是貝提爾・托克（Bertil Torekull）所撰寫的《四海一家IKEA》（*Leading by Design: The IKEA Story*）。令人難以置信的是，托克訪談坎普拉的內容顯示，對於在冷戰高峰時期和一個共產國家做生意這件事，坎普拉甚至沒有片刻的猶豫，相反地，他似乎對此根本不以為意呢！他說：「一開始，我們先做點進一步的走私，我們違反接受（來自波蘭）的工具，例如銼刀、機器備用零件、甚至還有古老打字機用的複寫紙。」

⑦ 應該在此指出的是，閱讀障礙症只影響閱讀能力，柯恩的數字能力並不受影響。柯恩說，孩提時期，一直都相信他的能力的人是他的祖父，那是因為祖父得知，年幼的蓋瑞竟然能夠把家裡的鉛管設備供應貨品清單全都記在腦海裡。

⑧ 本書這章就只有這麼長，裡頭只有這一段談到柯恩，若他想閱讀本書中有關他的故事，他得在他的行程中空出相當時間，好整以暇地坐下來。「要真的了解它，讀它，領悟它，查詢所有我不知道的字，還要發現，噢，不是這個字，我查錯了……，這得連續三天，每天花兩小時，」他說。他是個大忙人，不可能有這樣的時間，所以，在我們的訪談結束時，他笑著對我說：「祝你的書大賣，我是不會讀的啦。」

CHAPTER

5

被迫長大的失親小孩：苦在起跑點的人，就能贏在終點

勇氣並不是與生俱來的，而是在你經歷艱難，發現它們並不是那麼艱難後，所獲得、產生的東西。所以，早年失親、悲慘的童年或是經歷貧窮等這些不幸的經歷，或許會使人沉淪，但更可能會讓我們戰勝害怕、征服恐懼，激發自信心，變得更堅強。

傑伊的不堪童年

艾米爾（「傑伊」）・弗雷瑞奇（Emil "Jay" Freiriech）年幼時，父親突然過世。這家人是匈牙利移民，在芝加哥開餐廳，那時剛歷經一九二九年的股市大崩盤，他們失去一

切。「他們在浴室裡發現他，」弗雷瑞奇說：「我想應該是自殺，因為他覺得太孤獨。他移民到芝加哥是因為有個哥哥在這裡，股市崩盤時，哥哥離開芝加哥，他有個太太和兩個稚齡小孩，一貧如洗，餐廳也沒了，他一定是走投無路，絕望極了。」

弗雷瑞奇的母親去血汗工廠縫帽緣，一頂帽子賺兩美分，她能說的英語不多。「她每天得工作十八小時，每週工作七天，才能掙得足夠的錢為我們租間公寓。」弗雷瑞奇說：「我們極少見到她。我們的小公寓位於洪堡公園西邊貧民區旁，她不能把兩歲和五歲的小孩獨自留在家，於是找了一個愛爾蘭裔女士當我們的保母，換取食宿。打從兩歲起，我的家長就是這愛爾蘭裔女傭，我們喜愛她，她是我的媽媽。我九歲時，我的母親遇到一位喪妻、有個兒子的匈牙利人，便同他結婚了，這是雙方互取所需的婚姻，他無法親自照顧兒子，她沒人可依賴。他是個很尖刻、乾癟的傢伙，他們結婚後，我母親辭去血汗工廠的工作，當起家庭主婦，他們再也請不起女傭，便把她解僱了。他們解僱了我的媽媽，這件事，我永遠無法原諒我的母親。」

這一家子搬遷過一間又一間的公寓，他們每週只能有一天喝牛奶，弗雷瑞奇還記得家裡派他去逐店尋找一瓶四美分的牛奶，因為家裡買不起正常價格五美分的牛奶。他白天都在街上閒晃，偷竊，他跟姊姊不親，她對他比對朋友還要嚴厲。弗雷瑞奇不喜歡這個繼父，反正，這段婚姻也沒能維持下去。他也不喜歡他的母親，「血汗工廠的工作徹底摧毀了她的心智，」他說：「她是個暴躁易怒的人。她跟這個帶著一個兒子的醜男人結婚，這小孩把我以往可以獲得的每個東西分走了一半，她還解僱了我的媽媽……」，說著說著，痛苦的回憶使他的聲音漸漸變弱。

身穿白色外套的弗雷瑞奇坐在他的辦公桌前，他敘述的都是遙遠的往事，但也許是苦澀椎心，感覺起來，並不遙遠。「我想不起她可曾擁抱或親吻過我之類的，」他說：「她從不談我父親，我不知道父親對她好不好，我從未聽她提過隻字半語。我是否想過他長什麼樣子呢？經常，我有一張他的相片。」弗雷瑞奇坐在椅上往前滑，在他的電腦上點選一個相片檔案夾，螢幕上出現一張二十世紀早年畫質不清的相片，相片裡的男人跟弗雷瑞奇長得很像。「這是我母親僅有的一張他的相片。」他說，相片的邊緣不平整，這是從另一張較大張的家庭照裁剪下來的。

我問起那位撫養照顧他的愛爾蘭女傭，她叫什麼名字？弗雷瑞奇停頓了一下，他鮮少在談話中出現這樣的暫停，「我不知道，」他說：「我腦海常突然浮現，這我很確定。」他定坐片刻，神情專注，「我姊姊大概會記得，我母親大概會記得，但她們兩個都不在人世了。我沒有還在人世的親戚，除了兩個堂姊。」他又暫停了一下，接著說：「我想稱她為瑪麗，這也許就是她的真名，可是，我母親也叫瑪麗，所以可能會搞混……。」

我們聊這些時，弗雷瑞奇已八十四歲，但可別以為這現象是上了年紀的失憶，他沒有這毛病。我在某年春天第一次訪談他，半年後再次訪談，之後又訪談過，每一次，他都清清楚楚記得日期、姓名和實際情形，當他談到之前曾提過的事時，他會說：「我知道以前跟你提過這事。」他無法回憶那個撫養過他的女人的姓名，是因為那些年的一切是如此的痛苦，他把那些往事推到記憶的最深處裡。

九死一生vs.幸運躲過

二次大戰前的幾年，英國政府憂心忡忡，英軍司令部將領認為，若爆發戰爭，德國空軍對倫敦發動大攻擊，英軍將無力抵禦。當時最著名的軍事理論家之一李德·哈特（Basil Liddell Hart）預測，德軍侵襲的第一星期，倫敦將有二十五萬市民死傷。邱吉爾形容倫敦是：「舉世最大的目標，就像一頭肥碩值錢的母牛被綁著，等候野獸的攫食。」他預測，遭遇攻擊時，這個城市將無助到致令三、四百萬市民逃往鄉間。一九三七年，戰爭爆發前夕，英軍司令部提出一份最悲慘可怕的預測報告：德軍的持續轟炸將造成六十萬人喪命，一百二十萬人受傷，並導致整個倫敦市陷入大恐慌，人們拒絕去工作，工業生產將停頓，軍隊將忙於在恐慌市民之中維持秩序而無暇去對抗德軍。英國的規畫人員曾短暫考慮過在整個倫敦市興建龐大的地下防空壕，但因為擔心人們一旦進入之後，就再也不願出來，故而放棄這計畫。因為預期戰爭將引發大量市民出現心理後遺症，他們在倫敦市外建了幾座精神病院以為因應，「大量的心理後遺症很可能導致我們輸了這場戰爭，」這份預測報告中寫道。

一九四〇年秋，眾所預期的攻擊爆發，連續五十七晚的慘烈轟炸拉開序幕，接下來八個月，德國的轟炸機喧囂地飛過倫敦市上空，投下數萬枚爆破力強大的炸彈，以及超過一百萬枚的燃燒彈，四萬人喪命，四萬六千人受傷，上百萬棟建築被毀或重創，東倫敦的整片街坊被夷為廢墟。英國政府官員擔心的所有情形都發生了，只有一個預測沒應驗：倫敦人並未如他們預期地恐慌失序。

大恐慌從未爆發，沒人被送去倫敦市郊新建的精神病院，這些醫院被轉為軍方使用。空襲開始時，許多婦女及小孩被撤至鄉下，但絕大多數需要留在市裡的人都留下了。倫敦大轟炸（The Blitz）持續，德軍的攻擊愈來愈猛烈，英國政府驚訝地觀察到，在慘烈轟炸下，倫敦人不僅勇敢以對，甚至近乎無動於衷。「一九四〇年十月，我開車行經倫敦市東南區，該區剛遭到連續轟炸。」一位英國精神病醫生在戰後不久記述：

每隔約一百碼，就有一棟曾經是住宅或商店的建物被炸成廢墟或彈坑。空襲警報響起，我四下張望，看到一名修女抓緊一個小孩的手，急忙奔走。但環顧四周，好像只有她和我聽到空襲警報似地，小男孩們繼續在路上玩耍，購物者繼續討價還價，一名警察鎮靜威嚴、一臉無聊乏味地指揮交通，騎著腳踏車的人們全然不理會死亡威脅和交通規則。我舉目所見，無人向天空瞥一眼。

我想，你應該也會覺得這令人難以置信吧。倫敦大轟炸是慘烈的戰爭耶，致命的轟炸從天而降，炸彈碎片四射，燃燒彈使各街區在夜晚陷入火海，上百萬人的住家被毀，每晚有數以千計的人湧入地鐵站設置的暫時避難所。在外頭，飛機轟隆隆地飛過上空，炸彈爆炸聲此起彼落，高射炮發射聲不絕於耳，救護車及消防站的警笛和空襲警報聲響個不停。在一九四〇年九月十二日對倫敦人進行的一項問卷調查中，三分之一的受訪者說前一晚沒睡，另外三分之一的受訪者說前一晚睡不到四小時。你能想像，要是紐約市的一棟辦公大樓被夷為廢墟，而且這種情形不是只發生一次，是連續兩個半月每晚都發生，紐約人會有什麼反應？

對於倫敦人的這種反應，典型的解釋是：英式隱藏情緒的「上唇僵硬」（stiff upper up）——英國人天生的冷靜堅忍個性。（想當然爾，這是最受英國人本身青睞的解釋。）不過，很快地，事實顯示，並非只有英國人展現這種態度，其他國家的人民在面對轟炸時，也出奇地堅忍。轟炸顯然並未造成大家原先預期的那種心態影響。大戰快結束時，加拿大精神病學家麥可迪（J. T. MacCurdy）在其著作《士氣的結構》（*The Structure of Morale*）中解開了這令人費解之謎。

麥可迪指出，炸彈落下時，把受影響的人們區分為三類，第一類是喪命者，他們顯然是轟炸下的最大受害者。但是，麥可迪認為（這論點或許有點冷酷）：「社群的士氣取決於生還者的反應，因此，從這觀點來看，喪命者不具影響力了。這麼說好了：屍體不會亂跑而造成廣泛的恐慌。」

麥可迪把第二類人稱為「差點被擊中者」（near misses）：

> 他們感受到爆炸力，他們看到破壞與毀滅景象，被殘殺嚇壞了，他們可能也受了傷，但他們帶著深刻印象存活下來。這「印象」深切強化了他們對轟炸的恐懼反

應，以後出現的轟炸可能導致他們「驚嚇」，這寬鬆用詞涵蓋茫然、呆住、提心弔膽、因曾經目睹的慘景而恐懼不已。

第三類是「遠遠躲過者」（remote misses），這些人聽到空襲警報，看到敵人的轟炸機在上空飛過，聽到炸彈聲，但炸彈落在街道的另一頭或隔壁街區。轟炸對這群人的影響恰恰與「差點被擊中者」相反，他們存活下來，這種情形出現第二次、第三次時，他們對轟炸攻擊的情緒反應是：「沾沾自喜於命大的興奮感，」麥可迪寫道。差點被擊中的人留下了心理創傷，遠遠躲過的人認為自己是無法被征服者。

在倫敦大轟炸下倖存的倫敦人的日記與回憶錄中，可以看到無數這種現象的例子，其一：

> 第一次空襲警報響起時，我帶著孩子躲進我們在院裡挖的防空洞，我相當確信，我們都沒命了。可是，警報信號解除後，我們安然無恙，從防空洞出來的那一刻起，我就很有把握地覺得，我們以後也會安然無恙。

再看看下面這段，節錄自一位年輕女士的日記，炸彈落在她家附近，她的房子感受到震撼：

我躺在那兒，感受到難以形容的快樂和得意洋洋。「我被轟炸了！」我不斷地自語，一再重複著這句話，就像試穿新衣，看看合不合身，「我被轟炸了！我被轟炸了，我！」

昨晚有這麼多人傷亡，說這些話似乎很不應該，可是，我這輩子從未感受過如此純淨無瑕的快樂。

為何在倫敦大轟炸下，倫敦人如此無畏？因為死亡的四萬人和受傷的四萬六千人分布於居民超過八百萬人的一個大都會區，這意味，因轟炸體驗而壯大了膽子的「遠遠躲過者」，遠多於那些心理受創的「差點被擊中者」。

「我們所有人不僅易於恐懼，」麥可迪寫道：

「我們也有不喜歡擔心害怕的傾向，征服恐懼感使我們感到振奮……。我們擔心我們可能在空襲中恐慌起來，當空襲來臨時，我們向他人展現出鎮靜的外表，現在，我們安然無恙，先前的擔心憂懼與此刻的寬心及安全感兩相對照之下，激發了我們的自信心，而自信正是勇氣之母。

在倫敦大轟炸期間，一名在鈕扣工廠工作的中年勞工被問到是否想撤離至鄉下。他曾兩度因轟炸而暫時逃離他的房子，但每一次，他和太太都安然渡過，他拒絕撤離至鄉下。『什麼？要我錯過這一切？』他喊道：『用中國的所有黃金來換，我都不要。這是從未有過的經歷耶！千載難逢！以後也不會再有這樣的經歷了。』」

面對創痛經驗，不是只有負面反應

「有益的困境」這個概念指出，並非所有困難都是不利的、負面的。不良於閱讀是個障礙，除非你是大衛．波伊斯，這障礙迫使你變成一個卓越的聆聽者；或者，除非你是蓋瑞．柯恩，這障礙使你有勇氣去抓住你原本不會抓住的機會。

麥可迪的理論是此概念的更廣義觀點。邱吉爾和英軍將領們之所以這麼憂慮德國對倫敦的攻擊，因為他們以為被轟炸的創痛經驗將對每一個人產生相同影響，是以，「差點被擊中者」和「遠遠躲過者」唯一的差別是他們的精神性創傷程度不一。

但麥可迪認為，倫敦大轟炸之下的現象證明，創痛經驗對人們可能產生兩種截然不同的影響：同一事件可能對一群人造成深遠傷害，但對另一群人有益。那名任職鈕扣工廠的工人和那位房子受炸彈震撼的年輕女士因為他們的體驗而受益，不是嗎？他們身處戰爭之中，無力改變這事實，但他們擺脫了那種可能使他們難以忍受戰爭期間生活的恐懼感。

閱讀障礙症是這種現象的一個典型例子。很多閱讀障礙症患者未能對他們的缺陷作出彌補，例如，很多閱讀障礙症患者鋃鐺入獄，這些人因為無法駕馭學業中最基本的技巧而被擊倒。但是，相同的神經系統缺陷對柯恩和波伊斯等人卻產生相反的作用，閱讀障礙症把柯恩的人生炸出了一個洞，為他帶來痛苦與焦慮，但他很聰穎，他有支持他的家人，還有足夠的運氣和其他資源，使他得以熬過爆炸的最糟糕影響，蛻變得更堅強、優秀。我們太常犯相同於那些英國官員們所犯的錯誤，驟下結論，認為人們面對嚴重、創痛之事，只會有一種反應。其實不然，有兩種反應。接下來，我們要回頭聊弗雷瑞奇，以及他不堪回憶的童年。

給病人希望，是醫生的職責

傑伊九歲時感染扁桃腺炎，病得不輕，當地醫生羅森布倫（Dr. Rosenbloom）來到他家公寓為他治療。「那些年，我從未見過體面的男士，」弗雷瑞奇說：「我認識的都是女性，我見過的男人都是骯髒、穿著工作褲，但羅森布倫醫生穿西裝、打領帶，既高貴，又溫文。所以，十歲開始，我夢想將來要成為一個著名的醫生。我從未想過任何其他的職業。」

高中時，物理老師告訴弗雷瑞奇，他應該去上大學，「我問：『需要什麼，我才能上大學？』他說：『嗯，你可能得有二十五美元，我想你可以賺到這筆錢。』那時是一九四二年，經濟局勢已改善，但人們的生活仍然不是很好，二十五美元不是小錢，我想，我母親可能從未見過二十五美元呢。她說：『嗯，我來想想辦法，』幾天後，她出現，她找到一位匈牙利女士，丈夫去世時留給她一筆錢，她給我母親二十五美元，我母親把這錢給了我。就這樣，當時十六歲的我感到很樂觀。」

弗雷瑞奇從芝加哥搭火車前往伊利諾大學香檳分校（University of Illinois, Urbana-

Champaign），他在出租公寓租了房間，在一個姊妹會會館餐廳找到帶位工作賺學費，還可以免費吃那裡的剩菜剩飯。他的學業成績優異，獲得醫學院錄取，後來，他在芝加哥的庫克郡公立醫院（Cook County Hospital）實習。

那個年代，行醫是高尚職業，醫生的社會地位崇高，他們通常出身中上階級，弗雷瑞奇沒有這樣的家庭背景。縱使現在已經八十多歲了，他仍然是個令人望之生畏的人，身高一九〇公分，胸肩寬厚，頭特別大——就算有魁梧的身軀搭配，仍然顯得很大，使他看起來個頭更大。他很健談，總是滔滔不絕，嗓門又大，帶著濃濃的芝加哥口音，談話之中要特別強調時，他習慣提高嗓門喊叫，並用拳頭搥桌，最令人難忘的一次是把會議桌面的玻璃搥裂了。（當下愣住的弗雷瑞奇停止說話，後來，大家形容那是唯一一次有人看到弗雷瑞奇安靜不語。）

他曾和一位超級富裕家庭出身的女性交往，她高雅、有教養，弗雷瑞奇是個來自洪堡公園的粗漢，相貌談吐像是大蕭條時期的幫派打手。「她帶我去聽交響樂音樂會，那是我這輩子第一次聽古典樂，」弗雷瑞奇回憶：「我從未看過芭蕾舞表演，從未聽過歌劇。除了我母親買的那台小電視機，我沒有任何文學、藝術、音樂、舞蹈之類的教育薰陶，我只知道食物、別被殺或被打，我是個相當俗的人。」①

在波士頓，弗雷瑞奇是血液學領域的研究員，他被徵召入伍，選擇在華盛頓特區附近的美國國家癌症研究機構（National Cancer Institute）服役。據大家說，他是個既出色又認真的醫生，每天早上第一個到院，最後一個下班，但他的狂暴個性一直沒多大改變，他的脾氣烈，沒耐性，一點也不溫文和善。有個同事說，他忘不了弗雷瑞奇給他的第一印象：「一個坐在辦公室後方的魁梧男子對著電話那頭咆哮，」另一位同事形容他是個「完全壓抑不住的人，想到什麼就脫口而出。」這樣的個性使得弗雷瑞奇在其職涯中七度被任職單位解聘，第一次是在芝加哥的長老教會醫院（Presbyterian Hospital）當住院醫師時，憤怒地槓上護理長。他以前的一個同事回憶，弗雷瑞奇的一個住院醫師犯了一個常見的錯，他漏看了檢查報告中的一個小發現，「那病患死了，」這位醫生說：「其實病患並不是因為這失誤而死，但弗雷瑞奇當著五、六個醫生和護士的面咆哮那名住院醫師，罵他是兇手，那傢伙崩潰痛哭。」弗雷瑞奇的朋友談到他，幾乎都會用到「可是」這字眼，例如：「我喜愛他，可是，我們差點打了起來。」「我邀請他來我家，可是，他冒犯我太太。」腫瘤學家伊凡・赫許（Evan Hersh）是弗雷瑞奇職涯之初的同事，他說：「一直到今天，弗雷瑞奇仍是我最親近的朋友之一，我們邀請他參加我們的婚禮和小孩的猶太成年禮，我愛他如父。可是，他當年就像頭老虎，我們幾次激烈爭吵，有時候，我一連幾星期不跟他說話。」

弗雷瑞奇的這個模樣，值得驚訝嗎？我們多數人不會罵同事「兇手！」，那是因為我們會設身處地站在對方的立場想，我們可以想像對方的感受，把那種感受反推己身。我們會這麼做是因為我們痛苦時獲得了他人的支持、安慰與理解，這樣的支持為我們提供了一個榜樣，學習如何去感受他人的感受，這是展現同理心的基礎。但在弗雷瑞奇的成長和個性行為塑造時期，每一個與他有關的人不是死了，就是遺棄、放棄他，如此淒涼不幸的童年在日後只留給他痛苦與憤怒。

有一次，在憶述他的職涯時，弗雷瑞奇突然話鋒一轉，開始激昂抨擊對癌末病人給予安寧治療的想法，「竟然有這麼多醫生想對病人施以安寧治療，我的意思是，你怎麼可以這樣對待一個人？」弗雷瑞奇一激動起來，嗓門就提高，滔滔不絕：「你能對一個人說：『你得了癌症，鐵定要死了，你會很痛，那很可怕，我將把你送到一個可以讓你舒服地死去的地方』嗎？我絕對不會對任何一個人說這樣的話，我會說：『你很難過，很痛，我會舒緩你的痛。至於你會不會死呢？也許，但我天天都看到奇蹟。』當人們僅存的樂觀全繫於你身上時，你怎麼能夠悲觀呢？我在星期二早上做教學巡房，有時候會有跟隨巡房的醫生說：『這病人已經八十歲了，沒希望了』，絕對不是這樣！這是挑戰，不是沒希望，你得想辦法幫助他們，因為人必須有希望才能活下去。」說到這裡，他近乎喊叫了：「我從不消沉沮喪，我從不哭著告訴一個病患的父母，他（她）的小孩快死了，身為醫生的我絕對不會這麼做，若我是病患的父母，我可能會，我的小孩死了，我大概會發狂。可是，身為醫生，就一定要給人們希望，這是你的職責。」

弗雷瑞奇繼續激動地講了幾分鐘，完全地抒放他的個性，近乎止不住。我們全都想要一個不放棄、不失去希望的醫生，但我們也需要一個能站在我們的立場、了解我們感受的醫生。我們希望被有尊嚴地對待，但你必須有同理心，才能以尊嚴待人，弗雷瑞奇能做到這點嗎？他說：「我從不消沉沮喪，我從不哭著告訴一個病患的父母，他（她）的小孩快死了。」若有人問我們是否希望弗雷瑞奇經歷的那種童年發生在自己身上，我們鐵定會說不，因為我們無法想像那麼悲慘的童年能產生什麼益處。那樣的教養不可能產生如同「遠遠躲過炸彈者」那樣的樂觀、自信與勇氣，對吧？

年幼失親者，成就可能更傑出

一九六〇年代初期，一位名為馬文・愛森塔德（Marvin Eisenstadt）的心理學家展開一項研究，訪談創新者、藝術家、創業家之類富有創造力的人士，想了解他們的類型與傾向。在分析他們的回答內容時，他注意到一個奇特的事實：這些人當中有很多在童年時喪父或喪母。愛森塔德研究的這群人是這麼聰穎，所以，他知道他觀察到的這個事實可能只是一個巧合，但他仍然感到好奇，說不定這不是巧合？說不定這之中有含義？在此之前的心理學文獻已經有一些線索了。

一九五〇年代，科學史學家安妮・羅伊（Anne Roe）在抽樣研究著名生物學家時曾附帶提及，這些人當中有不少在年幼時喪父或喪母或父母雙亡。幾年後，一項非正式研究調查濟慈（John Keats）、華茲華斯（William Wordsworth）、柯勒律治（Samuel Taylor Coleridge）、史威夫特（Jonathan Swift）、吉朋（Edward Gibbon）、薩克雷（William Makepeace Thackeray）等知名詩人及作家，也得出相同觀察，他們當中有過半數在十五歲之前喪父或喪母。截至當時為止，無人知道要如何分析職涯成就和幼年失親之間的關連性，於是，愛森塔德決定展開更具雄心的研究。

「那是一九六三和一九六四年，我從翻閱《大英百科全書》著手。」愛森塔德回憶。從荷馬（Homer）到約翰・甘迺迪（John F. Kennedy），他列出在任何一部百科全書中有超過一段敘述其生平功績的人士名單，他認為，有這樣的篇幅介紹，大致可視為有成就。他得出的這份名單有六九九人，接著，他開始有系統地查詢每一個人的自傳資訊，「這工作花了我十年，」愛森塔德說：「我閱讀各式各類的外文書籍，我去加州和國會圖書館，去紐約市的族譜圖書館，盡所能地查詢愈多的失親者概況調查，直到我認為我已經獲得不錯的統計結果。」

在愛森塔德能夠找到可靠自傳資訊的五七三位知名人士當中，四分之一在十歲前至少失去父親或母親；在十五歲前至少失去父親或母親的人占了三四・五%，在二十歲前至少喪父或喪母的占了四五%。縱使在疾病、意外和戰爭致使人類平均壽命遠比現在短的二十世紀之前，這些數字仍然相當驚人。

在愛森塔德進行其研究的同時，英國作家暨新聞工作者露西兒・艾瑞蒙格（Lucille

Iremonger）決定撰寫從十九世紀到二次大戰爆發期間的英國歷任首相史，她想知道，從哪些背景和特質可以預測此人能在英國（那段時期是世界最強的國家）政壇爬到最高地位？但跟愛森塔德一樣，她被一個事實分心，「出現這種情形的太多了，以至於我不禁懷疑，這可能不是巧合。」艾瑞蒙格寫道。在她的樣本中，有六七％的英國首相在十六歲之前喪父或喪母，這大約是同一時期英國上等階級（大多數的英國首相出身此階級）失親率的兩倍。在美國歷任總統身上也可看見相同情況，從喬治・華盛頓到巴拉克・歐巴馬（Barack Obama），美國的頭四十四位總統當中有十二人在年輕時喪父[2]。

此後，學術文獻一再出現有關於艱辛童年和失親這個主題的探討，例如，心理學家狄恩・西蒙頓（Dean Simonton）研究為何有這麼多資質優異的小孩的成就不如預期，他總結認為，原因之一是：「他們的心理過於健康。」他說，那些成就不如預期的小孩：「太墨守成規，太順從，太缺乏想像力，而無法以革命性創意作出大成就。」西蒙頓又說：**「資質優異的小孩和神童大多出身很好的家庭環境，反觀天才往往生長於境況較差的家庭。」**

我知道，這些研究聽起來似乎意指失親是好事，「人們總是開玩笑地對我說：『哦，你的意思是，我若沒有父母，或是我殺掉父親，我就會更有成就囉？』」愛森塔德說：

「一些失親者能夠很成功，這是個很具威脅性的概念，因為一般觀念認為父母能幫助你，父母對你的人生很重要。」愛森塔德強調，這個一般觀念絕對沒錯，父母很重要，喪父或喪母對小孩而言是打擊最大的事。精神病學家菲利克斯・布朗（Felix Brown）的研究發現，犯罪入獄者在童年喪父或喪母的比例是整個人口有此遭遇者比例的兩到三倍，這差異實在太大了，不可能是個巧合，失親造成的直接打擊顯然甚多、甚大。

不過，愛森塔德、艾瑞蒙格，以及其他人的研究證據顯示，早年失親確實有可能反倒形成一些助益。也許，你的父親在你童年時自殺，令你痛苦到難以言喻，而把它推到記憶的最遠、最深處，但這經歷可能帶來一些益處。「這並非指失親或貧窮是好事，」布朗寫道：「但是，許多傑出成就人士是年幼失親者，這個事實顯示，在某些情況下，困難與艱辛反而有益。」③

力排眾議，治癒了兒童白血病

傑伊在一九五五年抵達美國國家癌症研究機構，向癌症治療研究部主管高登・祖布洛（Gordon Zubrod）報到，祖布洛指派他去位於中央院區醫院大樓二樓的兒童白血病病房。

在當時，兒童白血病是所有癌症中最令人害怕的一種，事前毫無警訊徵兆，一、兩歲的孩童因為發燒被送來，燒一直退不下來，劇烈頭痛不止，接著出現感染，狀況接踵而來，小孩身體失去抵抗力，接下來是出血。

「祖布洛醫生每週來一次，看看我們的情形，」弗雷瑞奇回憶：「他對我說：『弗雷瑞奇，這地方像個屠宰場！到處都是血，我們必須把它清乾淨！』的確，這些孩子的身體各處出血，這是最糟糕的部分，糞便、尿液、耳朵、皮膚，到處都有血。護士早上穿著白淨的制服來上班，下班時，制服上血跡斑斑。」

白血病的小孩也會內出血，流向他們的肝臟和脾臟，造成他們極大的痛苦，他們在床上翻身，造成嚴重瘀青。就連流鼻血也可能致命，你必須捏住他（她）的鼻子，在上頭放冰枕，以幫助止血，若這也行不通，你就得把紗布塞進鼻裡，若這也止不住，你就得叫耳鼻喉科專家來，他（她）會從口部進入，從後面把紗布塞進鼻管，再向前把紗布拉到鼻裡，這麼做的目的是要從鼻腔內對血管施壓以止血。你可以想像，這對孩童來說有多麼痛！而且，這多半也行不通，你就得把紗布取出，出血又再度開始。這二樓病房的目標是要找到白血病的治療法，但問題是，太難止血了，因此，多數兒童在還沒有人找到幫助他們的方法之前就死了。

「送來醫院的小孩，百分之九十在六週內就撒手人寰，他們流血至死，」弗雷瑞奇說：「當你的口鼻出血時，你就無法進食，你無法吃東西，你要是嘗試喝東西，就會嗆到、嘔吐。糞便有血，使你腹瀉。因此，你會餓死。或者，你會感染，得肺炎，發燒，痙攣，然後……」他的聲音漸漸趨弱。

多數醫生在白血病病房待不久，太辛苦了，當年在二樓病房工作的一位醫生回憶：「早上七點抵達，晚上九點離開，什麼都得做，我天天回到家時已經累到完全虛脫了。我變成集郵者，每天晚上十點坐下來玩我的郵票，因為只有這樣，我才能暫時不再想醫院裡的事。患者的父母很害怕，他們甚至不敢進入孩子的病房，他們站在門邊。沒有醫生護士想去二樓工作，我在二樓的那一年，有七十個孩子去世。」

但弗雷瑞奇不一樣，還記得他說的嗎？他說：「我從不消沉沮喪，我從不哭著告訴一個病患的父母，他（她）的小孩快死了。」他和國家癌症研究機構的另一名研究員湯姆・弗瑞（Tome Frei）合作，他們兩人堅信，問題出在缺乏血小板——漂浮在軟體血液中的不規則細胞碎片，白血病破壞病童的血小板製造能力，缺乏血小板，他們的血液無法凝固。這是一個激進的看法，弗雷瑞奇在國家癌症研究機構的一個上司喬治・布雷徹

(George Brecher)是世界級血液學專家，他對此看法抱持懷疑，但弗雷瑞奇認為，布雷徹在他的分析工作中並未正確計算血小板數量。弗雷瑞奇是個講求精確的人，他使用一種更精細的方法，聚焦於血小板數量的細微變化，在他看來，關連性明確：血小板數量愈低，患者的出血情形愈糟。

病童一再需要大量的新鮮血小板，但弗雷瑞奇為病童申請的輸血量大、次數多，國家癌症研究機構的血庫不提供，因為這違反規定，他在桌上搥拳，咆哮：「你們會害死人！」他的同事迪克・席爾佛(Dick Silver)說：「你必須小心你對誰說這種話，但弗雷瑞奇不在乎。」

弗雷瑞奇向外徵求捐血，他的一名病患的父親是牧師，帶來二十名教友。一九五〇年代中期，輸血的標準程序使用的是鋼質注射針、橡皮管和玻璃瓶，但血小板會附著於這些器材的表面，所以，弗雷瑞奇想改用最新技術的矽材質注射針和塑膠材質血袋，這種被稱為「臘腸」的血袋很大，「這些血袋這麼大，」弗雷瑞奇當年的同事文斯・迪維塔(Vince DeVita)邊說邊拉開雙手比劃：「病童只有這麼大。」他把拉開的雙手靠得更近。迪維塔繼續說道：「這就好像用消防水柱注水於澆花器裡，要是沒做好，病童極可能心臟衰竭。當時，國家癌症研究機構的臨床中心主任是個名叫柏林的傢伙，他看到『臘腸』，對傑伊說：『你瘋了！』他告訴傑伊，若傑伊繼續施行輸入血小板，就要開除他。」但傑伊不理會，迪維塔說：「傑伊就是傑伊，他下定決心，要是不能做這種治療，他也不想繼續在這裡工作了。」結果，輸入血小板後，病童停止出血。

自信是勇氣之母

傑伊哪兒來的勇氣？他身材如此壯碩，樣貌舉止如此令人生畏，使人很容易想像他從母親子宮出來時就已經帶著握緊拳頭啦。不過，麥可迪的「差點被擊中者vs.遠遠躲過者」理論顯示，**勇氣並不是與生俱有或既有的東西，勇氣是獲得的、形成的東西。**

讓我們再次回顧麥可迪從倫敦大轟炸體驗及現象所獲得的洞察分析：

> 我們所有人不僅易於恐懼，我們也有不喜歡擔心害怕的傾向，征服恐懼感使我們感到振奮……。我們擔心我們可能在空襲中恐慌起來，當空襲來臨時，我們向他人展現出鎮靜的外表，現在，我們安然無恙，先前的擔心憂懼與此刻的寬心及安

全感兩相對照之下，激發了我們的自信心，而自信正是勇氣之母。

首先看第一句：「**我們所有人不僅易於恐懼，我們也有不喜歡擔心害怕的傾向。**」在英國，以往無人被轟炸過，因此，倫敦人設想那將會是很恐怖的體驗，他們預期自己在德軍展開轟炸時將有何感受，是這種預期致令他們害怕④。德軍炸彈如雨地連續轟炸多月，原先預期自己會驚嚇恐慌的數百萬「遠遠躲過者」了解到，原本的恐懼是過度了，他們安然無恙。於是：**征服恐懼感使我們感到振奮……。我們擔心我們可能在空襲中恐慌起來，當空襲來臨時，我們向他人展現出鎮靜的外表，現在，我們安然無恙，先前的擔心憂懼與此刻的寬心及安全感兩相對照之下，激發了我們的自信心，而自信正是勇氣之母。勇氣並不是你在艱難開始之初就具有而使你勇敢的東西，勇氣是你在歷經艱難、發現它們並不是那麼艱難之後所獲得、產生的東西。**你可知德國人犯的大錯？他們轟炸倫敦，因為他們以為倫敦大轟炸造成的創痛將摧毀英國人的勇氣，但事實恰恰相反，它造就了為數眾多的「遠遠躲過者」，這些人變得前所未見地勇敢。不轟炸倫敦的話，反而對德國較有利。

本書第六章將討論到美國民權運動，馬丁・路德・金恩（Martin Luther King Jr.）在阿拉巴馬州伯明罕市（Birmingham）推展其運動時的故事，不過，值得在此先敘述這故事中的一部分，因為這是「獲得勇氣」的一個絕佳例子。

金恩在伯明罕市的最重要盟友之一是浸信會黑人牧師弗瑞・夏特斯沃（Fred Shuttlesworth），他在該市領導反對種族隔離已有多年。一九五六年聖誕節那天早上，夏特斯沃宣布他將按照原訂計畫，登上該市實行種族隔離的公車，挑戰該市的黑白分坐的法律。此抗議行動前一晚的聖誕夜，三K黨人（Ku Klux Klan）丟擲炸彈，損毀他住家的房子，三K黨試圖對夏特斯沃做的事，就是在倫敦大轟炸中納粹試圖對英國做的事，但三K黨同樣誤解了「差點被擊中」和「遠遠躲過」的差異。

黛安・麥霍特（Diane McWhorter）的著作《帶我回家》（*Carry Me Home*）記述伯明罕市的民權運動史，在此書中，她描述那天晚上警察和鄰居奔向被炸而冒煙的夏特斯沃家房子的情形。當時是晚上九點多，夏特斯沃已經上床，爆炸發生後，他們擔心他死了：

> 廢墟裡傳出聲音：「光著身子，我不出來。」有人把一件雨衣丟進瓦礫堆裡給他，片刻後，夏特斯沃穿著雨衣爬出來，他沒跛，沒流血，眼睛能看，耳朵能聽，不過，房子的窗子被炸飛至一哩外……。夏特斯沃向聚集關心的鄰居高舉一

手，說：「上帝保護我，我沒受傷。」……

一位壯碩的警察對他說：「牧師，我認識這些人（指丟擲炸彈的人），我沒想到他們會做得這麼超過。換作我是你，我會儘快離開這城市，這些人是凶神惡煞。」

「警官，你不是我，」夏特斯沃說：「回去告訴你的三K黨兄弟，上帝救了我，我會繼續待在這裡，這場仗才剛開打呢。」

這就是典型的「遠遠躲過者」。夏特斯沃沒死（他沒被直接擊中），沒殘廢或受重傷（他也不是「差點被擊中者」），他毫髮未傷，三K黨人希望達成的，嚴重走了樣，變了調，現在的夏特斯沃比過去更不感到害怕。

第二天早上，他的教會會眾懇求他取消原訂的抗議行動，他拒絕了。麥霍特繼續寫道：

「去他的，我們要去，」牧師說：「你們要是害怕的話，那就躲起來吧，但集會結束後，我就要去搭巴士，」他的聲音轉變成講道的語氣：「男孩往後站，男人站出來。」

幾個月後，夏特斯沃決定親自送他的女兒去上全都是白人學生的約翰赫伯菲利普斯高中（John Herbert Phillips High School）。開車抵達時，還未下車，一群怒氣沖沖的白人男子圍攏過來。以下是麥霍特的描述：

令女兒難以置信的是，她父親下了車，那些戴著指節銅套、木棍、鏈條的白人男子開始猛打夏特斯沃，夏特斯沃超越人行道往西奔跑，但一再被擊倒地。有人把他的外套拉到頭部，使他無法把手臂放下……。一個白人男子喊道：「我們抓到這狗娘養的傢伙了。」一群眾叫著：「打死他。」一群在旁喝采的白人女性裡傳出聲音：「打死這他X的黑鬼，一切就結束了。」那群男子開始打破車窗。

夏特斯沃最後如何？沒大礙，他爬回車上，前往醫院，檢查發現腎臟輕微受傷，還有一些抓傷和青腫，當天下午就出院。那天晚上，他站在講壇上告訴會眾，他完全原諒那些攻擊者。

夏特斯沃想必向來是個非常剛毅堅韌的人，不過，那天從他住家的瓦礫堆裡毫髮無傷地爬出來時，他的心理盔甲又多了一層。

我們所有人不僅易於恐懼，我們也有不喜歡擔心害怕的傾向，征服恐懼感使我們感到振奮……。我們擔心我們可能在空襲中恐慌起來，當空襲來臨時，我們向他人展現出鎮靜的外表，現在，我們安然無恙，先前的擔心憂懼與此刻的寬心及安全感兩相對照之下，激發了我們的自信心，而自信正是勇氣之母。

約翰赫伯菲利普斯高中事件呢？又一樁遠遠躲過！離開醫院時，夏特斯沃告訴記者：「今天是一年之內奇蹟第二次救了我的命。」若一次的遠遠躲過能令我們感到振奮，那麼，兩次的遠遠躲過能帶來什麼感受，我們只能想像了。

過沒多久，夏特斯沃帶著同事吉米．法默（Jim Farmer）前來阿拉巴馬州蒙哥馬利市（Montgomery）的一個教堂與馬丁．路德．金恩會面，教堂外聚集了一批憤怒的群眾，揮舞著南北戰爭時南方邦聯的旗幟，他們開始向夏特斯沃的座車丟石頭，司機倒車，想走另一條路，但再度被堵。夏特斯沃怎麼辦？他竟然跟約翰赫伯菲利普斯高中事件一樣，走下車。以下是麥霍特的敘述：

可樂瓶砸碎他旁邊的車窗，他聞到一股怪味，是催淚瓦斯的氣味。接著，他示意法默下車，大步走進群眾，嚇得半死的法默跟在後頭，試圖把他肥胖的身軀藏在夏特斯沃削瘦的肩後。那些暴徒分散開來，手上的棒棍鬆垂下來，夏特斯沃大步邁向第一浸信會教堂門口，連身上的夾克都沒被觸著，「讓開，」夏特斯沃只說著：「繼續，讓開。」

這是第三樁遠遠躲過！

喪父或喪母不同於房子被炸或被一群瘋狂暴徒伺候，喪親更糟，不是難受一陣就結束了，喪親的傷痛不會像瘀青或傷痕那麼快速癒合。但是，當小孩最大的恐懼發生，然後他們發現自己仍然挺住，這對他們會產生什麼影響呢？他們是否也會像夏特斯沃及倫敦大轟炸之下的遠遠躲過者那樣，因此獲得自信心——勇氣之母？

夏特斯沃曾和白人當局多次衝突，麥霍特敘述某次衝突後：「那警察把夏特斯沃關進所裡，打他，踢他腿脛，稱他為『猴子』，挑釁他：『來啊，你怎麼不打我？』夏特斯沃回答：『因為我愛你。』他雙臂環抱胸前，一直面帶微笑，在禁止唱歌或禱告的獄中，他乾脆打起盹兒。」⑤

對幼童進行危險的雞尾酒療法

弗雷瑞奇為白血病病患止血的做法是一項突破，這使病童得以活得夠長，讓他們的根本病因得以獲得治療。但是，白血病本身是更棘手的問題，只有幾種藥具有一點療效，包括一種名叫「6-MP」（巯基嘌呤）的藥物、一種名叫「滅殺除癌錠」（methotrexate）的標準抗癌藥，以及一種名叫「潑尼松」（prednisone）的類固醇。但這些藥都有相同的限制，它們基本上都是毒藥，毒性強到只能施予有限劑量，因此只能殺死一些癌細胞，病患情況會好轉一週左右，接著，那些沒被殺死的癌細胞又開始增生，癌症與痛苦再度肆虐。

「臨床中心有位名叫麥克斯・溫陶比（Max Wintrobe）的顧問，」弗雷瑞奇說：「他撰寫了第一本血液學教科書，因此聞名世界。他也寫過一篇文章評析白血病病童的治療現況，我至今仍向我的學生展示那篇文章中的一段話，這段話是：『這些藥物的害處大於益處，因為它們只會延長病人的痛苦，病人終究難免一死，這些藥令他們更痛苦，因此不應使用它們。』這是世界級專家說的話。」

可是，湯姆・弗瑞、弗雷瑞奇，以及由水牛城羅斯威爾帕克紀念醫院（Roswell Park Memorial Institute，癌症研究中心）一群由詹姆斯・荷蘭（James Holland）領導的醫生及研究人員堅信，傳統的醫療方法落伍，若這些藥物無法殺死夠多癌細胞，就意味病童需要更積極的治療，而非更少的治療，不是嗎？為何不結合使用「6-MP」和「滅殺除癌錠」？他們分別用不同的方法來對付癌細胞，他們就像陸軍和海軍那樣分頭進擊。也許，「6-MP」殺不死的癌細胞可以被「滅殺除癌錠」殺死？添加「潑尼松」會不會效果更好？就好比空軍從空中轟炸的同時，其他藥物從海上及陸上進攻。

後來，弗雷瑞奇發現第四種藥物「敏克瘤注射液」（vincristine），這是使用從長春花屬植物萃取的生物鹼製成的。禮來製藥公司（Eli Lilly）提供給美國國家癌症研究機構的研究人員進行研究，沒人對它有多少了解，但弗雷瑞奇直覺它可能對白血病有療效。「我有二十五個小孩瀕臨死亡，」他說：「我沒有能幫他們的法子，我是覺得試試看，有何不可？反正他們都快死了。」結果，敏克瘤注射液展現希望，弗雷瑞奇和弗瑞在那些已經不再對其他藥物有反應的病童身上施打此藥劑，有幾人的病情暫時減輕。於是，他們向國家癌症研究機構的研究監督委員會提出申請，請求准許試驗一起施用這四種藥物：陸軍、海軍、空軍和海軍陸戰隊四軍並進。

今天，醫生常使用「雞尾酒療法」來治療癌症，這種療法指的是同時結合使用兩或三種、甚至四或五種藥物。但在一九六〇年代初期，這是聞所未聞的做法，當時用以治療癌症的藥物被視為太危險，就連弗雷瑞奇新發現的敏克瘤注射液也非常嚇人，他也曾經領受教訓，「這種藥物有無副作用呢？當然有，」他說：「它會導致嚴重憂鬱、神經病變，小孩可能癱瘓，劑量和用法不正確將導致病患陷入昏迷。在我們使用此藥物治療的頭十四名病童中，有一、兩名死亡，他們完全腦死。」麥克斯．溫陶比認為，人道方法是完全不施用任何藥物；弗雷瑞奇和弗瑞想合併使用四種藥物，弗瑞去國家癌症研究機構顧問委員會申請准許，但未能獲准。

「委員會裡有位資深血液學家卡爾．摩爾（Carl Moore），是我父親的朋友，」弗瑞多年後回憶：「我也總是把他當朋友，但我的簡報說明令他覺得太扯，太不像話。他並不專研及治療兒童白血病之類的小兒科疾病，因此，他以成年人的何杰金氏症（Hodgkin's disease）為例，他說，若你有已經擴散轉移的何杰金氏症病患，最好叫這病患去佛羅里達享受餘生；若病人有太多的何杰金氏症症狀，你就對他們施以X光或氮芥氣化療，但要使用盡可能最低的劑量。任何比這更激進的治療都不道德，同時施以四種藥物，那更是荒謬、沒良心。」

弗瑞和弗雷瑞奇走投無路，他們去找上司高登・祖布洛。祖布洛和弗雷瑞奇一起歷經過血小板爭議之戰，他也在很勉強之下核准敏克瘤注射液的臨床試驗，他必須對二樓病房的一切負責，要是出了什麼狀況，他會被送交國會委員會審處。你能想像嗎？兩個離經叛道的研究員要在一個官方實驗中心對四、五歲孩童進行高毒性藥物雞尾酒療法的試驗！祖洛對此抱持高度保留態度。但弗瑞和弗雷瑞奇很堅持，其實，出面堅持的是弗瑞，弗雷瑞奇不是那種能夠小心、有技巧地溝通協商的人，他坦承：「若沒有湯姆，我什麼也做不了，他跟我相反，他深思熟慮、很溫雅。」弗瑞據理力爭，他說，沒錯，這些藥物全都有毒，但它們的毒性不同，意思是，若能小心劑量和用法，若能在處理副作用方面夠積極，就能保住孩子的性命。終於，祖布洛投降。「這的確瘋狂，但明智且正確，」弗雷瑞奇說：「我思考過了，我知道行得通，就像之前的血小板一樣，必須行得通！」

這項臨床試驗稱為「VAMP療法」，一些臨床副手（在病房協助的資淺醫生）拒絕參與，他們認為弗雷瑞奇太瘋狂。「我必須全部自己來，」弗雷瑞奇說：「我必須自己訂藥，必須自己調配和注射藥物，自己計量血液和出血情形，自己做骨髓穿刺檢查。」第一回合的試驗對象有十三名病童，第一位是個女童，弗雷瑞奇一開始對她施打的劑量太高，她差點喪命，弗雷瑞奇在病榻旁觀察處理多小時，使用抗生素和呼吸器挽救她，成功讓她度過危機，但後來癌症復發，女童不治。弗瑞和弗雷瑞奇從中學習、修正，接著對第二名病患詹妮絲進行試驗，她復原了，第三及第四名病患也是，這是個開始。

只有一個問題：癌症並未痊癒，少量頑固的癌細胞仍然潛伏。他們知道，一回合的化療並不夠，他們因此展開第二回合。癌症會不會復發呢？會，因此必須再次治療。「我們讓他們做三次化療，」弗雷瑞奇說：「十三人中有十二人舊病復發，所以，我決定，只有一個辦法，那就是持續每個月做，做一年。」⑥

「若之前有人認為我瘋狂，那麼，他們現在會認為我完全瘋了，」弗雷瑞奇說：「這些經過前面回合治療的小孩，現在看起來似乎已經完全正常，完全康復了，他們到處走動，玩足球，而我卻要他們再度回到醫院，使他們再度生病，沒有血小板，沒有白血球，再度大量出血，再度感染。」VAMP療法破壞小孩的免疫系統，使他們沒有抵抗力，對他們的父母而言，這是極大的痛苦。他們被告知，為了讓小孩有活命的機會，必須殘忍地、重複地讓他們置身死亡邊緣。

弗雷瑞奇全心全力投入這工作，用盡每一分精力與膽識去保住病患的性命。在當時，病患若發燒，醫生就會抽血做血液培養，結果出來後，用最適當的抗生素來治療感染。不同的抗生素不能合併使用，第一種抗生素無效的話，才會使用第二種，「傑伊對我們說，不行，」迪維塔回憶：「這些孩子一發燒就得立刻治療，要合併使用不同的抗生素，因為不這麼做的話，他們三小時內就會死。」迪維塔手上有一種抗生素，其使用說明明顯警告絕對不能注射到脊髓液裡，弗雷瑞奇卻要他注射到一名病患的脊髓液裡，「弗雷瑞奇要我們去做醫學教我們不該做的、離經叛道的事。」迪維塔說。

「他遭到太多抨擊，」迪維塔繼續：「臨床副手們認為他的做法完全瘋了。他忍辱負重，他們常羞辱他，尤其是那些來自哈佛的傢伙，他們有時會站在房間後方質問他，他回答了什麼之後，他們會說：『是啊，傑伊，照你這樣說，我都可以飛上月球了。』傑伊總是盯著我們，檢視每一項檢驗，查看每一張圖，你要是沒為他的病患做某項處置，那你就倒大楣了。弗雷瑞奇性子烈，他會做一些事或說一些話使自己惹上麻煩，或是在會議上冒犯某人，弗瑞就會現身緩頰。他是否在乎別人怎麼看他啊？也許會吧，但就算會，也不足以阻止他做他認為對的事。」⑦

「傑伊為何會這樣，我不知道。」迪維塔說。

但我們知道，不是嗎？他歷經過更糟的境況。

弗雷瑞奇和弗瑞於一九六五年在《化療進步》（*Advances in Chemotherapy*）期刊共同發表〈急性白血病化療進展與展望〉（Progress and Perspectives in the Chemotherapy of Acute Leukemia）一文，宣布他們已經發展出兒童白血病的一種成功療法⑧。今天，兒童急性淋巴性白血病的治癒率達九成，弗雷瑞奇和追隨其腳步的研究人員所作出的努力拯救了無數小孩的生命。

經歷苦難，才能免於苦難

這意味弗雷瑞奇應該慶幸他有個悲慘的童年嗎？當然不是。不應讓任何小孩歷經與忍受這樣的童年。同理，我詢問我訪談的每一位閱讀障礙症患者，他們是否希望閱讀障礙症發生在他們自己的小孩身上，每一個人都說不。布萊恩・葛拉哲說他一想到這就恐懼得顫抖；蓋瑞・柯恩嚇壞了；大衛・波伊斯有兩個也患有閱讀障礙症的兒子，看著他們在現代這個早早能夠閱讀且具有優秀閱讀能力非常重要的環境下成長掙扎，令他的心幾乎碎了。一個是好萊塢的知名製作人，一個是華爾街最有權勢的銀行家之一，一個是全美最優秀的訴訟律師之一，他們全都承認閱讀障礙症與他們的成功有重要關連性，但他們也從親身經歷中知道這成功付出了多大的代價，他們不希望相同的經歷發生在自己的小孩身上。

不過，問我們之中是否有人希望這類艱辛發生於自己小孩身上，這是問錯了問題。正確的問題應該是：我們的社會是否需要那些從某種創傷中熬出頭的人？答案是：我們當然需要。這並不是一個愉快的事實，平均每出現一個遠遠躲過而變得更堅強的人，就另有無數的差點被擊中者被經歷之事擊垮，但在一些時刻和狀況中，我們仰賴那些因艱辛經驗而鍛鍊得更堅強的人⑨。

弗雷瑞奇有勇氣去思考別人想不到、難以置信、或不予考慮的事，他在小孩身上做實驗，讓他們歷經不該讓人類歷經的苦痛，而且是彰顯地這麼做，因為他本身的童年體驗使他了解，哪怕是從最痛苦、艱辛的境況，也能熬出來而痊癒、復原。白血病是直接擊中，弗雷瑞奇把它變成遠遠躲過。

在他的戰役中，弗雷瑞奇發現，檢視兒童白血病的標準方法——抽血檢驗，計算在顯微鏡下的癌細胞數量，這些不夠好。血液有誤導作用，一個兒童的血液可能看起來沒有癌細胞了，但疾病仍然潛伏在他（她）的骨髓裡，這意味的是，你必須一再歷經痛苦的骨髓穿刺檢查流程，每個月做，直到確定沒有癌細胞了。麥克斯・溫陶比聽聞弗雷瑞奇的做法，試圖阻止他，溫陶比說，弗雷瑞奇這麼做是在折磨病人。溫陶比並沒錯，他這是同理心的反應，但這也是永遠無法使病人獲得治癒的一種反應。

弗雷瑞奇告訴我：「以前，我們做骨髓穿刺時，像這樣抓住他們的腿。」他伸出一隻巨手做示範動作，你可以想像這巨手抓住病童細瘦的腿。「我們在沒有麻醉病人之下把針刺入，為何不麻醉呢？因為你為他們打麻醉針時，他們的痛叫聲也差不多一樣大。骨髓穿刺針是十八或十九號的針，直接刺入膝蓋下方的脛骨，小孩痛得歇斯底里，父母和護士得抓住他們。我們每一個循環都要這樣做，因為我們需要知道他們的骨髓裡還有沒有癌細胞。」

當他說「像這樣抓住他們的腿」時，他的臉無意間閃過痛苦表情，彷彿他能感受一支十八號針刺入小孩的脛骨是什麼樣的感覺，彷彿那種痛苦的感覺會令他猶豫，但那痛苦猶豫的神情一閃即逝。

堅強或沉淪，由你自己決定

弗雷瑞奇在醫院實習時，遇到一位名叫哈蘿婷・庫寧罕（Haroldine Cunningham）的護士，他開口想跟她約會，但她拒絕了。「所有年輕的醫生都相當積極主動。」她回憶：「聽說他是個很率直的人，他打了幾次電話，我都拒絕了。」某個週末，庫寧罕去拜訪住在芝加哥郊區的姑媽，在那裡接到弗雷瑞奇的電話，他搭乘從芝加哥開出的火車，在火車站打電話給她。「他在電話那頭說：『我到了，』」庫寧罕回憶：「他很有毅力。」那是一九五〇年代初期，後來，他們結婚，鶼鰈情深至今。

弗雷瑞奇的太太個兒嬌小，是個有深沉韌力的女性。「我了解這個男人，我了解他的需要。」她說。他總是很晚才從處處見血與痛苦的醫院回到家，她就等在那兒。「她是第一個愛我的人，」弗雷瑞奇說得直率：「她是我的天使，她找到了我，我想，她發現了我內在某個能滋育的東西，我什麼都聽她的，她是支持我天天持續走下去的力量。」

哈蘿婷也是從小家境清寒，家住芝加哥外的一間小公寓，十二歲時的某天，她想進浴室，打不開門，「我母親從裡頭反鎖，」她說：「我找來住在樓下的房東，他打開窗戶，爬了進去，我們打電話給醫院，她死在那裡。十二、三歲年紀，你並不知道到底怎麼回事，但我知道她不快樂。不消說，我的父親不在，他不是個很好的父親。」

哈蘿婷坐在丈夫辦公室的椅子上，這個女人從她丈夫騷亂的生活中開闢了一個平靜的小島，「當然，你必須認知到，愛並非總是能夠拯救你想拯救的生命。有人問過我，妳不生氣嗎（指對於母親的自殺）？我說不，我不生氣，我了解她的痛苦。」

「有些事可以使你變得堅強，也可以使你沉淪，傑伊和我在這方面是相同的人。」

注解

① 弗雷瑞奇在當實習醫生時，有個遠房親戚去世，留給他六百美元。「我有個病人是二手車商，他說可以賣一輛車給我，」弗雷瑞奇說：「那是一九四八年分的龐蒂亞克（Pontiac）。有天晚上，我喝醉了，和幾個女孩開車出去玩，撞上一輛全新的林肯車（Lincoln），我本來應該被關的，可是，警察來後，立刻認出我是郡立醫院的實習醫生，便說：『我們會解決。』」那個年代，當醫生就有這類好處。幸好，弗雷瑞奇以後沒再發生這樣的事了。

② 這十二人是：喬治・華盛頓、湯瑪斯・傑弗遜、詹姆斯・門羅（James Monroe）、安德魯・傑克森（Andrew Jackson）、安德魯・詹森（Andrew Johnson）、魯德福・海斯（Rutherford Hayes）、詹姆斯・加菲爾（James Garfield）、葛羅佛・克利夫蘭（Grover Cleveland）、赫伯・胡佛（Herbert Hoover）、裘拉德・福特（Gerald Ford）、比爾・柯林頓（Bill Clinton）、歐巴馬。

③ 或者，如同英國作家暨文學評論家湯瑪斯・德・昆西（Thomas De Quincey）的名言：「年幼失親是否有益，取決於人的天性。」（譯註：德・昆西八歲喪父。）

④ 我們對於自己在某種未來情況下將有何感受，這種預期被稱為「情感預測」（affective forecasting），種種證據顯示，我們是糟糕的情感預測者。心理學家史丹利・J・拉奇曼（Stanley J. Rachman）做過種種實驗，例如，讓一群怕蛇的人看一條蛇；讓一群有幽閉恐懼症者站在小金屬櫃裡。拉奇曼發現，實際體驗遠不如人們原先想像的那麼嚇人。

⑤ 紐約精神病醫生彼得・米詹（Peter Mezan）告訴我：「多年前，我有個這樣的病人，他創立了一個大企業，但他跟我談到他的悲慘童年。他六歲時，母親在他面前死去，他的父親站在她面前，對

著她狂哭狂叫，她當時痙攣抽搐。他的父親是個流氓，後來被殺，他和他的手足被送到孤兒院。他在一無所有、只能不斷克服艱辛之中成長，因此，他比任何人都更願意冒險嘗試，我想，他認為反正他沒什麼可失去的。」根據多年的行醫經驗，米詹認為，歷經這種童年時期的大變故，這些失親小孩之中有些在成年後獲致大成就，這不足為奇。歷經如此的創痛而存活下來，具有一種解放作用，「這些人能夠打破已知世界的框限，他們能打破既有的信條、假設、常識、熟悉事物與模式、被視為理所當然的東西，不論是關於癌症的東西或物理定律，」米詹說：「他們不會被框限，他們能夠踏出框限和既有模式之外，因為，我想，一般的童年模式對他們而言並不存在，那種模式被粉碎了。」

⑥使用重複化療法（縱使在病患顯示已無癌細胞後）的概念源自一九五〇年代任職國國家癌症研究機構的華裔醫學家李敏求和羅伊・赫茲（Roy Hertz）。李敏求使用多回合的「滅殺除癌錠」（methotrexate）來治療罕見的子宮絨毛膜癌（choriocarcinoma），直到完全消滅病患體內的腫瘤，這是歷史上以化療法治癒實體惡性腫瘤的首例。李敏求最早提議此概念和療法時，並未獲准，被視為野蠻，但他很堅持，儘管他治癒病患，仍然被開除。「當時的氛圍就是這樣，」迪維塔說：「我記得當時針對絨毛膜癌有多次激烈討論，爭辯這是不是自然痊癒的一個案例，沒人接受實際上是重複使用滅殺除癌錠治癒了病患。」想當然爾，弗雷瑞奇談到李敏求時，敬佩萬分，時至今日亦然。有一次，在一場科學會議上，一位演講人輕蔑李敏求的成就，儘管會議仍在進行中，弗雷瑞奇立刻站起身，大聲說：「李敏求治癒了絨毛膜癌！」（譯註：李敏求曾任台灣國家癌症研究委員會第一任主委。）

⑦ 弗雷瑞奇的故事很多。國家癌症研究機構臨床中心的十二樓，是成人急性骨髓性白血病病房，這是白血球過於快速增殖的一種白血病，而弗雷瑞奇治療的那些小孩則是急性淋巴性白血病患者，導因於不成熟的白血球過於快速增殖，這也是他們非常容易發生感染的原因。所以，弗雷瑞奇曾經前往十二樓抽取急性骨髓性白血病患者的血液，輸給二樓的急性淋巴性白血病病童。從急性骨髓性白血病患者的血液取白血球，是否被視為不正常之舉？「瘋狂，」弗雷瑞奇回憶該試驗：「所有人都說那是瘋狂之舉，萬一那些病童後來也感染了急性骨髓性白血病呢？萬一導致他們病情加重呢？」弗雷瑞奇聳聳肩。他說：「那些小孩百分之百會在數月內死亡，嘗試看看，沒什麼可損失。」

⑧ 我簡化了白血病的故事，更詳盡的版本可參閱辛達塔・穆克吉（Siddhartha Mukherjee）的著作《萬病之王》（*The Emperor of All Maladies*，譯註：中譯本由時報出版公司發行）。在弗雷瑞奇和弗瑞展示他們能夠用前所未聞的化療劑量與用法來治療白血病而作出進展後，腫瘤學家唐納德・平克爾（Donald Pinkel）接手，把此邏輯往前更加推進，他在田納西州孟斐斯（Memphis）聖猶大兒童研究醫院（St. Jude's Children's Research Hospital）的研究團隊首創「全面療法」（total therapy），就是VAMP療法的更加擴大。今天，絕大多數成功的白血病治療，基本上使用的是平克爾的VAMP療法增強版。

⑨ 尤金・科崗（Eugen Kogon）在回憶錄《地獄的理論與實踐》（*The Theory and Practice of Hell*）裡記述在布痕瓦爾德集中營（Buchenwald concentration camp）裡，每當納粹要求集中營裡的囚犯領導人從他們的行列當中挑出「與社會格格不入者」送進毒氣室時發生的情形。若那些囚犯領導人不遵從的話，就會發生不幸；納粹會把囚犯領導人送到「綠營區」，那是專門囚禁凶殘罪犯的營

區（譯註：這些罪犯掛綠色徽章，以和猶太人及其他政治犯有所區別）。科崗寫道：「任何正直純潔的人都無法做出這樣的決定。」但是，有時候，人類的生存需要我們做出傷害行為以獲取更大的益處，科崗寫道：「良心愈柔弱，愈難做出這樣的決定。」

CHAPTER

6

善用巧計逆轉勝出的黑人民權運動：

當弱者的世界沒有公平正義，「政治正確」會有新的定義

在不公平不正義的社會裡，勝利永遠是屬於代表正統、多數、強勢的一方。知名黑人民權運動領袖馬丁・路德・金恩博士和他的智囊懷特・沃克，在一九六〇年代當時身處充滿敵意的環境、實力懸殊的競爭中，巧用詭計與機智，打贏了漂亮的民權保衛戰。

一張照片的震撼

美國民權運動史中最著名的一張照片是一九六三年五月三日由美聯社攝影記者比爾・哈德森（Bill Hudson）拍攝的，那天，哈德森在阿拉巴馬州伯明罕市，馬丁・路德・金

恩的民權運動人士挑戰該市種族主義者、綽號「公牛」的警察署長尤金・康諾（Eugene "Bull" Connor）。這張照片是一名黑人青少年被一隻警犬攻擊，縱使到了今日，這張照片的震撼力仍未消滅。

哈德森把他那天拍攝的膠捲交給他的編輯吉米・拉克森（Jim Laxon），拉克森一一檢視哈德森拍攝的相片，看到這張相片：一個男孩身體往前傾向一隻撲向他的狗。日後，拉克森說他注視著：「相片裡，在德國牧羊犬銳利的犬牙下，這個年輕人神聖鎮靜。」自十七年前他刊登一張贏得普立茲獎的相片（那相片是一個女人從亞特蘭大市一間著火旅館的樓上窗戶跳下）之後，再也沒有一張相片帶給他如此的感受。

拉克森用傳真電報系統把這張照片發送出去，翌日，《紐約時報》在其週六版的頭版以橫跨三欄的版面刊登了這張照片，全美幾乎所有大報都是。甘迺迪總統看到這張照片，為之驚駭，國務卿狄恩・魯斯克（Dean Rusk）擔心此照片：「將會令我們的國外友人困窘，使我們的敵人高興。」國會、無數家庭及學校都在談論這張照片，一時之間，美國人的話題似乎全都是它。誠如一位記者所言：「這是一幅將永遠燃燒的影像……，這穿著體面的瘦男孩似乎身體前傾向狗，他的手臂鬆弛地垂在身側，鎮靜地向前注視，彷彿在說：『我在這裡，咬我。』」

多年來，馬丁・路德・金恩和他的民權運動人士抗議美國南方普遍採行的種族歧視法律與政策，這些規定使得黑人很難或不可能獲得工作、投票、取得適當教育，甚至不能與白人使用同一個噴泉。突然間，情勢改變，一年後，美國國會通過《一九六四年民權法案》（Civil Rights of 1964），這是美國史上最重要的立法之一，後人常說，《民權法案》是「在伯明罕寫的」。①

伯明罕市：美國南部的約翰尼斯堡

一九六三年，馬丁・路德・金恩來到伯明罕市時，他的運動正處於危機之中。他剛花了九個月在兩百英哩以南的喬治亞州奧爾巴尼市（Albany）指揮抗議種族隔離政策的活動，離開奧爾巴尼時，他的運動並未贏得任何顯著的讓步。截至當時為止，民權運動贏得的最大勝利是最高法院在一九五四年針對〈布朗訴教育委員會案〉（Brown v. Board of Education）做出裁決，宣告公立學校的種族隔離措施違憲。但是，幾乎快過十年了，美國南部的公立學校依舊實行種族隔離。一九四〇年代和一九五〇年代，多數美國南部州由比較溫和的政治人物主政，他們至少願意認可黑人的尊嚴。那段時期，阿拉巴馬州有一位人稱「大吉米」（"Big Jim" Folsom）的州長，他喜歡說：「所有人都相同。」到了一九六〇年代初期，所有溫和的主政者都不在位了，州政府由種族隔離主義強硬派把持，美國南部似乎走回頭路了。

伯明罕市呢？在美國，伯明罕是種族隔離最嚴重的城市，有「美國南部的約翰尼斯堡」之稱。一輛巴士載滿民權運動人士前往伯明罕時，三K黨徒把這輛巴士逼到路邊，放火燒車，當地警察袖手旁觀。遷居白人社區的黑人住家經常被當地的三K黨徒炸毀，由於這種情事太頻繁，伯明罕（Birmingham）的另一個綽號是「Bombingham」（編註：Bomb意為炸彈）。黛安・麥霍特在其著作《帶我回家》中寫道：「在伯明罕，犯罪學說，要遏止犯罪潮——不論是盜竊、強暴什麼的，最有效的辦法就是去外頭射殺幾名嫌疑人。（警官可能會說：情況已經失控，你知道我們該怎麼做。）」

伯明罕市的警察署長、綽號「公牛」的警察署長尤金・康諾身材矮胖，有著一對大耳朵，聲如牛蛙，一九三八年時發生了一件事，使他聲名大噪。事情是這樣的：一場政治會議在伯明罕市中心舉行，有黑人與白人的代表與會，康諾在會堂外草坪上的一個樁子上綁了一條長繩，用此長繩把草坪區隔為兩邊，堅持遵照該市的種族隔離法規，讓黑人在一邊，白人在另一邊。美國總統夫人艾琳諾・羅斯福（Eleanor Roosevelt）也出席此會議，但她坐錯邊，康諾的屬下必須去要求她移至白人那一邊②。（想像要是有人試圖對歐巴馬的夫人蜜雪兒這麼做，會是什麼情形！）康諾喜歡早上在市中心的摩頓旅館消磨時間，喝純度100 proof的老祖父波本威士忌，說些種族主義色彩濃厚的話，例如：「猶太人就是黑鬼的翻版。」人們曾經拿伯明罕市開玩笑（但這些其實並非玩笑話）：芝加哥的一個黑人男子早上睡醒後告訴他老婆，他夢到耶穌叫他去伯明罕。老婆嚇壞了，說道：「耶穌有沒有說他會陪你去？」丈夫回答：「耶穌說他最遠只陪我到孟斐斯。」

抵達伯明罕後，金恩召集他的規畫團隊開會，「我必須告訴諸位，」他說：「依我判斷，今天在座當中的一些人將無法在這次行動中活著回來。」接著，他一一對在座的每個人講悼頌詞。金恩的一名助理在日後坦承他根本就不想去伯明罕：「我在亞特蘭大市的卡羅路跟我的太太及小孩吻別，當時，我想我再也看不到他們了。」

金恩的陣營力量太薄弱，與對手相比，是實力懸殊的劣勢者，但他有個優勢，其弔詭相似於大衛・波伊斯的閱讀障礙症或傑伊・弗雷瑞奇的艱辛童年。金恩出身於向來是劣勢者的社區，民權運動出征至伯明罕前，非裔美國黑人已經在過去數百年學會如何應付力量懸殊的局面，學會對抗巨人的一些招術。

弱勢者運用智慧，也能放手一搏

世界各地許多的欺壓文化下，總是有一個「巧計鬼靈精」（trickster）英雄人物，在傳奇故事及歌曲中，這號人物以看似無害的動物外形出現，靠著狡猾與巧計，戰勝比他大許多的對手。在西印度群島，來自非洲的奴隸流傳著來自家鄉的安納西蜘蛛（Anansi）傳奇故事③。美國奴隸心中和口中的巧計鬼靈精是短尾兔布雷爾（Brer Rabbit）④，「兔子是上帝創造的動物中最狡猾者。」一百多年前，一位前奴隸在接受民俗學研究者訪談時這麼講述：

他的身軀不是最巨大的，聲音不是最響亮的，但他絕對是最狡猾者。當他陷入麻煩時，他靠著讓另一方陷入麻煩來脫身；有一次，他掉入一個深井，他有沒有大喊大叫呢？沒有，他開始大聲吹口哨和歌唱，一隻狼經過，聽到了，把頭探向井裡，兔子說：「走開，這裡的空間容不下咱倆，那上頭熱死了，這下頭可涼快呢，你可別進入那個桶子，下到這裡哦。」這些話使那隻狼更加焦躁不安，便跳進那個桶子，他滑下來時，兔子坐著另一個桶子往上升，他們錯身而過時，兔子笑著說：「這就是人生，有人升，有人降。」

在最著名的布雷爾兔故事中，布雷爾狐狸用瀝青做成的泥娃娃來陷捕布雷爾兔，布雷爾兔跟泥娃娃打架，愈打就愈加被瀝青娃娃黏住，愈想擺脫這瀝青娃娃，就被黏得愈緊。他對一旁洋洋得意的狐狸說：「你想怎麼對付我都行，但千萬別把我扔到那石南叢裡！」狐狸當然就把布雷爾兔給扔到石南叢裡了，從小生長於石南叢的兔子用那些荊棘把自己和瀝青娃娃脫身開來後逃走，狐狸被打敗，兔子在附近一根圓木上翹腿而坐，用一塊石片梳掉他毛髮上的瀝青。

巧計鬼靈精的故事是奴隸夢想有朝一日爬到白人主子頭上的願望成真寄託，但歷史學家勞倫斯・雷文（Lawrence Levine）在其著作《黑人文化與黑人意識》（*Black Culture and Black Consciousness: Afro-American Folk Thought from Slavery to Freedom*）中寫道：「這些也是痛苦寫實的故事，教導人們在面對敵意環境時的生存、甚至戰勝之道。」非裔美國黑人不論人數或力量均遠遠不敵，布雷爾兔故事的隱義是：縱使在實力最懸殊的競爭中，只要弱勢者願意運用機智，他們也能一搏。布雷爾兔了解狐狸不了解自己之處，他知道狐狸惡意太深，無法抗拒對兔子施以他說他迫切希望避免的懲罰，因此，兔子對狐狸使詐，打賭狐狸無法忍受比他還弱小的動物如此快活。雷文指出，在長期遭受迫害的過程中，非裔美國黑人牢記巧計鬼靈精故事的啟示：

十九世紀的奴隸制觀察家和奴隸的主人所留下的記載顯示，大量能力使奴隸撒謊、欺騙、偷竊、假裝生病、偷懶，假裝不了解主人下達的命令，在棉花桶底部放石頭以達到他們被分配的工作量，破壞他們的工具，放火燒主人的房產，使自己傷殘以逃避工作，隨隨便便地照料種植的作物，虐待他們負責照料的牲口，以至於主人常覺得應該改用較乏效率的騾子來取代馬兒，因為騾子較能忍受奴隸的殘忍虐待。

閱讀障礙症患者發展其他技巧以彌補他們的閱讀能力缺陷，這些其他技巧有時可能變成非常有助益的優勢，這是第一種「有益的困境」。被轟炸或年幼失親可能是一種「差點被擊中」經驗，導致你一蹶不振；也可能是一種「遠遠躲過」的經驗，使你變得更堅強。這些是弱勢者大衛的機會：困難境況弔詭地變成有益，這是第二種「有益的困境」。巧計鬼靈精的故事啟示是第三種「有益的困境」：因為沒有什麼可損失的，反而因此獲得意外的自由度，使巧計鬼靈精得以打破規則。

金恩成立及領導的南方基督教領袖會議（Southern Christian Leadership Conference）的執行總監是懷特・沃克（Wyatt Walker），他從一開始就在伯明罕運籌帷幄，指揮金恩的薄弱之軍對抗種族主義及反動力量。金恩和沃克清楚他們無法以傳統方式來對抗種族主義，他們無法在投票所、街頭或法庭上打敗康諾，他們的力量無法與康諾的力量匹敵，不過，他們可以當起布雷爾兔，想辦法讓康諾把他們扔到石南叢裡。

「懷特，」金恩說：「你得想辦法創造一場危機，使康諾露餡。」這正是沃克所做的事，他創造的危機就是那張一名青少年被警犬攻擊的照片，那男孩身體前傾向狗，他的手臂鬆弛地垂在身側，鎮靜地向前注視，彷彿在說：「我在這裡，咬我。」

若你擋住我的去路，我一定向你直衝過去

懷特・沃克是來自麻州的浸信會牧師，在一九六〇年加入馬丁・路德・金恩的陣營，是金恩的智囊，是金恩的運籌帷幄人。沃克是個搞惡作劇的能手，身材修長優雅，聰明，留著小鬍子，有滑稽的幽默感，每週三下午打高爾夫球。對他而言，女人都是「達令」：「我一

點也不難相處，達令，我只是需要完美。」沃克年輕時加入共產主義青年團，他總是口是心非地說，這是因為在那個年代，這是你能夠與白人女性會面的僅有途徑之一。歷史學家泰勒・布蘭奇（Taylor Branch）在其著作《分水：金恩年代下的美國》（*Parting the Waters: America in the King Years 1954-63*，譯註：此書贏得許多獎項，包括普立茲獎）中描述：「大學時代，沃克買了一副黑框眼鏡，想讓他的臉看起來像沉思的托洛斯基派分子。」⑤有一次，他在維吉尼亞州的小鎮彼得斯堡（Petersburg）布道，刻意帶著他的家人和隨行人員現身當地只准白人進入的公立圖書館，意圖以違反該鎮種族隔離法規而被捕。你可知道他從那間圖書館借了哪一本書，並在聚集的攝影師和記者面前揮舞這本書嗎？那是南北戰爭時領導南方邦聯軍捍衛奴隸制度的李將軍（Robert E. Lee）的自傳。這就是典型的懷特・沃克，他非常樂得因為違反彼得斯堡鎮的種族隔離法規而被捕入獄，不過，在此同時，他也一定要戳戳這小鎮的矛盾處，以為諷刺。

在伯明罕，金恩、沃克以及弗瑞・夏特斯沃形成一個三人團體，夏特斯沃在伯明罕的民權運動中是老面孔，他是當地的浸信會牧師，三K黨人屢次行動，總是沒能致他於死地。金恩是民權運動的倡導宣揚者，和藹可親，極富魅力。沃克待在幕後，不讓自己被拍到和金恩在一起的照片，就連在伯明罕，康諾的許多屬下都不知道沃克長什麼模樣。金恩和夏特斯沃都有一定程度的鎮靜沉著，沃克則否，他形容自己的管理風格是：「若你擋了我的去路，我一定會向你直衝過去。我沒時間說什麼『早安、午安、你覺得如何』之類的話，我們正在搞革命呢。」

有一次，在伯明罕，金恩正在演講，一名兩百磅的壯碩白人衝上台，開始對金恩揮拳，金恩的助手衝上去保護他。麥霍特在其著作裡描述：

> 他們驚訝地看到金恩竟然變成這位攻擊者的保護人，他熱心地留住他在台上，當群眾開始唱起民權運動歌曲時，金恩告訴這位攻擊者，他們的理想是公平正義，暴力是自我貶低人格，金恩說「我們一定會贏」。接著，金恩把他介紹給群眾，彷彿他是一位意外的貴賓。這白人名叫羅伊．詹姆斯（Roy James），二十四歲，土生土長的紐約客，住在維吉尼亞州阿靈頓（Arlington）的一個美國納粹黨宿舍。在金恩的擁抱下，這白人開始哭泣。

金恩是道德絕對主義者，就算遭受攻擊，也不會背離他的原則。沃克喜歡稱自己為務實主義者，有一次，在北卡羅萊納州的法院大樓前，一名近兩百公分高、兩百六十磅、像座山的壯漢攻擊他。沃克可沒有擁抱這攻擊者，他站起來反擊，那壯漢每次拳頭都把沃克打得滾下法院門前台階，沃克重新站起來，再反擊，第三次，「他打得我幾乎失去知覺，我還是站了起來，回頭第四次，這時，要是我手上有我的刮鬍刀，我一定會割了他。」沃克回憶。

在很著名的一晚，他們三人（沃克、金恩和夏特斯沃）即將在蒙哥馬利市的第一浸信教會（First Baptist Church）對一千五百人布道，此時，一群憤怒的白人暴徒包圍教會，揚言要燒了教會。想也知道，金恩選擇走高尚之路，他告訴其他人：「為拯救樓上那些人的性命，唯一的方法是我們這些領導人把自己交給那些暴徒。」一如往常泰然自若的夏特斯沃同意。「對，要是我們得這麼做的話，那就這麼做吧。」沃克呢？他看看金恩，然後自言自語：「這男人一定是該死的瘋了！我們即將把自己交給暴徒，覺得這樣就能平息他們，讓他們把我們打到死，我猜。」（最後一刻，聯邦軍隊趕到，驅散那群人。）日後，沃克擁抱非暴力，但他總是令人感覺他不認同以柔制暴，他不認為別人打你一巴掌，你能自然地奉上另一邊臉頰。

「有時候，我會為了達到目的而調適或改變我的道德觀，因為我是負責結果的人，」沃克曾說：「我是有目的地這麼做，我別無選擇。在應付公牛康諾時，我面對的不是一個道德情況。」沃克很愛對康諾耍詭計，抵達伯明罕時，他眼睛閃閃發亮地宣稱：「我來伯明罕騎公牛！」他可能偽裝南方的慢腔，打電話向當地警察局抱怨有「黑鬼」正前往某處抗議，讓那些警察出動，徒勞一場。或者，他可能搞一連串其實不是示威遊行的遊行，只是兜著圈子走，經過辦公大廳，行過狹窄巷弄，把警察搞得七竅生煙。沃克回憶他在伯明罕的惡作劇時，津津樂道：「噢，那時可真快活！」他知道最好別讓金恩知道他做的這些事，金恩不會同意這麼做，他沒讓金恩知道這些惡作劇。

結束伯明罕的活動後，沃克接受知名詩人羅伯・潘・華倫（Robert Penn Warren）的訪談⑥時說：「我想，像我這樣的黑人已經幾乎在心中發展出一本白人對我們說話的口氣目錄。……白人說任何話，我們會解讀其口氣的細微差異，或是頭部的停頓動作，或是音調的深度，或是言語鋒利度，你知道的，以普通、正常的種族參照標準來看，這些是沒有任何含義的，但我們黑人聽白人說話時，這些就具有很深、很明顯的含義。」

訪談中，華倫提到非裔美國黑人的巧計鬼靈精傳說故事，你可以想像沃克臉色現出淘氣狡猾的微笑，「對。」他回答。他說，拿主人開玩笑，「跟他說你知道他想聽的話，但其實另有含意，」他覺得：「這真的很有趣。」

人們稱呼馬丁・路德・金恩為「領導先生」，或是在較輕鬆時刻稱他為「上帝」，至於沃克，他是布雷爾兔。

在白人眼裡，黑人全是一個樣

沃克為伯明罕的行動研擬的計畫名為「C計畫」(Project C)，C代表「confrontation」，正面對抗。舞台是該市十六街浸信教會，緊鄰凱利英格蘭姆公園（Kelly Ingram Park），離市中心只有幾個很短的街區。C計畫有三項行動，一項比一項還大且更挑釁。首先登場的是在當地商業與企業前靜坐抗議，目的是吸引媒體注意伯明罕的種族隔離問題。晚上，夏特斯沃和金恩將主持當地黑人社區的大型集會，以保持高昂士氣。第二幕是抵制市中心的商業，旨在以財務施壓白人商業，迫使他們重新考慮對黑人顧客的種種措施。(例如，在百貨公司，黑人不能使用洗手間或更衣室，理由是怕表面或衣服被黑人碰觸過之後，接下來有白人碰觸。）第三場行動是一連串的大規模示威遊行，以支持抵制行動，並讓監獄爆滿，因為一旦監獄爆滿而無空房，康諾就無法再藉由逮捕抗議者來停止民權問題，他將必須直接應付問題。

C計畫是高風險行動，此計畫要奏效，必須迫使康諾反擊，如同金恩所言。必須誘使康諾「露餡」，向世界顯露他的醜陋面。可是，無法保證他會這麼做。金恩和沃克剛結束在喬治亞州奧爾巴尼市的長期活動，他們在那裡失敗，因為奧爾巴尼市的警察署長勞利・普里卻（Laurie Pritchett）不吃他們的誘餌，他要警員別使用暴力或過度警力。普里卻友善有禮，敬重地對待金恩，來到奧爾巴尼報導白人與黑人對抗情形的美國北方媒體驚訝地發現，他們還滿喜歡普里卻的。當金恩終於被關進牢裡後，第二天就有個穿著體面的神祕人來保他出獄，傳說這神祕人是普里卻私下安排派去的。一入獄，就有人來保你出去，你如何能成為殉道者而博得同情？

普里卻還一度進住市中心的一家旅館，以便在爆發任何暴力事件時，他能夠隨傳隨到。和金恩進行冗長的協商過程中，普里卻的祕書交給他一封電報，多年後，普里卻回憶：

> 想必是我閱讀電報時浮現了不安的神情，因為金恩博士問我是不是收到什麼壞消息。我說：「不是的，金恩博士，不是壞消息，只不過碰巧今天是我結婚十二週年，我太太發了這電報給我。」他說——噢，我永遠不會忘記這件事，因為這顯示我們彼此的理解，金恩博士說：「你是說，今天是你的結婚週年？」我回答：

「沒錯。」接著我又說：「我至少三星期沒回家了。」他說：「嗯，普里卻署長，你今晚……，哦，不，你現在就回家吧，你回家慶祝你的結婚週年，我向你保證，明天之前，喬治亞州奧爾巴尼市不會發生任何事，你可以回去，帶你太太出去晚餐，做任何你想做的事，明天早上十點，我們再繼續我們的努力。」

普里卻就是不把金恩扔到石南叢裡，金恩和沃克在這裡沒搞頭。過沒多久，金恩便收拾包袱，離開奧爾巴尼。⑦

沃克知道，在奧爾巴尼鎩羽而歸之後，若這麼快就在伯明罕失敗，那將會很慘。在那個年代，觀看晚間電視新聞的美國家庭非常多，沃克迫切想要C計畫成為每晚美國電視螢幕的焦點，但他知道，若他們的運動被視為搖搖欲墜，新聞媒體可能失去興趣，轉移目標。

歷史學家泰勒・布蘭奇在《分水：金恩年代下的美國》一書中寫道：「沃克主張的一個通則是，凡事都必須有建樹，若能展現力量，外界的支持就會不成比例地增大，一旦開始，就不會倒退了。……沃克說，伯明罕的行動絕對不能比奧爾巴尼的行動小。這意味的是，他們必須準備一次把一千人，甚至更多人，送進牢裡。」

抵達伯明罕幾週了，沃克看到他的行動開始失去寶貴的動能，伯明罕的許多黑人擔心（這擔心是有道理的），若被看到他們跟金恩在一起，他們會被他們的白人老闆炒魷魚。四月時，金恩的一名助理在一個教會對七百人演講，只說服了其中九人跟他一起示威遊行。翌日，金恩的另一位助理安德魯・楊恩（Andrew Young）再度嘗試，這回只有七名自願參加者。當地保守的黑人報紙稱C計畫為「浪費且無用」，聚集當地等著記錄黑白對抗壯觀景象的記者和攝影師們因為得不到滿足而變得愈來愈不耐煩，康諾偶爾有逮捕動作，但大部分時間只是坐著觀望。金恩往返於伯明罕及他在亞特蘭大的根據地之間，沃克與他隨時保持聯繫，金恩告訴他不下一百次：「懷特，你得想辦法讓公牛康諾露餡。」沃克搖搖頭：「領導先生，我還沒找到鑰匙，但我會找。」

聖枝主日（Palm Sunday，復活節前的星期日）那天出現了突破。沃克有二十二名示威者準備出發，這場遊行的領導人是金恩的弟弟阿佛列德・丹尼爾（Alfred Daniel），人稱A・D。「我們的集合速度太慢，」沃克回憶：「我們的遊行本來要在下午約兩點半時出發的，最終延遲到約四點才出發。這段時間，人們得知有示威遊行，便紛紛上街，等到我們的人正式展開示威遊行時，已有約一千人在三個街區的街道兩旁觀看。」

第二天，沃克打開報紙閱讀媒體的報導，他驚訝地發現，記者們全搞錯了，報紙上說有一千一百名的示威者在伯明罕示威。「我打電話給金恩博士，告訴他：『金恩博士，我找到了！我不能在電話上告訴你，但我找到了！』」沃克回憶：「於是，從此以後，我們每天都拖延我們的集合，直到人們傍晚下班回家，他們便會聚集在街道兩旁，大約一千人。我們其實只有十二、十四、十六或十八個人參加示威遊行，但報紙報導的是有一千四百名示威者。」

這是最著名的巧計鬼靈精故事之一的翻版，速度很慢的泰勒賓龜（Terrapin）要和迪爾鹿（Deer）比賽跑，他心生妙計，在沿路每隔一段距離的策略點布署一個親友，他自己則是在終點線躲藏起來。因為沿路每隔一段距離都有龜的身影，迪爾鹿以為泰勒賓龜一直在跑，等到迪爾鹿快抵達終點線時，躲藏的泰勒賓龜搶先爬出獲勝。迪爾鹿徹頭徹尾被耍了，因為泰勒賓龜知道，在迪爾鹿眼中，所有烏龜全長一個樣兒，他根本分辨不出。

迪爾鹿瞧不起速度緩慢的泰勒賓龜，這是他的問題，他目中無龜，因此根本分辨不出哪隻龜是泰勒賓。弱勢者必須對白人察言觀色，能夠辨察與區別白人的細微表情——口氣的細微差異、頭部的停頓動作、音調的深度、言語鋒利度等等，但伯明罕那些安逸尊貴的白人沒理由對黑人下此工夫。「他們只以白人的眼睛來看，」沃克開心地解釋：「他們連示威的黑人和旁觀的黑人都區分不出，他們只知道黑人，在他們眼中，黑人全是一個樣。」⑧

康諾是個自負傲慢的人，喜歡在伯明罕到處神氣活現地說：「在這裡，我們訂我們自己的法律。」他每天早上在摩頓旅館喝他的波本威士忌，大聲預測金恩很快就「沒有黑鬼加入行列了。」可是現在，他從窗戶望出去，看到金恩突然有了一小批群眾。跟迪爾鹿一樣，他目中無黑人，因此分辨不出眼下這些黑人的差別，而示威者有上千人的錯覺對他是一種挑釁，激怒了他。「公牛康諾心中有個堅持，絕對不讓這些黑鬼到達市政廳，」沃克說：「我祈禱他繼續試圖阻止我們……，要是公牛讓我們繼續前行至市政廳前禱告，那我們在伯明罕就輸了。若他袖手旁觀，讓我們做到這點，那還有什麼新鮮新聞可言？我們就沒有進展，沒有能見度了。」**求求你，布雷爾．康諾，你要怎麼對付我都行，但求你不要把我扔到石南叢裡！**但當然啦，康諾就是這麼做。

示威行動過了一個月，沃克和金恩提高施壓。他們的伯明罕團隊裡的成員詹姆斯．畢維爾（James Bevel）負責教導當地學童有關非暴力反抗的原則，他是個花衣魔笛手（Pied Piper）：高個兒，禿頭，頭戴便帽，穿著吊帶連身工作褲，說起話來具有催眠作用，聲稱能夠聽到神祕的聲音。四月的最後一個星期一，畢維爾在該郡的所有黑人高中發傳單，傳單上寫著：「星期四中午來十六街浸信會，不必請求學校准許。」伯明罕市最著名的黑人DJ、人稱「花花公子」（the Playboy）的薛利・史都華（Shelley Stewart）[9]也向他的年輕聽眾傳達相同訊息：「孩子們，公園那邊將有一場派對。」聯邦調查局風聞此計畫，告知康諾這消息，康諾宣布，任何逃課的學生都將被開除。但這威脅沒生效，孩子們成群結隊前來，沃克稱孩子們到來的那天為「D Day」（重要的日子）。

中午一點，教會的門開啟，金恩的助手們開始把孩子們送出，他們高舉「自由」、「我誓死要把這片土地變成我的家園」的標語，他們唱著〈我們必勝〉（We Shall Overcome）和〈不讓任何人屈服我〉（Ain't Gonna Let Nobody Turn Me Around）。康諾的員警在教會外頭等候著，孩子們跪地祈禱，接著排成縱隊，走進門已開啟的囚車。接著又出來十幾個小孩，接著又來十幾個，再來十幾個，再來十幾個……，直到康諾的手下開始微微察覺，風險再次升高了。

一名警官看到弗瑞・夏特斯沃，他問：「嘿，弗瑞，你那邊還有多少人？」

「至少還有一千人。」夏特斯沃回答。

「老天，這麼多。」那警官說。

那天，有六百多個小孩被關進牢裡。

翌日（星期五）是「Double-D Day」，一千五百名學生逃課，來到十六街浸信教會。

中午一點，他們開始排隊步出教會，警察和消防隊員堵住凱利英格蘭姆公園周圍的街道，消防員被召來協助，一點也不出奇，他們的消防車上有高壓水柱和鎮暴水槍，自一九三〇年代初期，納粹德國就使用這些來控制群眾。沃克知道，若示威者人數多到令伯明罕警方受不了，康諾就很可能會動用高壓水柱，他希望康諾動用高壓水柱，「伯明罕天氣很熱，」他解釋：「我告訴畢維爾，讓鼓舞士氣的小孩集會拖久一點，讓那些消防隊員坐在太陽下烤久一點，直到他們耐不住性。」

狗呢？康諾一直很想使用警犬隊（K-9 Corps），那年春季稍早，他在一場演講中誓言要用一百隻德國警犬來對付民權運動的示威者。當凱利英格蘭姆公園那邊的情況開始失控時，康諾咆哮著說：「我要讓他們瞧瞧警犬的威力。」這是沃克求之不得、非常樂見之事，他的孩子們在街上示威遊行，現在，康諾要用德國警犬對付他們？金恩陣營裡的所有人都知道，這看起來就像有人刊登了一張一隻警犬撲向一個小孩的照片。

康諾站著看那些孩子漸漸走近，「不准穿越，」他說：「你們再靠近，我們就用消防水柱噴你們了。」康諾的牢房已經爆滿，他不能再逮捕任何人，因為無處可關他們。孩子們繼續前進，消防員猶豫不動，他們不習慣控制群眾這工作，康諾轉向消防隊長：「叫他們動手，要不就回家。」消防員打開水閥，高壓水柱暴射，孩子們彼此緊抱或往回爬，水柱的巨大力量使得一些示威者身上的衣服裂開，有人被水沖得撞上牆和門。

在教會那邊，沃克開始布署孩子前往公園的另一頭，開啟另一個陣線。康諾沒有更多的消防車了，但他意志堅定，絕對不讓示威者越過，進入伯明罕的白人區，「把狗帶來。」他下令，召來八隻警犬。「你為何出動老狗？」他對一名警官咆哮：「你怎麼不帶更兇悍的來？這隻不兇悍！」孩子們更靠近，一隻德國牧羊犬撲向一個男孩，那男孩身體前傾向狗，他的手臂鬆弛地垂在身側，彷彿在說：「我在這裡，咬我。」翌日（星期六），這張照片刊登於全美所有報紙的頭版。

不擇手段，勝者就是王

沃克的作為是否令你感到不舒服？詹姆斯・佛曼（James Forman）是當年民權運動的要角，康諾出動警犬時，他和沃克在一起。佛曼說，康諾的行動令沃克高興得手舞足蹈，叫道：「我們有進展了！我們有進展了！我們獲得一些警察的殘忍動作了！」這一幕令佛曼目瞪口呆，沃克跟他們當中的每一個人一樣清楚伯明罕有多危險，金恩向團隊裡的每一個人悼頌時，他也在場，看到示威者被警犬攻擊，他怎能這樣雀躍不已呢？⑩

D Day過後，金恩及沃克聽到四面八方的批評。處理被捕示威者的法官說，應該把那些引誘小孩去示威遊行的人抓進牢裡。在國會那邊，阿拉巴馬州的一位國會議員說，利用小孩是「可恥的行為」。伯明罕市長譴責那些用小孩當「工具」的人是：「不負責任、輕率的煽動者。」激進程度遠勝金恩的黑人民權運動人士馬爾坎・X（Malcolm X，譯註：本名Malcolm Little）說：「男子漢不會把自己的小孩推上火線。」《紐約時報》的社論評論金恩「在邊緣策略中作出危險之舉」；《時代》雜誌譴責金恩用小孩當「突擊部隊」。美國司法部長羅伯・甘迺迪（Robert F. Kennedy）警告「學童參與街頭示威是危險之舉」，他說：「小孩受傷、殘廢或喪命，是我們任何人都付不起的代價。」⑪

星期五晚上，在第二天小孩示威結束後，金恩在十六街浸信教會對小孩在當天及前一天被捕的家長們講話。他們全都很清楚，伯明罕市的黑人處境有多危險、多羞恥，那個關伯明罕的笑話說了：耶穌說他最遠只到孟斐斯。他們的小孩此刻關在康諾的牢裡，你能想像他們的感受嗎？金恩站起身，試圖淡化情況，他說：「在高壓水柱下，他們不僅站了起來，還能行走呢！至於狗，哦，聽我說，我小時候被狗咬……，啥事也沒有。所以，為了捍衛自由，我不介意被狗咬。」在場是否有任何父母信他這番話，不得而知。金恩繼續：「你們的女兒和兒子在牢裡……，別擔心他們，他們為他們的信仰受苦，他們為了使這個國家變得更好而受苦。」別擔心他們？泰勒．布蘭奇在他的書中說，有謠言（姑且不論此謠言是否屬實）談論牢裡的情形：「老鼠、毒打、睡水泥地、簡陋的廁所屎尿滿出來，囚犯相互攻擊，粗魯的性病檢查。」本來關八個人的牢房，現在擠了七十五個小孩或八十個小孩，一些小孩被巴士載到該州的露天市集地，關在柵籠裡淋雨，沒吃沒喝。金恩的回應是？「監獄幫助你從日常生活的臭氣中昇華，」他一派輕鬆地說：「若他們想要一些書，我們會送給他們，我每次坐牢時都利用時間多讀點東西。」

沃克和金恩想要弄出這麼一張照片——德國牧羊犬撲向一個男孩，但為了弄出這照片，他們得要一個複雜、奸詐的詭計。面對康諾，他們偽裝成他們擁有的支持者人數比實際人數多一百倍；面對媒體，他們假裝他們很震驚康諾竟然放狗攻擊示威者，但實際上，在此同時，他們關起門來雀躍不已。面對那些孩子被他們用來當砲灰的父母們，他們佯稱監獄是讓他們的小孩多讀點東西的好地方。兔子是上帝創造的動物中最狡猾者，他的身軀不是最巨大的，聲音不是最響亮的，但他絕對是最狡猾者。

不過，我們不應對此感到震驚。除此之外，沃克和金恩還能有何選擇呢？在每個西方國家學童都聽過的「龜兔賽跑」寓言故事中，烏龜靠著十足的毅力和努力，慢慢地、持續地跑，最終贏了兔子。這是個正直、有力的教訓，但唯有在烏龜與兔子以相同規則競賽的世界，在任何人只要努力就有收穫的世界，這教訓才適用。在一個不公平正義的世界（沒人會說一九六三年的伯明罕市是個公平正義之地），泰勒賓龜必須在沿路每隔一段距離的策略點布署一個親友，巧計鬼靈精不是天生的，是被需要練就出來的⑫。兩年後，在阿拉巴馬州賽爾瑪市（Selma）的民權運動行動中，《生活》雜誌的一名攝影師放下他手上的相機，去幫助被警察暴力對付的孩子。事後，金恩斥責那位攝影師：「這世界不知道發生此事，因為你沒有拍到照片。我並不是對此冷血，但是，你拍下一張我們被打的照片，比你加入對抗行列要重要得多了。」金恩**需要**這張照片。在回應外界批評利用孩子時，夏特斯沃回答得最好：「我們必須使用我們能用的。」

想成功的閱讀障礙症患者，其處境也相同，正因此，蓋瑞．柯恩跳上那輛計程車、並假裝他很懂選擇權交易的行為才會被視為「不合宜」，許多日後成功的閱讀障礙症患者在其職涯中也有類似經歷。好萊塢知名製作人布萊恩．葛拉哲大學畢業後獲得為期三個月的實習生工作，在華納兄弟公司（Warner Bros.）的商業事務部門當職員，推著一輛郵件車到處走動。「我在一間有兩個單位祕書的大辦公室裡工作，」他回憶：「我的上司是傑克．華納（Jack Warner，譯註：華納兄弟公司的四位創辦人之一）的屬下，他快要離開了，他是個很棒的人，那裡有間很棒的辦公室，我問他：『我能用這間辦公室嗎？』那間辦公室比我現在的辦公室還大，他說：『可以，你就用吧，』它就變成了布萊恩．葛拉哲的辦公室。我能用一小時做完我一天八小時的全部工作，其餘時間，我就用我的辦公室和我的職位去取得呈送給華納兄弟公司的所有法律契約、商業契約，以及有關他們為何通過提案、他們考慮什麼提案的處理文件。我用那一年取得有關電影事業的知識和資訊，我每天都會打電話給某人，告訴對方：『我是布萊恩．葛拉哲，任職華納兄弟公司的商業事務部門，我想跟你見面。』」

最終，他被開除了，但在此之前，他已經把三個月的任期延長為一年，並且成功推銷了兩個構想給國家廣播公司（NBC），一個賣五千美元。

葛拉哲和柯恩這兩個有學習缺陷的門外漢都耍詭計，他們靠著唬弄，進了他們原本不可能進入的職業。和柯恩搭同一部計程車的那位男士以為，沒有一個對選擇權交易一竅不通的人膽敢如此吹噓說他精通此道。接到葛拉哲電話的人，聽他說他任職華納兄弟公司，絕對意想不到他其實只是推著一輛郵件車到處走動的實習生。他們的作為「不對」，正如同把小孩送上火線對抗警犬的作為也「不對」，但我們別忘了，對於什麼是「對」的事，我們的定義往往如同那些處於特權地位者對外面的人關上門。弱勢的大衛沒啥可損失，因為沒啥可損失，他就能自由地蔑視別人訂的規則。於是，跟我們的腦筋稍稍不同的人便獲得了選擇權交易員和好萊塢製作人的工作，而一小群什麼都沒有、只有機智的人，有機會對抗像公牛康諾這樣的強勢者。

泰勒賓龜耍的詭計，換作在世上任何比賽中，他都會被攆出去。輸了比賽之後，困惑不解的迪爾鹿抱怨：「我仍然認為我是世上跑得最快者，」泰勒賓龜回答：「你也許是，但我可以用智慧擊敗你。」

有圖有真相？

哈德森拍攝的那張相片裡的男孩是華特・蓋茲登（Walter Gadsden），他是伯明罕市帕克高中（Parker High School）的高二生，身高一百八十三公分，十五歲。他並不是示威遊行者，他是旁觀者。蓋茲登來自一個保守的黑人家庭，在伯明罕市和亞特蘭大市擁有兩家報社，這兩份報紙向來嚴厲抨擊金恩的作為。那天下午，蓋茲登離校去觀看凱利英格蘭姆公園四周的示威活動。

照片裡的警員是迪克・米朵頓（Dick Middleton），是個謙遜、有節制的人，麥霍特在其書中寫道：「進入警犬隊的警員大多是循規蹈矩的人，他們不像一些警察那樣做騙錢的事，或是藉由一陣毆打後收取賄賂。那些訓練和帶警犬的警員也不是種族主義者。」那隻狗名喚李奧。

現在，看看這張照片中站在背後的黑人旁觀者的面孔，奇怪，照理說，他們應該出現驚訝或恐懼的表情，不是嗎？但他們無此表情。再看看米朵頓拉警犬的那隻手，它用力拉緊套在狗頸的皮帶，看起來，米朵頓正試圖遏止警犬李奧。接著看蓋茲登的左手，他抓住米朵頓的右前臂；看看蓋茲登的左腿，他在踢警犬李奧，不是嗎？蓋茲登事後說，他生長的環境有很多狗，所以被教會如何保護自己，「我很自然地舉膝擋在狗頭前面。」他說。蓋茲登並不是如殉道者般消極地傾身向狗，彷彿在說：「我在這裡，咬我。」他是在鎮定地穩住自己，左手抓住米朵頓，這樣，他才能使出更重的力量去踢狗。事後，據說蓋茲登踢斷了警犬李奧的下巴骨。哈德森的這張照片根本不是外界所想的那樣，它是布雷爾兔的小詭計。

你必須使用你能用的。

二十年後，沃克回顧：「當然有人被狗咬，我猜，至少有兩、三個人吧。但是，一張照片勝過千言萬語啊，達令！」⑬

注解

①馬丁・柏格（Martin Berger）的著作《重新解讀民權運動的照片》（*Seeing Through Race: A Reinterpretation of Civil Rights Photography*）精采敘述了這張照片以及其他和民權運動相關的照片的故事，本章對於這張相片及其影響性的討論內容皆取材自此書。柏格的更重要觀點（此觀點被認為相當發人深思）是：一九六〇年代，主流美國白人希望黑人運動人士看起來顯得消極被動且神聖，這樣，他們的理想與訴求較能被接受。本章後文有關於外界譴責金恩和沃克在抗議行動中利用小孩的內容，以及這張相片裡的那個男孩蓋茲登對其動作（舉起膝蓋踢狗）的解釋，全都取材自柏格的這本著作。

②威廉・努納利（William Nunnelley）在他為康諾撰寫的自傳《公牛康諾》（*Bull Connor*）中指出，伯明罕市法規第三六九條明文禁止白人和有色人種共處一室，除非有二公尺高的隔板把他們區隔開來，並且有區分的出入口。

③我的母親是西印度群島人，小時候聽了安納西蜘蛛的故事，我和我的兄弟們年幼時，她對我們講述這些故事。安納西是個淘氣鬼，詭計多端，經常為達自己的目的，巧計欺騙與作弄他的孩子（他有很多孩子）。我母親是個高雅端莊的牙買加女士，但一說起安納西的故事，淘氣的模樣就出來了。

④在《黑人文化與黑人意識》（*Black Culture and Black Consciousness: Afro-American Folk Thought from Slavery to Freedom*）一書中，作者勞倫斯・雷文（Lawrence Levine）寫道：「這隻兔子就跟編織其故事的奴隸一樣，被迫只能將就運用他具有的東西，行權宜之計。他的尾巴短和天生的才智都得盡力派上用場，並訴諸他可採行的任何手段，這手段也許有損他的道德，但能使他

存活，甚至戰勝。」

⑤歷史學家泰勒・布蘭奇（Taylor Branch）在《分水：金恩年代下的美國》（*Parting the Waters: America in the King Years 1954-63*）一書中寫道：「沃克是個急性子，一九四〇年代就讀紐澤西州一所高中時，他聽到保羅・羅伯森（Paul Robeson，譯註：美國歌手、演員暨運動員，政治激進主義分子，並參與民權運動）說，若崇尚自由與平等就代表是共產主義分子，那麼，他就是共產主義分子。於是，沃克立刻加入共產主義青年團。他高中時曾撰寫一份在美國實行蘇維埃經濟模式的五年計畫報告，並夢想精心策劃暗殺領頭的種族隔離主義分子。」

⑥羅伯・潘・華倫為撰寫《誰為黑人發言？》（*Who Speaks for the Negro?*）一書，祕密訪談多位民權運動人士與領袖，這些訪談收錄於「羅伯・潘・華倫民權運動口述史計畫」（Robert Penn Warren Civil Rights Oral History Project），現存於肯塔基大學的路易努恩口述史中心（Louie B. Nunn Center for Oral History）。他在一九六四年三月十八日對沃克進行這段訪談。

⑦其實，普里卻有來到伯明罕警告康諾有關金恩和沃克的事，他想教康諾如何應付民權運動的巧計鬼靈精，但康諾不太想聽。普里卻回憶：「我永遠忘不了，我們進入他的辦公室時，他背對著我們……，你知道的，那種大主管椅。他把椅子轉過來時，我們看到這小個頭的男人，但他的聲音很洪亮，他告訴我，他們封鎖了當天路線……，他說：『他們可以打高爾夫球，但我們在洞裡灌了水泥，他們無法把球打進洞裡。』這讓我看出他是什麼類型的人。」

⑧沃克本身也有「龜鹿賽跑故事」的翻版。伯明罕市曾向法院申請對南方基督教領袖會議發出禁制令，因此官司，沃克必須現身法庭。問題是，若沃克被法院事務纏身，誰來安排及領導活動呢？

沃克向法院報到，此後天天都找另一個黑人代替他現身法庭，有何不可？他說：「反正，在他們眼中，黑鬼全長一個樣。」

⑨ 史都華在伯明罕是個響叮噹的人物，每個非裔美國青少年都聽他的節目。他向聽眾傳達的訊息中還有第二個部分：「帶著你的牙刷，因為現場提供午餐。」其實，「牙刷」是個暗語，意指：穿好衣服，準備在牢裡待幾天。

⑩ 佛曼寫道：「設計讓警察殘暴對待無辜者，並對此感到高興，……，不論目的為何，看來都很冷酷無情。」

⑪ 金恩考慮了很久才同意使用小孩，他被詹姆斯・畢維爾說服。他們的最終結論是，若一個人年紀大到能夠信奉一個教會，亦即能夠做出對他們的生命與靈魂而言很重要的決定，那就代表他們年紀已經大到可以為一個對他們的生命與靈魂非常重要的理想而戰。在浸信會的傳統中，到了上學的年紀，就可以加入教會。但令人意外的是，金恩同意使用只有六或七歲的小孩來對抗康諾。

⑫ 民權運動使人聯想到巧計鬼靈精故事，以前就有人提過該論點，例如：唐・麥金尼（Don McKinney），“Brer Rabbit and Brother martin Luther King, Jr.: The Folktale Background of Birmingham Protest,” *The Journal of Religious Thought* 46, no. 2（winter-spring 1989-1990），42-52。麥金尼在文中寫道：「就如同布雷爾兔耍計誘使老虎做小動物們希望他做的事（亦即求他把他們綁起來），金恩和他那些狡猾機靈的顧問使用的伎倆也產生相似的效果，誘使公牛康諾做出他們希望他做的事，亦即把大量的黑人示威者關進牢裡，不僅人數多到引起全國注意，還弄得伯明罕市形同癱瘓。」

⑬ 對於那些示威者被康諾的鎮暴水槍射擊的照片，沃克也作出類似的聲稱，他說照片裡的那些人跟蓋茲登一樣，是旁觀者，並不是示威者，他們整個下午都站在十六街浸信教會外，那天的天氣是伯明罕典型的悶熱春天，他們很熱。「他們聚集在有樹蔭的公園，消防員在公園的兩個角落設立他們的水柱，一個在第五街，另一個在第六街。那裡的氣氛就像個羅馬假期，是歡樂的氣氛，旁觀者中沒有一個人是氣憤的。他們在大熱天下等候很久了，現在，天色漸漸暗了，於是，有人投擲了一塊磚，因為他們知道公園邊準備了水柱，事實上，他們一直在說：『把水打開，把水打開，』有人丟磚塊，公牛康諾便下令把水打開。水帶來涼快，於是，這些群眾開始在噴出的水下跳舞、玩樂。有一張著名的照片是他們手牽著手，那其實是他們嬉戲地試圖站起來。有些人被水柱沖倒後，就會再站起來，跑回去，於是有些人就滑倒。後來，他們（消防員）開始把水柱舉高點以降低沖力，但那些黑人反而跑向水柱。這是他們的假日，這種嬉戲持續了好幾小時。這真的是在開玩笑，全都是幽默、好心情，就連旁觀的黑人也沒有任何尖酸的反應，這在我看來，這就是一個轉換心情的例子，黑人在警察或水柱的威脅下，完全無視於他們，反而拿它開玩笑。」因此，那些照片內容的實際情形，根本不是外界所想的那樣。

PART

3

懷柔寬容是最強大的力量

我又轉念，見日光之下，快跑的未必能贏，力戰的未必得勝，智慧的未必得糧食，明哲的未必得貲財，靈巧的未必得喜悅。所臨到眾人的，是在乎當時的機會。

——《聖經》〈傳道書〉第九章第十一節

CHAPTER 7

以恩威並施取代絕對威權的紐約警察：正當的權力，是以法管人，以情理服人

不論是何種形式的權力，像是要小孩在教室裡安靜聽講，或是要使罪犯及暴動者守規矩，都需以正當性為基礎。假權力之名，行暴力之實，終將引發反抗，而非獲致順從與屈服。發生在六〇年代末期，英軍以暴力壓制北愛爾蘭人，讓原本該在幾個月內結束的動亂，演變成長達三十年的革命，就是最好的例證。

發生在貝爾法斯特的動亂

「動亂」（the Troubles）在北愛爾蘭爆發時，蘿絲瑪麗・勞勒（Rosemary Lawlor）新婚不久，她和先生剛在首府貝爾法斯特買了一棟房子，他們有個嬰兒。那是一九六九年的

夏天，該國整個歷史中一直分歧不和的天主教徒與新教徒正如火如荼地武裝爭鬥，爆炸與暴動層出不窮，新教徒的好戰分子——也就是所謂的「保皇派」（Loyalists）——在街上遊蕩，放火燒房子。勞勒一家人是天主教徒，在北愛爾蘭，天主教徒向來是少數，他們的驚恐害怕逐日加劇。

勞勒說：「有時候，我晚上回到家，看到門上寫著『Taigs Out』，Taigs是對愛爾蘭天主教徒的貶抑稱呼，或是寫著『這裡沒有教宗』（No Pope here）。另一晚，我們在家，一顆炸彈丟進後院，但沒有爆炸，我們真是非常幸運。有一天，我去敲鄰居的門，發現她已經死了，我得知那天死了很多人，所以，我先生泰利下班回到家時，我問他：『泰利，怎麼回事？』他說：『我們很危險。』

「那晚，我們離開家。我們沒有電話，你知道的，那個年代還沒有行動電話，我們走出家門，我感到恐懼。我把兒子放在嬰兒車上，嬰兒車有個底層，我收拾了他和我們的一些衣服，把它們全塞到那底層。泰利對我說：『對了，蘿絲，我們要鎮靜地走出去，對每一個人面帶微笑。』我忍不住顫抖，我是個十九歲的媽媽，已婚，有個新生兒、新世界、新生活，但他們奪走這些，你明白嗎？而我卻沒有力量阻止它。恐懼是很糟的事，我記得自己非常、非常害怕。」

他們所知最安全的地方是位於西貝爾法斯特的巴利莫菲（Ballymurphy）社區，那裡住的全是天主教徒，勞勒的父母也住在那裡。但他們沒有車，在動亂的貝爾法斯特，沒有計程車願意冒險開往一個天主教徒社區。最後，他們騙一輛經過的計程車說他們的小孩病了，得去醫院，他們上了車，關上車門後，泰利告訴司機：「我要你載我們去巴利莫菲。」司機說：「噢，不，我不去。」泰利拿出一根火鉗，抵著司機的頸背，說：「你必須載我們去。」計程車司機把他們載到巴利莫菲社區邊緣，停下車，說：「不管你是不是拿它抵住我，就到這裡，我不往前了。」勞勒一家人抱著小孩，拎著他們的少數家當，拚命跑著逃生。

一九七〇年初，情勢更加惡化，那年復活節，巴利莫菲發生一場暴動，英軍被召來：一隊保險桿上裝了有刺鐵絲網的軍車在街上巡邏，勞勒有時推著嬰兒車，行經手持自動步槍、身上掛著催淚瓦斯彈的士兵。六月的一個週末，邊界一個社區爆發槍戰，一群持槍的天主教徒走到路中央對一群旁觀的新教徒開火，為了報復，新教徒的保皇派想燒掉碼頭附近的一間天主教堂。兩邊交火五小時，陷入激烈槍戰，整個城市有數百處起火。週末結束時，已有六人喪命，兩百多人受傷。英國負責北愛爾蘭事務的內政大臣從倫敦飛來調查動亂情形，沒多久就跑回自己的飛機上，「看在上帝的分上，給我一大杯蘇格蘭威士忌，」

他雙手掩面：「真血腥恐怖的一個國家。」

一週後，一個名叫哈麗葉・卡森（Harriet Carson）的女人來到巴利莫菲，「她曾經在市政廳拿一個手提包打柴契爾夫人（Maggie Thatcher）的頭，因此聲名大噪。」勞勒說：「我從小就知道她。哈麗葉在社區到處走動，拿著兩個鍋蓋匡啷啷地互擊，大喊：『來，出來，出來，下瀑布（Lower Falls）那邊的人正在被謀殺啊！』她大聲喊叫，我走到門口，我的家人全在那兒。她繼續喊叫：『他們被鎖在家裡，他們的小孩沒牛奶喝，他們連一杯茶都沒得喝，他們沒有麵包。出來，出來，我們得有所行動！』」

下瀑布是一個全天主教徒的社區，就在巴利莫菲的山下，勞勒以前就讀位在那裡的學校，她的叔叔和無數親戚住在那裡，她在那裡認識的人跟她在巴利莫菲認識的人一樣多。英軍對整個下瀑布社區實施宵禁，他們在那裡搜尋非法武器。

「我不知道什麼是宵禁，完全沒概念。」勞勒說：「我問某人：『什麼是宵禁？』她說：『他們不能踏出自己的房子。』我說：『他們怎麼可以這麼做？』我大吃一驚：『妳的意思是？』她說：『他們被鎖在家裡，不能外出買麵包或牛奶。』在此同時，英軍進門翻箱倒櫃地搜尋，我難以置信：『什麼？』所有人第一個想到的是，人們被鎖在家裡，他們有小孩。別忘了，當時有些人家有十二個、十五個小孩，你明白嗎？所以，我很震驚：『妳說他們不能踏出自己的房子，什麼意思？』」他們對這消息感到憤怒。

蘿絲瑪麗．勞勒現年六十歲，體格結實，雙頰紅潤，側分的短髮金白參半。她以裁縫為業，穿著鮮豔的花上衣和白色的七分褲。她談的是大半輩子之前發生的事，但她記得歷歷在目。

「我父親說：『英軍會惹惱我們，他們說他們來這裡保護我們，他們會惹惱我們，妳等著看。』他說的百分之百正確，他們惹惱我們，宵禁是起始點。」

革命源自當權政府的愚蠢和殘暴

北愛爾蘭陷入動盪混亂的那一年，經濟學家內森．雷提斯（Nathan Leites）和查爾斯．沃爾夫（Charles Wolf）合撰了一本有關於如何應付暴動的研究報告。雷提斯和沃爾夫是五角大廈在二次大戰後創立的一個知名智庫蘭德公司（RAND Corporation）的研究員，他們的這本報告是《造反與威權》（*Rebellion and Authority*）。那個年代，世界各地爆發暴動，人人都讀雷提斯和沃爾夫的大作，《造反與威權》成為越戰、警察局如何應付民間動亂，以及政府如何設法處理恐怖主義的藍圖。這本報告的結論很簡單：

> 我們的分析的基本假設是，個人或群體理性地行動，他們估算不同行動將會帶來的成本及效益，然後據此做選擇……。因此，欲影響大眾的行為，需要的不是同情或神祕論，而是更加了解個人或群體關心的是什麼成本和效益，以及如何估算它們。

換言之，欲節制暴動或造反者的行為，這基本上是一個數學問題。若貝爾法斯特的街頭發生暴亂，那是因為燒房子和砸窗戶對暴亂者的成本不夠高。雷提斯和沃爾夫說：「欲影響大眾的行為，需要的不是同情或神祕論。」他們的意思是，除了估計行為的成本與效益，其他都不重要。若你是當權者，你不需要擔心違法者對於你的行動有何感覺與看法，你只需要表現得夠堅定強硬，迫使他們三思而後行。

負責派駐在北愛爾蘭的英軍將領伊安・弗里蘭（Ian Freeland）活脫脫像是從《造反與威權》這本書走出來的人，二次大戰時，他在諾曼第表現優異，後來在賽普勒斯和桑吉巴對抗暴動。弗里蘭端正英挺，總是直挺著背，下巴方正，手堅實有力，相貌看起來就是一個知道必須做什麼、且會堅定去做的人。剛抵達北愛爾蘭時，弗里蘭就清楚表示，他的耐心有限。他不怕使用武力，他有來自英國首相的命令：「英軍應該強硬對付暴徒，而且這些強硬行動必須被看見。」

一九七〇年六月三十日，英軍獲得一個線索，指稱下瀑布社區巴爾幹街（Balkan Street）二十四號住家裡藏有炸藥和武器。弗里蘭立刻派出載有士兵和警察的五部軍車前往，從那棟房子搜查出藏匿的槍彈。外頭群眾聚集，有人開始丟石頭，接著扔汽油彈，暴動開始，到了晚上十點，英軍受夠了，一架軍用直升機在下瀑布社區上方盤旋，用擴音器下令所有居民留在屋內，否則將遭逮捕。街道清空後，英軍展開大規模的逐屋搜查，不遵從者立即遭到懲罰。第二天早上，得意洋洋的弗里蘭帶著兩位新教徒官員和一群記者，搭乘一輛開放式平板拖車，在社區荒涼的街道上巡視，「好似英國駐印度總督去獵虎。」一名士兵後來形容。

英軍懷著最佳意圖來到北愛爾蘭，當地警力應付不了，而英軍是來這裡協助的，想在交戰的北愛爾蘭天主教徒和新教徒之間充當維和部隊。這裡並不是什麼遙遠、陌生之地，這裡使用跟英國相同的貨幣、相同的語言，有相同的文化。英軍的資源、武器、士兵和經驗遠遠勝過他們要壓制的動亂分子。那天早上，弗里蘭巡視下瀑布社區空蕩蕩的街道時，他相信他和部隊在夏天結束之前就能返回英國了。然而，實際情形並非如此，他們原先預期的幾個月困難期，竟然變成長達三十年的流血與動亂。

英國在北愛爾蘭犯了一個天真的錯，他們誤信因為他們有遠遠勝過動亂分子的資源、武器、士兵和經驗，因此，北愛爾蘭人對他們的看法與感覺並不重要。弗里蘭將軍相信雷提斯和沃爾夫所說的：「欲影響大眾的行為，需要的不是同情或神祕論。」但雷提斯和沃爾夫錯了。

臨時愛爾蘭共和軍（Provisional IRA）首席參謀長西恩・麥史提奧芬（Seán MacStiofáin）日後回顧那些早年時說：「有人說，**大多數的革命其實不是革命者導致的，而是當權政府的愚蠢及殘暴導致的。哎，在北愛爾蘭，就是有這個，才會有革命。**」

太多的法律和秩序會造成傷害

欲了解英國在北愛爾蘭犯的錯，最簡單的方法就是想像一間教室。這是一個幼稚園班級，教室有色彩明亮鮮豔的牆壁，牆上張貼著小孩的圖畫，我們姑且稱這位老師為史黛拉。

維吉尼亞大學的柯瑞教育學院（Curry School of Education）正在進行一項研究計畫，他們把這間教室的上課情形錄下來，從影片中可以充分看出史黛拉是什麼樣的教師，以及這是一個什麼樣的班級。觀看影片幾分鐘後，就很清楚這一班的上課情形不佳。

史黛拉坐在教室前方的一把椅子上，一手向側邊高舉著一本書，大聲朗讀著：「……七片蕃茄，八顆鮮嫩多汁的橄欖，九大塊乳酪……」一個女孩站在她面前跟著念，整個教室亂哄哄，活脫脫是一九七〇年夏天的貝爾法斯特的迷你翻版。一個小女孩在教室裡橫著翻筋斗，一個小男孩在扮鬼臉，絕大多數學童似乎完全沒在聽老師的課，一些學生完全背對史黛拉。

要是你走進史黛拉的這一班，你會有何感想？我猜，你的第一個想法是她有一群難管教的小孩；也許這是一所位於貧窮社區的學校，這些小孩來自問題家庭；也許這些學生本來就完全不尊重權威者或學習。雷提斯和沃爾夫大概會說，史黛拉必須使用懲罰，這樣的小孩需要一隻強硬的手，他們需要管教規則。在一個沒有秩序的教室裡，要如何學習呢？

事實是，史黛拉任教的這所學校並非位於什麼糟糕的社區，她的學生也不是特別或異常地難管教，上課開始時，他們很守規矩，專注聽課，興致高昂地想要學習，他們看起來完全不像愛搗蛋的孩子。課上到一半時，他們才開始不規矩起來，是史黛拉的行為導致他們的這些反應，是史黛拉導致了危機。她如何導致的呢？她的教學方式糟透了。

史黛拉讓一個女孩站在她面前跟著念，想藉此讓全班其他學生專注投入，可是，他們兩人一來一往朗讀的步調極其緩慢呆板。我們觀看史黛拉的教學影片時，維吉尼亞大學的一名研究人員布瑞姬・哈姆雷（Bridget Hamre）說：「注意看她的肢體語言，現在，她只對著這個小孩朗讀，其他人完全被晾在一邊。」她的同事羅伯・皮安塔（Robert Pianta）補充說：「沒有節奏，沒有步態，這根本行不通，她的教學方法毫無用處。」

這時，班上學童才開始亂了起來，那個小男孩開始扮鬼臉，當那個小女孩開始翻筋斗時，史黛拉完全沒注意到。坐在老師正右邊的三、四個小孩仍然堅持嘗試跟進上課，但史黛拉太專注於那本書，沒能對這幾個小孩給予任何的鼓勵。在此同時，坐在史黛拉左手邊的五、六個小孩已經轉過身，背對老師，但這並不是因為他們不守規矩，而是因為他們很困惑，那個站在史黛拉面前的女孩完全擋住了他們的視線，他們看不到史黛拉手上的那本書，他們根本無法跟進。我們往往以為先有不守規矩、違犯的行為，才會有威權作為的回應；一個小孩調皮，所以老師才會修理他。但是，史黛拉的班級情況顯示並非如此，有可能是威權作為引發了不守規矩、違犯的行為；若教師的教學做得不好、不當，小孩就會變得不守規矩。

「一個像這樣的班級，人們會說這是行為問題。」哈姆雷說。我們看到史黛拉的一個學生在座位上不停地蠕動，擺動著臉，所有動作都是為了避開她的老師。「可是，我們發現，這種上課情形往往不是行為問題，而是投入問題。若教師做有趣的事，這些小孩就會很投入。教師不應該以『讓我來管束你們的行為』的方式做反應，而是應該思考：『我該如何做有趣的事，使你們專注投入，預防你們不守規矩？』」

皮安塔和哈姆雷播放的第二支影片是一名三年級老師在向學生交代家庭作業，她發給每個學生一份作業影本，老師和所有學生一起大聲誦讀作業說明，這一幕令皮安塔驚呆，「老師和一群八歲學生一起誦讀作業說明，光是這主意就顯得近乎無禮了，」他說：「我的意思是，為何要這麼做？有什麼教育目的嗎？」這些小孩知道如何讀這些說明啊，老師這麼做，就好像餐廳的服務生遞給你菜單，然後照著菜單，一項一項地讀給你聽。

誦讀到一半，坐在老師旁邊的一個男孩舉手，老師伸手抓住這男孩的手腕，把他舉起的手壓下去，但在做此動作的同時，老師的眼睛仍然看著作業，並未看那男孩。另一個小孩開始做這份作業，這是很合理的行為，因為老師帶著大家一起誦讀作業說明的行為沒意義。可是，老師嚴厲地對他說：「寶貝，這是家庭作業。」這是在糾正這名小孩違規，老師立刻堅定地反應。

你要是看到這一幕，而且關掉影片聲音，你會以為雷提斯和沃爾夫的論點完美適用。可是，你若聽到這位老師說的話，從小孩的角度來思考此事，你就會明白，這位老師的反應根本不會收到效果。這小男孩不會再次認知到遵守規矩的重要性，他會生氣，且心灰意冷。為什麼？因為這是完全武斷的處罰，老師不讓他說話，不聽他的理由，但他想要學習。那小男孩違規，是他的老師導致他有此行為，就如同史黛拉把一名原本興致高昂且專注的學生變成在教室裡橫著翻筋斗的小孩。若當權者想要我們守規矩，首先且最重要的是他們本身的行為。

這稱為「正當性原則」（principle of legitimacy），正當性有三要素：第一，被要求服從當權者的人們必須覺得自己能夠發聲，且自己的聲音被傾聽；第二，法律必須是可被預期的，必須讓人們能夠合理地預期明天的法規將大致與今天的法規相同；第三，當權者必須公平，不能對不同群體有不同待遇。

所有好父母都隱約地知道這三項原則，若你想制止小強尼打他的妹妹，你不能這一次放過他，下一次斥責他；當他的妹妹打他時，你不能有不同的處置；若他說他真的沒有打妹妹，你必須給他解釋的機會。你如何懲罰，跟懲罰這行動本身一樣重要。史黛拉的故事其實並不令人驚訝，凡是在教室裡坐過的人都知道教師贏得學生敬重的重要性。

不過，較難了解的是這些原則在法律與秩序層面的重要性。我們認識我們的父母和老師，所以我們了解，在家裡或學校，正當性很重要。可是，要不要搶銀行或射殺某人，這決定看起來像是屬於另一個非常不同的範疇，不是嗎？雷提斯和沃爾夫說，對抗罪犯及暴動者「需要的不是同情或神祕論」，他們隱含的就是這個意思；他們的意思是，那些暴動或造反者在決定要不要遵守法律時，其決定取決於他們對風險與效益的理性估算，不是取決於人性和感受。但這正是雷提斯和沃爾夫的錯誤點，因為，**想促使罪犯及暴動者守規矩，就跟想促使小孩在教室裡守規矩一樣，得靠正當性**①。

法律可以站在弱者這邊

這裡舉個例子，這例子涉及過去幾年在紐約市布朗斯維爾（Brownsville）社區進行的一項實驗。布朗斯維爾社區位於東布魯克林②，居民十萬出頭，富有階級居住的公園坡社區（Park Slope）和猶太教徒聚集的皇冠高地社區（Crown Heights）在其西邊。長達一個多世紀，這個社區一直是紐約市最窮困的角落之一，這裡有十七棟國民住宅，比紐約市任何一個地區都要多，這些國民住宅構成了這個社區的天際線，一棟又一棟單調、沒有特色的磚砌混凝土建築。過去二十年，紐約市的犯罪率明顯降低，布朗斯維爾社區的犯罪率卻仍然高居不下，到處可見成群結隊的青少年遊蕩街頭，行兇搶劫過路人，警方偶爾派出更多警察站在街上，但也僅能產生短暫效果。

二〇〇三年，一位名叫瓊安妮・賈菲（Joanne Jaffe）的警官接掌紐約警局房屋司長，布朗斯維爾的國民住宅計畫歸此單位管轄。賈菲上台後，決定採取一些新措施，她首先列出布朗斯維爾社區過去十二個月內曾遭逮捕至少一次的青少年名單，名單上總共一〇六人，遭逮捕次數為一八〇次。賈菲的假設是，曾經行兇搶劫而遭逮捕者，大概另有二十起至五十起犯罪從未被警方注意到，所以，算一算，這一〇六名青少年在過去一年大約犯罪高達五千次。

接下來幾年，賈菲組成一支警員任務小組，要求這些警員去接觸名單上的每個青少年，她解釋：「我們告訴他們：『我們把你列入一項方案，這方案是，我們提供你一個選擇，我們想盡我們所能，讓你重回學校，幫助你取得高中文憑，為你的家庭提供服務，看看你家裡需要什麼。我們會提供工作機會、教育機會、醫療，任何我們能提供的。我們想幫助你，但你必須停止犯罪行為，若不停止，並且遭逮捕的話，不管你犯的罪行有多輕微，我們一定會想盡辦法把你留在牢裡。我們會全力盯住你。』」

這方案名為「青少年搶劫遏止方案」（Juvenile Robbery Intervention Program，簡稱J-RIP），沒什麼複雜之處——至少，表面上看來是如此。J-RIP是用高密集性的現代維安方法來處理一個普通、常見的問題，賈菲把她的J-RIP任務小組布署於一輛停放在國民住宅停車場上的掛房拖車上，而不是布署在警察局裡，她提供此小組一切可用的監視工具。任務小組列出名單上每一位青少年的同夥（曾經與他們一起被逮捕者）名單；上臉書網站下載他們的友人相片，尋查他們是否加入幫派；跟他們的兄弟姊妹及母親交談；製作出海報大小的關係圖，顯示每一個青少年的朋友及同夥網絡，相同於情報組織用以追蹤可疑恐怖分子行動的方法。

「我的人每週七天、天天二十四小時盯梢，」賈菲說：「當要逮捕名單上的某個青少年時，若有需要，我願意再派出一個小組，我不在乎是去布朗克斯區（Bronx），還是在深夜行動，一定要讓他們知道，犯罪就會有可怕後果，要讓他們知道將發生什麼，我們一定要快速行動。你要是被逮，就得來見我。」

她繼續說：「我告訴他們：『我到你家，你在家的話，你可以用力關上門，不甩我，可是，在街上碰到你，我會跟你打招呼，我對你瞭如指掌，你從布魯克林區前往布朗克斯區的話，我會知道你搭哪班火車。』我們告訴某人：『強尼，明天來J-RIP辦公室一趟，』強尼進來後，我們說：『你昨晚去了布朗克斯，有人叫你去，』他說：『什麼？』我們告訴他：『你去見了雷蒙．李維拉和瑪麗．瓊斯，』他說：『你們怎麼知道？』他們便開始想，我們無所不在。由於我們已經對每個小孩建立了一個檔案夾，我們便把這些東西秀給他們看，我們會說：『這些是你所有的夥伴，這些是你的所有資訊，這些是你的照片，我們知道你是這個發展中的一分子，我們知道你可能是這幫人的一員，我們知道你的世界。』我們開始去查他們該上哪所學校，他們在學校裡跟誰混在一起，若他們沒去上學，我們就會接到電話，我的J-RIP小組便會去找到他們，叫醒他們：『起床！』」

但這只是賈菲的策略的一部分而已，她還做一些聽起來不像典型維安策略的事，例如，她花很多時間尋找合適的警員加入這個任務小組，「我不能隨便找個警察加入，」她說，聽起來，她更像個社工，不像警察首長。「我必須找愛小孩的警員，我必須找對這些小孩沒有半點反感的警員，能夠幫助動搖他們、促使他們走向正途的警員。」為領導這支團隊，賈菲後來嫁給愛交友、有小孩的前緝毒幹員大衛．葛拉斯柏（David Glassberg）。

打從一開始，賈菲也很執著於要和名單上那些小孩的家人見面，她想了解他們，但這遠比想像的困難得多。首先，她寫信給每一家，邀請他們到當地一間教會聚會，但根本沒人來。接著，賈菲和她的小組挨家挨戶拜訪，仍然吃閉門羹，她說：「一〇六個小孩，我們拜訪每一家，但他們說：『去你X的，別進我的屋子。』」

幾個月後，終於有了突破。「有個小孩，」賈菲說，她給這小孩取了個假名叫強尼·瓊斯，「他是個壞孩子，當時大約十四、十五歲，跟一個十七、八歲的姊姊一起住，他的媽媽住在皇后區，連他媽媽都討厭我們，我們找不到可以接觸的人。第一年，也就是二〇〇七年的十一月，感恩節前的星期三，大衛·葛拉斯柏來我的辦公室。」

「他說：『大夥兒，小組的所有人，大家出錢，我們今晚送感恩節晚餐給強尼·瓊斯和他的家人。』」

「我說：『開什麼玩笑。』」這是個壞孩子。

「他說：『知道我們為何要這麼做嗎？這是個我們將失去、救不回的孩子，可是，那個家庭還有另外七個孩子，我們得為他們做點什麼。』」

「我眼睛泛著淚。接著，他又說：『嗯，我們還有這麼多其他的家庭，要怎麼做呢？』那時是早上十點，感恩節的前一天，我說：『大衛，你看這樣好不好，我去找警務處長，看看能不能爭取到兩千美元，看看我們是否可以為每一家買一隻火雞？』」

她上樓至警務處，向處長求了兩分鐘，「我說：『這是大衛・葛拉斯柏給小組的建議，我想買一百二十五隻火雞，我能不能在哪裡找到這筆錢？』他說行。葛拉斯柏要他的屬下加班，他們找到冷凍火雞和冷藏火雞，我們把每隻火雞裝在一個袋子裡，加上一張列印出來的紙張，上頭寫著：『我們家贈送給你家的，祝感恩節快樂！』那天晚上，我們挨家挨戶，把火雞送給那些家庭。」

賈菲坐在她位於曼哈頓市中心紐約警察總部的辦公室，身穿整套的制服，高個兒，很魁梧，一頭濃密的黑髮，明顯的布魯克林口音。

「我們敲門，」她繼續說：「媽媽或祖母來開門，見了我們，便喊：『強尼，警察來了，』類似這樣的話，我說：『嗨，史密斯太太，我是賈菲司長，我們想送點感恩節禮物給你們，我們只是來祝你們感恩節快樂。』他們問：『這是什麼？』接著，他們說：『請進，請進，』他們拉你進去。他們的公寓好熱，他們又喊：『強尼，快來，警察在這裡！』屋裡的人忙成一團，又是擁抱，又是哭泣的。我自己拜訪了五家，每一家都是擁抱、哭泣，我都說相同的話：『我知道你們有時討厭警察，這我都了解，但我希望你們知道，我們敲你們的門，好像我們在騷擾你們，其實，我們真的關心你們，我們真心想要你們有個快樂的感恩節。』」

為何賈菲如此執著於要和J-RIP名單上小孩的家人見面？因為她不認為布朗斯維爾的警察被視為有正當性。在全美，有為數驚人的黑人男性曾經吃牢飯，這裡舉個統計數字：出生於一九七〇年代後期、高中輟學的黑人男性當中，有六九%曾經進過牢。布朗斯維爾是個充滿高中輟學黑人男性的社區，這意味的是，賈菲那份名單上的青少年犯罪者，幾乎每一個都有哥哥或父親或堂表兄弟曾經吃過牢飯③。若你生命中有那麼多人待過監獄，這法律在你看來還公平嗎？有可預期性嗎？你會認為你能發聲且被聽到嗎？賈菲來到布朗斯維爾社區時認知到，這裡的人視警察為敵人；若警察被視為敵人，她要如何能使已經走上搶劫偷竊之路的十五、六歲青少年改變、重返正途呢？她可以威脅他們，警告他們再犯罪的可怕後果，但這些是叛逆、漸漸步入犯罪歧途的青少年，他們為何要聽她的？她代表的機構把他們的父親、兄弟、堂表兄弟關進牢裡。賈菲必須贏回這社區對警察的敬重，為此，她需要這些青少年的家人的支持。她在第一年感恩節前夕時說的話：「我知道你們有時討厭警察，這我都了解，但我希望你們知道，我們敲你們的門，好像我們在騷擾你們，其實，我們真的關心你們，我們真心想要你們有個快樂的感恩節。」就是為正當性作出的辯解。她試圖讓站在法律錯誤那一邊的家庭（有些家庭已有多個世代站在那一邊）看出，法律可以站在他們這一邊。

在火雞成功敲開門後，賈菲又在耶誕節送出玩具，J-RIP小組開始和名單上的青少年打籃球，帶他們去吃壽司晚餐，想辦法為他們找暑期工作，開車帶他們去看醫生。賈菲舉辦了一場耶誕晚餐，邀請每一位J-RIP青少年及其全家人，「你知道我在那晚餐上做什麼嗎？」她說：「他們在朋友面前表現得很頑固冷酷，於是，我就擁抱他們每一個，我都說相同的話：『來吧，我們抱一下。』」賈菲可不是個頭嬌小的女性，她長得很魁梧，想像她張開雙臂，走向某個乾瘦的青少年的模樣，她的擁抱會把這瘦小子吞沒。

這聽起來很像某部差勁的好萊塢電影裡的情節，對吧？感恩節送火雞！擁抱和哭泣！世界各地大多數警察局之所以還未跟進賈菲的做法，是因為她所做的事似乎不對；強尼・瓊斯是個壞小孩，買食物和禮物給他這樣的人，似乎是最糟糕的寬大縱容。若你居住的城市犯罪情事猖獗，警察首長宣布她將開始擁抱街頭犯罪者的家人，並送吃的給他們，你可能會瞠目結舌，對吧？嗯，看看布朗斯維爾的變化情形吧（參見〈圖7-1〉和〈圖7-2〉）。

雷提斯和沃爾夫說：「欲影響大眾行為，需要的不是同情或神祕論。」他們隱含的意思是：政府的權力無限，若你想發號施令，你不需要擔心你發號施令的對象對你有何看法，你高高在上，權力遠大於他們。但雷提斯和沃爾夫的論點並不正確，賈菲的經驗證

圖7-1　布朗斯維爾社區的搶劫案統計

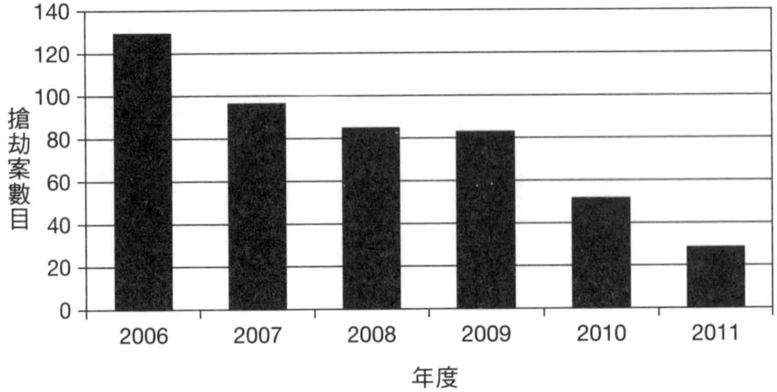

圖7-2　J-RIP名單上的青少年搶劫被捕統計數字

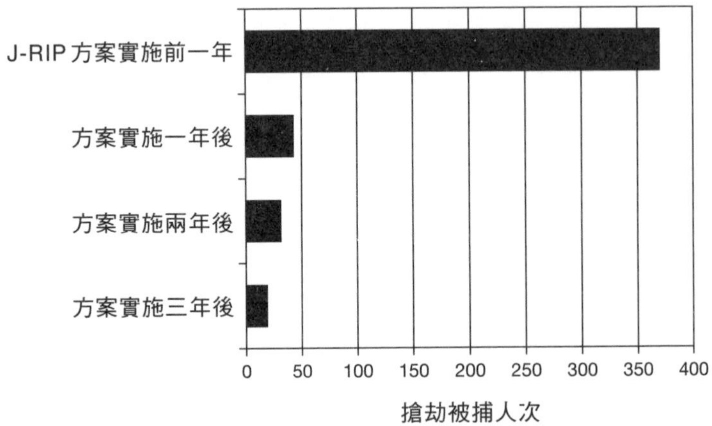

明，**當權者必須擔心其他人對他們的看法，那些發號施令者的成效，其實高度取決於被發號施令對象的感受與看法。**

這就是弗里蘭將軍在下瀑布社區犯的錯，他沒有從蘿絲瑪麗・勞勒這些人的觀點來看狀況，他像「去獵虎的英國駐印度總督」那樣巡視下瀑布社區的寂靜街道時，心想他已經終結暴動了。若他當時能不嫌其煩地去巴利莫菲社區瞧瞧，聽到哈麗葉・卡森在那裡敲著鍋蓋喊道：「來，出來，出來，下瀑布那邊的人正在被謀殺啊！」他就會認知到，暴動才剛開始呢。

走投無路的第三選擇

在北愛爾蘭，每年七月是遊行季節（marching season）的高峰，該國的新教徒保皇派籌辦遊行慶祝他們很久以前贏了該國天主教徒的勝利，遊行隊伍有教會隊伍，有專司建築落成或開幕儀式的遊行隊，紀念樂隊隊伍，「流血與雷霆」（blood and thunder）和「踢教宗」（kick-the-Pope）的長笛樂隊遊行，銅管樂隊、風笛隊、手風琴隊；配飾帶、穿黑西裝、戴禮帽的遊行者隊伍。總計數萬人的數千支遊行隊伍，每年的大規模遊行在七月十二日達到高潮，一六九〇年的這一天，信奉新教的奧蘭治的威廉王（William of Orange）在伯寧戰役（Battle of Boyne）擊敗信奉天主教的詹姆斯二世，也從此確立新教徒在北愛爾蘭的長久統治權。

七月十二日的前一晚，全國的遊行者開街頭派對，搭起巨大篝火④，在篝火最旺時，他們會選擇一個象徵物來焚燒，往年多半燒的是教宗或某個他們痛恨的當地天主教徒官員的芻像。以下是以前七月十二日時，他們把一首童謠詞改編後的內容，配以〈我親愛的克萊門汀〉（Oh My Darling Clementine）這首曲子：

> 搭座篝火，搭座篝火，
> 把天主教徒綁在上頭，
> 把教宗丟進裡頭，
> 燒死這些人。⑤

北愛爾蘭不是一個大國家，那裡的城市小，人口密集；每年夏天，當保皇派新教徒配飾帶、穿黑西裝、戴禮帽、吹長笛遊行時，無可避免會經過天主教徒居住的社區。天主教西貝爾法斯特區的中央幹道，距離新教西貝爾法斯特區的主街僅僅幾分鐘步行路程，在貝爾法斯特的一些地方，天主教徒的屋後緊鄰新教徒家的後院，雙方在其後院各自豎立一扇巨大金屬門，以防鄰居丟擲碎片或汽油彈過來。七月十二日的前一晚，當保皇派新教徒在全市各地燃起篝火時，天主教徒社區的居民可以聞到氣味，聽到歌唱，看到他們的旗幟被焚燒。

在遊行季節，北愛爾蘭必定有暴動發生。一九六九年，引發「動亂」（the Troubles）的事端之一是，一支遊行隊伍行經一個天主教徒社區時，引爆了持續兩天的暴動，遊行者回家後，繼續在西貝爾法斯特街上洩憤暴亂，燒毀許多住家。翌年夏天，高度挑戰試驗弗里蘭將軍的槍戰，同樣也是發生在新教徒遊行期間。你可以試著想像，若美國北方各州的北軍退伍將士，每年夏天跑去亞特蘭大市和維吉尼亞州里奇蒙市遊行，慶祝他們在很久以前的南北戰爭的勝利，那些南方人心裡是什麼滋味。在北愛爾蘭的黑暗時期，當天主教徒和新教徒互相攻擊、水火不容之際，遊行季節對於天主教徒而言，就是這種滋味。

那天下午，下瀑布社區的居民抬頭看到英軍下降盤旋於他們社區上空時，他們跟任何人一樣迫切希望貝爾法斯特能執行法律與秩序，但他們也同樣焦慮不安於將如何執行法律與秩序，因為他們的世界看起來並不公平。再過幾天就是他們的旗幟或教宗芻像將被燒的七月十二日，負責在遊行季節把兩方隔開的機構是北愛爾蘭皇家騎警隊（Royal Ulster Constabulary，簡稱RUC），但RUC幾乎全都是新教徒，是他們那一邊的人。去年夏天，RUC幾乎毫無作為而無法阻止暴動，英國政府召集的一場裁決作出結論指出，在新教保皇派人士燒了許多住家後，RUC沒有採取有效行動。當時在現場的記者報導，保皇派人士竟然上前詢問警察能否借用他們的武器。英軍出動至愛爾蘭的原因之一就是要在新教徒和天主教徒之間當個中立的裁判，但英國是個新教徒居壓倒性多數的國家，因此，北愛爾蘭的天主教徒很自然地擔心，英軍的同情心最終將偏向新教徒。那年復活節，一支保皇派人士的遊行大隊行經巴利莫菲社區時，英軍站在遊行者和社區居民之間，表面上是把雙方隔開，但那些英軍面向著路邊的天主教徒，背對著遊行的保皇派人士，彷彿他們認為他們的職責是保護保皇派遊行者抵抗天主教徒，而不是保護天主教徒抵抗保皇派人士。

弗里蘭將軍想在貝爾法斯特執行法律與秩序，但他首先必須問自己，他是否有執法的正當性，事實是，他沒有。北愛爾蘭的天主教徒認為——而且是有十足的理由這麼認為，他負責的這個機構在去年夏天完全偏袒那些燒毀他們親朋好友的房子的那些人。在缺乏正當性下執行法律與秩序，不僅將無法獲得服從，而且會引發反彈⑥。

非常令人不解的是，英國人為何過了這麼久才了解到這點。一九六九年，「動亂」導致十三人死亡、七十三起槍戰、八起爆炸事件。一九七〇年，弗里蘭決心強硬對付暴徒，他警告，任何被目睹丟汽油彈者，可能會遭到射殺。結果呢？歷史學家戴斯蒙・哈米爾（Desmond Hamill）寫道：

愛爾蘭共和軍（IRA）報復說，若愛爾蘭人遭射殺，他們就射殺士兵。新教派的北愛志願軍（Ulster Volunteer Force，簡稱UVF，一個極端激進的非法民兵組織）立刻加入挑釁，他們說，愛爾蘭共和軍每射殺一名士兵，他們就射殺一個天主教徒。《金融時報》（*Financial Times*）引述一位貝爾法斯特居民說：「任何對此不感到困惑的人，就代表他並未真正了解情況。」

那一年，總計二十五人死亡，發生二百一十三起槍戰和一百五十五起爆炸事件。英軍仍在，他們更強硬鎮壓，一九七一年，總計一百八十四人死亡，發生一千七百五十六起槍戰和一千零二十起爆炸事件。接下來，英軍制定一項所謂的「拘留」政策：北愛爾蘭的民權被暫時中止，整個國家到處都是軍隊，英軍宣布，任何被懷疑從事恐怖活動的嫌疑者都可能遭到逮捕，無限期拘禁，沒有起訴或審判。結果，許多年輕的男性天主教徒遭拘留，像巴利莫菲這樣的社區，人人都有兄弟、父親或堂表兄弟在牢裡。若你生命中有那麼多人待過監獄，這法律在你看來還公平嗎？有可預期性嗎？你會認為你能發聲且被聽到嗎？情況變得更糟，一九七二年，有一千四百九十五起槍戰，五百三十一起搶劫案，一千九百三十一起爆炸事件，四百九十七人喪命，其中一個死亡者是名叫艾蒙（Eamon）的十七歲男孩，他是蘿絲瑪麗・勞勒的弟弟。⑦

「艾蒙出現在我家門口，」勞勒回憶：「他說：『我想在這裡住個一、兩天，』我問：『怎麼了？』他說：『媽媽可能會昏過去，她可能會抓狂，』他向我和我先生吐露，英軍不斷騷擾他，只要他一出門，不論去哪裡，他們都會盤查他、威脅他。」

艾蒙真的跟愛爾蘭共和軍往來嗎？她不知道，不過她說，有沒有都沒差，「在他們眼中，我們全都是嫌疑人，」她說：「就是這樣。接著，艾蒙被一個英國士兵射殺，他和一個同伴在外面抽菸，突然槍響，艾蒙就中彈了。中彈後拖了十一個星期，他在一月十六號過世，年僅十七歲半。」說到這裡，她眼淚奪眶而出：「我父親從此再也不去碼頭工作，我母親絕望心碎，這是四十年前的事了，但仍然是椎心之痛。」

勞勒是個年輕的太太暨媽媽，原本期望著能在現代化的貝爾法斯特過上正常生活，但她失去了房子，受到威脅與騷擾，住在山下的親戚被封鎖在家中，她的弟弟被射殺。她從未想要這樣的生活，也沒要求過這樣的生活，甚至也無法理解這到底怎麼回事。「這就是我的生活，我的整個新生活，」她說：「這些全都是被強加於我身上的，我心想，這不對，你懂嗎？那些跟我在學校一起長大的人，他們的房子被燒毀。英軍來到這裡，說要保護我們，現在，他們惹惱我們，他們在這裡大肆破壞，騷擾、傷害我們。我現在惱火了，我不是那麼輕率的人，我變成這樣是因為我無法坐視這一切，我無法當個朝九晚五的母親。」

「人們稱它為『動亂』，」她說：「但它其實是戰爭！英軍開著軍車來，還帶著各式各樣的武器，我們生活在一個戰區。英軍來到這裡，用各種手段來壓制我們，我們就像橡皮娃娃似地被壓扁，現在，我們已經反彈恢復了，不過，別誤會我的意思，這一路走來，我們已經受到傷害，很多人因此罹患嚴重的頭痛，我有很長一段期間脾氣暴躁，為此，我向我的孩子道歉，但那是環境造成的，我變成不是原來的我，我並非天生如此，我是被逼的。」

是他們惹惱我們

當弗里蘭將軍的手下湧向下瀑布社區時，該社區居民的第一個反應是跑向僅僅一個街區外的聖彼得天主教堂。跟西貝爾法斯特的其他許多天主教社區一樣，下瀑布社區的重要特徵就是篤信其宗教，聖彼得教堂是社區居民的精神寄託核心，每個週末有大約四百人到這裡望彌撒。社區裡最重要的人物是當地神父，他跑去警告英軍，搜查行動務必快速完成，否則會引發麻煩。

四十五分鐘後，士兵帶著查獲的武器現身：十五支手槍、一支步槍、一隻施邁瑟（Schmeisser）衝鋒槍、炸藥和彈藥。搜查隊打包這些查獲物後離去，上了街邊等候載送他們離開下瀑布社區的軍車。但是，在這段時間，一小群人聚集，當軍車轉過街角時，幾個年輕人跑向前，向軍車上的士兵丟擲石頭，搜查隊停了下來，群眾更加氣憤，士兵投擲催淚瓦斯，群眾更加憤怒，改丟汽油彈，接著轉而開槍。一名計程車司機說，他看到有人拿著一支衝鋒槍跑向巴爾幹街。暴動者設立路障以減緩英軍前進，一輛卡車在另一個街區堵住一條街的出口，士兵投擲更多催淚瓦斯，風把催淚瓦斯吹越下瀑布社區，群眾又更加憤怒了。

搜查隊為何要停下來？他們為何不繼續走？神父一開始就勸他們別在社區逗留太久，但他們卻停了下來，神父又再度前去懇求士兵，他說，若他們停止投擲催淚瓦斯，他就能制止群眾丟石頭。但士兵不聽，他們接到的命令是要強硬對付暴徒，而且要被看到強硬行動。神父回頭奔向群眾，這時，士兵投擲另一波催淚瓦斯，瓦斯彈掉在神父腳邊，他踉踉蹌蹌地超越街道，因為吸入瓦斯，他靠著窗台上。在一個對其宗教如此虔誠、每個週末有四百多人去望彌撒的社區，英軍竟然用催淚瓦斯對付神父。

暴動在此時爆發。弗里蘭召來援軍，為鎮壓一個八千名居民、小房子林立於狹窄街道的社區，英軍出動了三千名士兵，而且，這不是一般士兵，弗里蘭出動的是蘇格蘭皇家騎兵隊，是整個英軍中新教意識最明顯的軍團。英軍的直升機在上空盤旋，用擴音器下令社區居民待在家裡，每個出口都設了路障，並宣布宵禁，展開逐屋搜查。年僅二十、二十一歲、剛被群眾投擲的石頭和汽油彈傷了自尊的士兵強硬衝了每間民房，在牆上和天花板上捅出大洞，仔細搜查臥室。一名英軍士兵日後回憶那晚的情形：

一個身上還穿著睡衣的傢伙咒罵著衝出來，拿一盞燈揮向史丹的頭，史丹躲過第二擊，用步槍槍托給那傢伙來一下。我很清楚，很多伙伴利用這機會對已經發生的事發洩怒氣，有人的頭被打，房子被徹底翻攪，一片狼藉，但亂七八糟中仍然可見一些刺眼的細節：學校相片、微笑的家庭照（被損毀了）、小飾品和十字架（折斷了）、小孩在哭泣、教宗相框照片上的玻璃被砸碎、尚未吃完的飯菜和被撕毀的壁紙、彩色玩具、電視發出的噪音、碎裂的收音機、彩繪的盤子、鞋子；客廳裡有人背抵著牆，怔怔地站著……，這時，我真的感覺我們是入侵者。

那晚，有三百三十七人被捕，六十個人受傷，一位殘障的空軍退伍軍人查爾斯・歐尼爾（Charles O'Neill）被一輛英軍軍車輾斃，屍體躺在路上，一名士兵用警棒戳一個旁觀者，斥道：「走開，你們這些愛爾蘭混蛋，最好多死一些。」一個名叫湯瑪斯・柏恩斯（Thomas Burns）的男性在晚上八點被射殺，當時他在佛斯路上站在一位朋友旁邊，那位朋友正在用木板覆蓋他的商店的窗子。柏恩斯的姊姊前來取他的屍體時被告知，柏恩斯沒事就不應該在那個時間在街上逗留。晚上十一點，一名老人派翠克・艾利曼（Patrick Elliman）以為最壞的情況已經過去，便穿著拖鞋和便衣到外頭做睡前散步，結果英軍一陣槍響，老人意外中彈死亡。一位鄰居回憶宵禁時，談到艾利曼的死：

那晚，英軍其實進入並且駐紮在這被槍殺的老人家裡，他那煩惱到幾乎發狂的妹妹早先已被送到街頭另一個兄弟家裡。第二天中午，在宵禁的暫停時間，死者的這位兄弟和他的女兒及女婿前往這棟房子，才發現英軍這種侵入死者無人看守的家中的沒品行為。他們發現門被破壞，窗子被打破，地板上有士兵的個人裝備，小沙發上有刮鬍用具，廚房的洗滌槽裡有用過的杯子，鄰居告訴他們，那些士兵也在樓上的房間睡覺。

門被破壞，窗子被打破，髒碗盤及杯子留在洗滌槽中。雷提斯和沃爾夫認為只有統治和理性評估原則才是重要影響因素，但其實，真正有影響性的是當權者所做和不做的無數小事情，這些決定了他們的正當性，例如睡在剛剛被你意外槍殺的無辜者的床上，把你的用品四處散落在他的房子裡。

到了星期天早上，下瀑布社區裡的情況愈來愈危急，這不是一個富有的社區，許多成年人失業，許多沒失業的人做的是論件計酬的工作。這裡的街道擁擠，住家窄小，是十九世紀建的連棟紅磚房屋，一層只有一個房間，浴室在後院，很少房子裡有冰箱，陰暗潮涇，人們得天天上街買麵包，不然的話，麵包會發霉。但現在，宵禁已經實施了三十六小時，家裡沒有麵包了。西貝爾法斯特的各個天主教徒社區關連緊密，各社區的很多居民彼此間有姻親和血親關係，因此，下瀑布社區的困境消息很快就傳至其他天主教社區。哈麗葉・卡森在巴利莫菲敲著鍋蓋，到處吶喊；接著又出現一個名叫瑪麗・杜蘭姆（Máire Drumm）⑧的女人，手持擴音器，穿梭在天主教西貝爾法斯特區的街道上，向婦女們喊叫：「出來！用妳們的嬰兒車裝載麵包和牛奶！那裡的小孩沒有任何食物了！」

婦女們開始聚集，兩人，四人，十人，二十人……，最後到達數千人，「有些人的頭髮還上著捲子，戴著頭巾，」勞勒回憶：「我們手環著手，唱著：『我們必勝，我們終將勝利。』」

「我們走到山下，」她繼續道：「氣氛令人激動，英軍頭戴鋼盔，身上佩槍，站在一旁，準備就緒，警棒已經拿在手上。我們轉彎，走上格洛斯維諾路（Grosvenor Road），邊唱邊喊，我想，英軍大概心生敬畏，他們難以置信，這些婦女竟然推著嬰兒車下山來挑戰他們。我還記得看到一名英國士兵站在那裡搔著頭說：『我們拿這些女人怎麼辦？難不成在這裡起暴動？』接著，我們轉入板岩街（Slate Street），我以前的學校就在那裡，英軍在那裡，他們從學校衝出來，我們展開徒手搏鬥，他們抓住我們的頭髮，把我們甩向牆壁，噢，沒錯，他們像是要打我們，妳要是跌倒在地，得很快站起來，否則就會被踐踏。他們很殘暴，我記得我站到一輛車上，看看眼前發生的情況，接著，我看見一個臉上還抹著刮鬍膏的男人出現，把他的褲吊帶拉上，突然間，所有士兵停止打我們。」

那個男人是板岩街檢查站的指揮官，他大概是那天英軍那邊唯一明智的人，唯一了解災難全面爆發的人。一群重裝的士兵正在打一群推著嬰兒車前去下瀑布社區餵小孩的婦女⑨，他下令手下住手。

「你必須了解，後面還有很長的遊行隊伍，後面那些人並不知道前頭發生什麼事，」勞勒說：「他們繼續前行，有些婦女哭了起來，街道邊住家開始有居民出來把人拉進去，因為太多人受傷了。當所有居民開始從家中走出來時，英軍便開始失控了，所有人都走出來，成百上千的人，就像骨牌效應，這條街的人走出來，另一條街的住家門也打開，接著是另一條街，又一條街。英軍只能放棄，婦女不斷前進，我們不斷前進，直到進入下瀑布社區，打破宵禁。我經常想起這事，老天，大家雀躍歡騰，像是在說：我們做到了！

「我還記得我回到家時，突然對這整個事件感到很激動、緊張。你知道嗎？我記得我在事後告訴我父親這件事，我說：『爹地，你說的話應驗了，他們惹惱我們。』他說：『沒錯，英軍，這就是他們做的。』他說的沒錯，他們惹惱我們，這就是開端。」

注解

① 這裡再舉一個「正當性原則」的例子。下表是二〇一〇年已開發國家的地下經濟比重由小到大的排序，即人民為逃漏稅而刻意隱藏之經濟行為與所得。這是比較各國納稅人誠實度的最佳方法之一：

美國	7.8
瑞士	8.34
奧地利	8.67
日本	9.7
紐西蘭	9.9
荷蘭	10.3
英國	11.1
澳洲	11.1
法國	11.7
加拿大	12.7
愛爾蘭	13.2
芬蘭	14.3
丹麥	14.4
德國	14.7
挪威	15.4
瑞典	15.6
比利時	17.9
葡萄牙	19.7
西班牙	19.8
義大利	22.2
希臘	25.2

此排名取自：Friedrich Schneider, “The influence of the Economic Crisis on the Underground Economy in Germany and other OECD-countries in 2010（未出版報告，修訂版，二〇一〇年三月）。此排名其實並不令人意外，美國、瑞士和日本的納稅人相當誠實，多數其他西歐民主國家的納稅人也是，希臘、西班牙和義大利則否，事實上，希臘的赤字嚴重到致使該國多年來瀕臨破產，希臘人嚴重逃漏稅是主要原因之一，若希臘人守法納稅，這些赤字幾乎全可消弭。何以美國人在納稅方面遠比希臘人守法？雷提斯和沃爾夫大概會歸因於在美國逃漏稅的成本遠大於益處：美國人若逃漏稅，被查到和受處罰的可能性很高。但這完全不正確。在美國，每年僅有稍高於一%的納稅申報書被稽查，這是極小的比例，而且，若被查到低報所得，最常見的處罰是補稅外加不太多的罰

金，極少人因逃漏稅入獄。若美國真如雷提斯和沃爾夫所言地理性行為（他們定義的理性行為：計算成本與效益，據以選擇行動），美國的逃漏稅情況應該很嚴重才對。誠如租稅經濟學家詹姆斯．艾爾姆（James Alm）所言：

> 在有效稽查率達一％的國家，你應該會觀察到高達九〇％以上的逃漏稅程度。多申報一元所得，得繳三毛到四毛的稅；若不申報這一元所得，這一元就全都是你的，你有可能被查到，但機率是0.01或更低。若你被查到，國稅局必須判定你是否故意低報所得，若不是故意行為，你就補繳稅額，外加一〇％罰款。若你被查到，並且被判定故意不誠實申報，你就補繳稅額，外加七五％罰款。所以，逃漏稅被查到的預期成本並不是很高，計算結果非常支持逃漏稅。

那麼，為何絕大多數美國人不逃漏稅？因為他們認為他們的制度正當。當人們認為當局平等對待每一個人，他們能夠發聲且被聽到，並且有法規確保你明天獲得的待遇不會明顯不同於今天的待遇時，他們就會接受當局及其訂定的制度。正當性的基礎要素是公平、聲音及可預測性，儘管美國人愛抱怨美國政府，但美國政府在這三個標準上表現得相當不錯。

以相對值來看，希臘的地下經濟比美國大三倍，但這並不是因為希臘人比美國人不誠實，而是因為希臘的制度的正當性不如美國的制度。希臘是全歐洲貪腐情形最嚴重的國家之一，他們的稅法與稅制一塌糊塗，有錢人能獲得特別的內部交易，若你我住在一個稅制如此明顯不正當的國家——一切看來都不公平，我們的聲音不被傾聽，朝令夕改，我們也不會誠實繳稅。

② 很多名人出身布朗斯維爾社區，包括：麥克・泰森（Mike Tyson）和里迪克・鮑威（Riddick Bowe）這兩位重量級拳王；古典音樂家暨指揮家艾隆・柯普蘭（Aaron Copland）；三個臭皮匠（Three Stooges，分別由Moe Howard、Shemp Howard和Larry Fine飾演，後來由Curly Howard取代Shemp）；電視節目主持人賴利・金恩（Larry King），還有一長串的職業籃球、足球、棒球明星。不過，重點字眼是「出身」，沒有一個能幫助這社區的名人留在這裡。

③ 以下是美國各年代不同種族和教育水準者的入獄率。這其中最值得注意的是以粗體顯示的數據，一九七五年至一九七九年出生的高中輟學黑人男性當中有六九％曾經進過牢，這是布朗斯維爾的概況。

白人男性	**1945-49**	**1960-64**	**1975-79**
高中輟學	4.2	8.0	15.3
僅高中畢業	0.7	2.5	4.1
受過一些大學教育	0.7	0.8	1.2
黑人男性	**1945-49**	**1960-64**	**1975-79**
高中輟學	14.7	41.6	69.0
僅高中畢業	10.2	12.4	18.0
受過一些大學教育	4.9	5.5	7.6

④在貝爾法斯特，七月十二日的遊行經該市，抵達終點的「廣場」（Field），群眾聚集於此聽演講。以下是一九九五年時的一段演講內容，請別忘了，這是在英國公布〈唐寧街宣言〉（Downing Street Declaration），正式展開北愛爾蘭和平談判之後：

我們讀過兩百年前的史書，羅馬天主教徒組成所謂的「護衛者」（Defenders）團體，要除去所謂的「異端狗」，就是你我這些新教徒。今天的情況跟一七九五年的情況並無二致，有一個王座上的教宗，出生波蘭的教宗，在希特勒及奧茲維茲（Auschwitz）集中營的年代，他們那些在波蘭的天主教徒站在一邊看著無數人被殺，沒說半句譴責之詞。

⑤這首歌有許多版本，例如，英足曼聯隊球迷把該隊勁敵利物浦隊和曼城隊編進歌裡，歌詞如下：

搭座篝火，搭座篝火，
把利物浦人放在上頭，
把曼城丟進裡頭，
燒死這些人。

你可以在YouTube上看到和聽到這首曲子的無數高亢演出。

⑥誠如新芬黨（Sinn Féin）領導人傑利・亞當斯（Gerry Adams）多年後所言，英軍實施的宵禁：「導致成千上萬過去從不曾使用過暴力的人，現在認為暴力確實是有必要的。」

⑦順便一提的是，一九七三年的情況也沒什麼好轉，英軍那年的鎮壓行動更甚，那一年有一百七十一個平民喪命，五千零一十八起槍戰，一千零七起爆炸事件，一千三百一十七件搶劫案，英軍查獲一

七・二噸炸藥。

⑧ 六年後，杜蘭姆在貝爾法斯特的梅特醫院（Mater Hospital）住院接受治療時，在病床上被新教派的極端分子槍殺死亡。

⑨ 有關下瀑布社區宵禁事件的許多傳說之一是，推嬰兒車遊行有兩個目的，其一是送牛奶和目標至下瀑布社區，其二是用嬰兒車騙過英軍，把槍支和炸藥運送出去。

CHAPTER

8

用寬恕代替報復的喪女雙親：選擇原諒與放下，才是真正的強者

面對暴力與強權的侵害，我們是否應該以牙還牙，加倍奉還？同樣面臨喪女之痛的父母，一對選擇運用公投制定嚴刑峻法懲戒暴徒，另一對則捨棄權力制裁而選擇寬恕，不同的做法，讓他們的人生大不同。以惡治惡、以暴治暴的力量有限，甚至有可能造成反效果。其實，寬恕也是以弱抗強、以小搏大的一種策略，選擇原諒才能獲得內心最終的寧靜與平安。

不讓女兒的悲劇重演

一九九二年六月的一個週末，麥克・雷諾茲（Mike Reynolds）的女兒從學校返家參

加一場婚禮，她十八歲，留著一頭金色長髮，名叫金柏（Kimber），就讀於洛杉磯時尚設計商學院（Fashion Institute of Design and Merchandising），家住往北幾個小時車程、位於加州中央谷地的弗雷斯諾市（Fresno）。婚禮結束後，她留下來和老友葛瑞格・凱爾德隆（Greg Calderon）共進晚餐，那晚，她穿著短褲、短靴，加上她老爸的紅黑格子運動外套。

雷諾茲和凱爾德隆在弗雷斯諾市塔樓區的每日星球餐廳（Daily Planet）用餐，喝完咖啡後，兩人漫步走回她的五十鈴（Isuzu）轎車，當時是晚上十點四十一分，雷諾茲為凱爾德隆打開前座右門，然後走回駕駛座。此時，兩個頭戴前罩式安全帽的年輕人騎乘一台偷來的川崎（Kawasaki）機車，從一處停車場慢速出來至街上。騎士喬伊・戴維斯（Joe Davis）是前科累累的毒品和槍擊犯，因偷竊汽車在華斯科州立監獄（Wasco State Prision）服刑，剛假釋出獄，後座的年輕人是道格拉斯・沃克（Douglas Walker），出入監獄七次，兩人都是甲基安非他命的毒癮者。那晚稍早，他們在弗雷斯諾的主幹道蕭氏大道（Shaw Street）企圖劫車，「我其實沒多想什麼，」沃克在幾個月後被問到他那天晚上的心理狀態時說：「事情就這樣發生了，就是突然間發生了，我們只是出去做我們所做的事，我能告訴你的就是這些了。」

沃克和戴維斯在雷諾茲的五十鈴轎車旁停下來，用機車的重量把雷諾茲逼向她的車身，凱爾德隆立刻下車，跑向汽車後面，沃克擋住他，戴維斯抓住雷諾茲的皮包，同時掏出一支.357麥格農（Magnum）手槍，抵著她的右耳，雷諾茲反抗，他開槍，接著，戴維斯和沃克跳上機車，闖紅燈加速逃逸。人們從每日星球餐廳跑出來，有人試圖為雷諾茲止血，凱爾德隆開車回去雷諾茲父母住處，但叫不醒他們，電話也都轉接至答錄機。終於，在凌晨兩點半，電話通了，麥克・雷諾茲聽到他太太哭喊：「頭部！她被槍擊中頭部！」一天後，金柏不治。

「父女關係是很特殊的東西。」不久前，麥克・雷諾茲回憶那晚時說。如今，他老了許多，走起路來步履蹣跚，大部分頭髮都掉光了。他位於弗雷斯諾的家是一棟布道院風格的房子，距離女兒中槍的那條街開車不到五分鐘的路程。他坐在書桌前，身後牆上掛著一張金柏的相片，隔壁廚房有一幅金柏長了一對天使翅膀飛向天堂的油畫。「你也許會和你的太太吵架，」他繼續說道，聲音裡充滿回憶的感傷：「但是，你的女兒就像公主一般，你對她百依百順，她的爸爸是能夠修補一切東西的人，不論是壞掉的三輪腳踏車，還是一顆破碎的心，爹地什麼都能修好。可是，當我們的女兒發生這事時，我卻無法把它修好，我握著她的手，看著她性命垂危，感覺非常無助。」那一刻，他發了一個誓。

「從那時起，我所做的一切都是為了我在金柏臨終床前對她許下的承諾，」雷諾茲說：「我無法救回妳的命，但我將盡我所能地努力去防止這種事發生在其他人身上。」

讓加州兇殺案減少50%的三振出局法

雷諾茲從醫院回到家後，接到弗雷斯頓當地一個知名電台談話性節目主持人雷伊・艾波頓（Ray Appleton）的電話。「這城市愈來愈暴力，」艾波頓回憶：「在當時，弗雷斯諾是全美人均兇殺案件數量最高的城市，就算不是最高，也名列前茅。但這件兇殺案實在太囂張，在一個知名餐廳前，在一百萬人面前行兇！我那天晚上聽說金柏不治，便打電話給麥克，我說：『不論什麼時候，等你覺得能夠上節目時，請讓我知道。』他說：『今天如何？』這就是整件事的開始，就在他的女兒過世十四個小時之後。」

雷諾茲說，在艾波頓的節目上的那兩個小時是他這輩子最難熬的一段時間。在節目進行中，他止不住淚水，「我從未見過那麼悲傷崩潰的場面。」艾波頓回憶。節目一開始，他們兩人接聽認識雷諾茲一家的人或是想表達同情的聽眾的叩應（call in，來電直播）電話，接下來，艾波頓和雷諾茲開始談論這件兇殺案顯示加州的司法制度有何問題，來自全加州各地的叩應電話開始絡繹不絕。

雷諾茲回家後召集了一場會議，邀請他想得到能夠有所貢獻的每一個人，他們圍坐於他家後院戶外烤肉架旁邊的一張長木桌。「這當中有三位法官，有來自警察局的人，有律師、警長，有來自地方檢察署的人，有來自社區和學校體制的人，」他說：「我們質疑：『為何會發生這種事？什麼原因？』」

他們的結論是：加州對於違法者的處罰太輕；假釋給得太寬鬆、太快；慣犯的待遇無異於初犯者。坐在那台機車後座的道格拉斯．沃克第一次犯法時年僅十三歲，販賣海洛因，他最近獲得短暫出獄，讓他去探望懷孕的妻子，但他從此沒回監獄，直到犯下金柏兇殺案，這像話嗎？

這群人共同研擬了一項提案，在雷諾茲的堅持下，此提案很簡短，使用非專家的詞語。這項後來成為「三振出局法」（Three Strikes Law）的提案建議：在加州，任何人第二次犯下嚴重犯罪或刑事犯罪，刑期將依法定刑期加重一倍；三犯則完全失去機會，採用強制性量刑準則的二十五年有期徒刑①，沒有例外及漏洞。

雷諾茲和這群人爭取到足夠交付全州公投表決的簽署人數。每次的加州選擇季都會出現無數公投構想，絕大多數無疾而終，但「三振出局法」引起極大迴響，並且在全州公投中贏得七二%的壓倒性支持，在一九九四年成為該州正式法律，且幾乎是逐字依據雷諾茲等人的提案內容為立法，犯罪學者富蘭克林・齊姆林（Franklin Zimring）稱此為「美國史上最大的刑罰實驗」。一九八九年時，加州的監獄囚犯有八萬人，不出十年，此數字就倍增，在此同時，加州的犯罪率明顯降低。一九九四年至一九九八年間，加州的兇殺案減少四一・四%，強姦案減少一〇・九%，搶劫案減少三八・七%，施暴案減少二二・一%，盜竊案減少二九・九%，汽車失竊案減少三六・六%。雷諾茲在其女兒臨終床前誓言務使金柏的遭遇不再發生於其他人身上，他化悲憤為力量，引領一場革命。

「當年，加州平均每天發生十二件兇殺案，今天已經降低至六件，」雷諾茲說：「所以，我每天都這麼想，因為這條法律，有六個人得以存活。」他坐在弗雷斯諾自宅的辦公室裡，四周懸掛或擺放著他為此案的奔波和成就照，以及各式各樣的獎牌、證明書、裱框信函，證明他在美國最大州的政治中扮演的傑出角色。「在你的人生中，你可能偶然獲得一個救人的機會，」他說：「例如從著火的房子中拉出一個人，救起一個溺水者或遭遇其他性命危急境況的人。但是，有多少人有機會天天救六個人？我想，我很幸運。」

雷諾茲暫停了一下，彷彿在回顧自從他對金柏做出承諾後的過去二十年間所發生的事。他是一個口才出色、極具說服力的人，從這一點不難了解，當年縱使在極度悲痛之中，他仍然能夠在艾波頓的節目中說出那些非常令人信服的話。他再度開口：「想想那發明座椅安全帶的人，你知道他的姓名嗎？我不知道。可是，想想看，有多少人因為安全帶或安全氣囊或防止被做手腳的藥物包裝與容器而得以安全保命。我可以舉很多類似這樣的例子，許多像我這樣的平凡人所設計的簡單東西救了無數性命，但我們做這些並不是為了聲名或贏得讚美，我們追求的是成果，成果就是我獲得的最大回報。」

英軍懷抱著最佳意圖來到北愛爾蘭，最終卻導致並陷入三十年的流血混亂泥淖，他們未能達成他們的目的，因為他們不了解**權力有一個重要限制：權力必須被視為具有正當性，否則，權力的使用將導致反效果**。麥克・雷諾茲在加州發揮巨大影響力，他那個世代的加州人當中，鮮少有人的行動和構想感動並影響了這麼多人，就他的例子而言，力量似乎已經達到其目的，只要看看加州的犯罪統計數字，就可證明他已經獲得他想要的成果，不是嗎？事實再明顯不過了。

嚴刑峻法真有效？

讓我們再重回第二章談到的倒U形曲線理論。其實，倒U形曲線的基本原理就是跟「限制」有關，倒U形曲線呈現一個事實：更多未必更好；當權者以為更多的資源是其最大優勢，但事實上，到了一個點，更多的資源反而有害，反而會導致情況變糟。

倒U形曲線明顯描繪了班級規模的效果，也適用於父母擁有的財富和其子女教養之間的關連性。不過，幾年前，一些學者開始提出更大膽的論點，這論點後來導致麥克・雷諾斯及其「三振出局法」成為近二十年的爭議核心。這論點是這樣的：處罰和犯罪之間的關連性會不會也呈現倒U形曲線型態呢？換言之，會不會到了一個點，打擊犯罪的行動對於罪犯不再有效果，甚至可能開始出現反效果，導致犯罪率提高？

「三振出局法」通過的當時，沒有人考慮到這種可能性，雷諾茲及其支持者認為，把更多的罪犯關起來，並使平均刑期增長，就能有效減少犯罪。

「當時，就算是一級謀殺罪，刑期也只有十六年，而且服刑八年就可獲得假釋，」雷諾茲解釋，他說的是在三振出局法革命之前：「因此，犯罪勾當是很划算的選擇。人的心理傾向訴諸阻力最小的途徑，阻力最小的途徑較輕鬆；去搶、偷、吸毒，遠比一週辛苦工作四十小時、天天上班打卡、應付一大堆的顧客需求及抱怨要輕鬆得多，誰要這麼辛苦？我可以到外頭揮揮槍，快速讓錢財到手，萬一被抓，九五%的案件都能認罪而獲得減刑，他們起訴我這個，我願意認罪，咱們來談談條件。還有，第三，我只需服一半刑期。衡諸這三點，在實際被逮捕和遭到起訴之前，你的犯罪傾向將會高很多。」

雷諾茲的這番論點，其實是雷提斯和沃爾夫的經典嚇阻理論的變化版本。雷提斯和沃爾夫寫道：「我們的分析的基本假設是，個人或群體理性地行動，他們估算不同行動將會帶來的成本及效益，然後據此做選擇⋯⋯。因此，欲影響大眾的行為，需要的不是同情或神祕論，而是更加了解個人或群體關心的是什麼成本及效益，以及如何估算它們。」雷諾茲的觀點是，罪犯發現在加州犯罪的益處遠大於風險，因此，他認為，欲減少犯罪，應該把犯罪的成本提高到使得搶劫與盜竊等犯罪不再比認真工作來得輕鬆，同時，對於那些一再犯罪者，應該祭出「三振出局法」，把他們終身監禁起來，使他們沒有再犯的機會。雷諾茲和加州的投票人認為，就法律和秩序方面而言，「愈多」總是愈好。

但真是如此嗎？倒U形曲線理論家持懷疑看法。首先來看第一個假設，亦即犯罪成本提高將對罪犯有遏制效果，減少犯罪。當犯法的處罰很低時，前述論點顯然成立。犯罪學中最著名的案例研究之一是發生於一九六九年秋天的事件，當時，加拿大蒙特婁市的警察罷工十六小時。在被視為舉世最守法且安定的國家之一，蒙特婁當時是（現在仍是）世界一流的城市，警察罷工之下，發生什麼情形？混亂無序。那天，光天化日之下發生了太多銀行搶案，迫使幾乎每間銀行都選擇關門，打劫者在蒙特婁市中心砸毀窗戶。最令人震驚的是，該市計程車司機和當地一家名為墨瑞希爾禮車服務（Murray Hill Limousine Service）的車行長期以來對於從機場載送乘客的業務權爭執不休，積怨在那一天爆發，演變成暴力，雙方彷彿在中世紀的歐洲為封邑而戰。計程車司機向墨瑞希爾車行丟汽油彈，墨瑞希爾的保全向計程車司機開戰，計程車司機點火燃燒一輛巴士，接著讓發動的巴士衝進墨瑞希爾上鎖的車庫裡。這是加拿大耶！但是，警察一返回工作崗位，秩序就恢復了。逮捕與懲罰的威脅，果然管用。

很顯然，違法將不受懲罰，以及違法將受到一些懲罰，這兩者之間有大差別，就如同一班四十名學生和一班二十四名學生這兩者之間有大差別。在倒U形曲線的左邊，干預將產生作用。

但是，別忘了，倒U形曲線的邏輯是：一開始很有效的策略，在過了某個點之後，就不再管用了，這正是許多犯罪學家對處罰的看法。

舉例而言，多年前，犯罪學家理查・萊特（Richard Wright）和史考特・德克（Scott Decker）訪談八十六名被定罪的持械搶劫者，他們聽到的多數說詞類似如下②：

> 我努力嘗試不去想萬一被捕會如何，這太容易導致分心，你要是想著：「要是事情不順利，會怎樣？」就無法專心做任何事。隨著時間過去，若我下決心去搶劫，我就決定要完全專注做此事，其他什麼都不想。

或者是：

> 這就是我父母和我這麼亢奮的原因，我們變得亢奮，變得愚蠢，我們不會因為可能遭逮捕的威脅而遲疑，會發生的，就會發生，……在當時，你根本不在乎。

縱使緊迫，那些受訪的罪犯仍然對法律制裁的威脅無動於衷，他們根本沒想那麼遠。

女兒遭到殺害，使雷諾茲想讓加州的那些想要犯罪的人心生恐懼，在犯法之前三思，但是，若罪犯抱持前述想法，雷諾茲的策略就不會有效。那兩個殺害金柏的歹徒喬伊・戴維斯和道格拉斯・沃克是甲基安非他命的毒癮者，那晚稍早，他們企圖在光天化日之下劫車。還記得沃克事後怎麼說嗎？他說：「我其實沒多想什麼，事情就這樣發生了，就是突然間發生了，我們只是出去做我們所做的事，我能告訴你的就是這些了。」這樣的人，他會三思而後行嗎？

在回憶那悲劇的一晚時，雷諾茲曾說：「我跟認識喬伊及其兄弟的家庭友人談過，他們問他為什麼要對金柏開槍，他說他已經搶到皮包了，所以其實不需要開槍。他開槍是因為她看他時的神情，他認為金柏沒認真看待他，沒有給他任何尊重。」雷諾茲的這番話與「三振出局法」的背後邏輯相牴觸，喬伊・戴維斯殺金柏是因為，當喬伊抓著她的皮包、並且拿槍抵著她的頭時，金柏沒有給予喬伊他認為他應得的尊重。對於一個腦袋思維這樣的人，改變罰度能對他產生嚇阻作用嗎？你我會對懲罰的加重有所忌憚，那是因為你我這樣的人在社會中有利害關係，但罪犯沒有。誠如犯罪學家大衛・甘迺迪（David Kennedy）在其著作《嚇阻與預防犯罪》（*Deterrence and Crime Prevention*）所述：「在現今已算是很嚴厲的法律制裁之下，那些認為被捕可能性很低而傾向冒險的人（往往是一時衝動，往往是能力差者），就算法律制裁變得更加嚴厲了，他們仍然會認為被捕的可能性很低而傾向冒險。」③

「三振出局法」的第二項論點是，把罪犯多關一年，就減少他一年的犯罪機會。這論點也有問題，用數學來看，講不通。舉例而言，二〇一一年加州罪犯在達到三振出局時的平均年齡為四十三歲，在「三振出局法」正式啟用之前，此人可能因重罪而服刑約五年，在大約四十八歲時出獄，在實施「三振出局法」後，他至少要服刑二十五年，出獄時已經六十八歲。按理，我們該問的是：有多少犯罪者在四十八歲至六十八歲之間犯案？並沒有那麼多。看看〈圖8-1〉及〈圖8-2〉，分別顯示重傷害及殺人罪和犯罪者年齡之間的關係，以及搶劫與盜竊罪和犯罪者年齡之間的關係。

加長刑期對年輕人有嚇阻作用，可是，一旦罪犯超過二十五、六歲，加長刑期只能保護我們免於被那些已經變得較不危險的罪犯侵犯。再次顯示，一開始有效的策略，後來就不再起作用了。

現在要問的一個重要問題是：犯罪與處罰曲線是否有一個反轉點，過了這個點之後，

圖8-1 重傷害罪及殺人罪，1985年

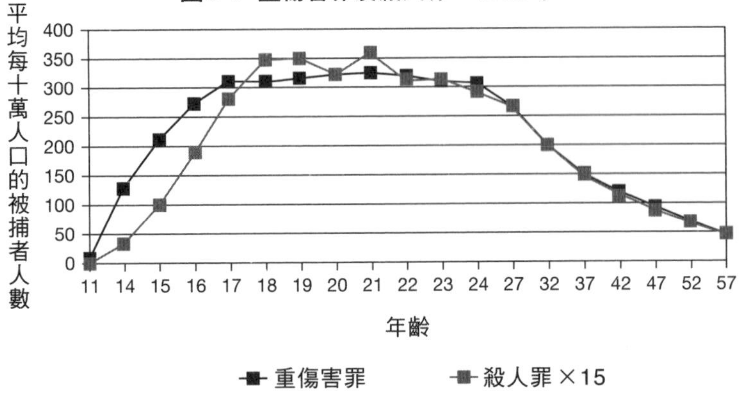

圖8-2 搶劫罪及盜竊罪，1985年

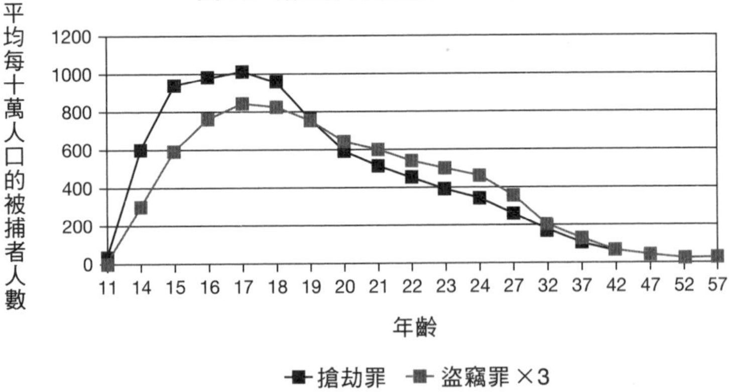

處罰的變嚴不但無助於減少犯罪，反而導致情形變糟？對此論點作出最具說服力的論述的是犯罪學家陶德．克利爾（Todd Clear），他的理由如下述。

監獄對犯罪有一個直接的影響：監獄把一個壞人關起來，使他不能再傷害任何人。但是，監獄對犯罪也有一個間接影響：它影響和此罪犯接觸的所有人。舉例而言，有非常多被關進牢裡的男性是為人父者，（四分之一的青少年罪犯有小孩），父親坐牢對一個小孩的影響很大，有些罪犯是差勁的父親：會虐待人，易變，總是不在家；但許多罪犯不是差勁的父親，他們從犯罪或合法工作賺到的錢幫助供養他們的家人。對一個小孩而言，父親坐牢而沒有父親，是很大的打擊，對他們的生活與成長造成極大的困難。父親或母親坐牢會使得其小孩少年犯罪的可能性提高三〇〇％至四〇〇％；使得小孩有嚴重心理問題的可能性提高二五〇％。

罪犯服刑期滿或假釋出獄回到其故居後，他很可能因為坐過牢而有心理問題或創傷，他的就業前景也變差。坐牢時，他失去了很多未犯罪的朋友，取而代之的是牢友。出獄回家後，他對當初因他入監而受到傷害的家增添更多的情緒和財務壓力。監禁罪犯會形成附帶傷害，就大多數例子而言，監禁罪犯造成的傷害小於其益處；監禁罪犯仍然對我們有益。不過，克利爾的論點是，若把太多罪犯監禁太久，附帶傷害將開始大於益處。④

克利爾和他的同事蒂娜・羅斯（Dina Rose）在佛羅里達州首府塔拉哈西（Tallahassee）檢驗他的理論⑤，他們比較全市各社區入獄一年者的人數以及該社區在一年後的犯罪率，他們嘗試以數學來估計倒U形曲線是否有一個反轉點。他們發現：「**若一個社區有超過二%的人入獄，監禁的降低犯罪率效果就開始出現反轉，亦即負效果。**」

賈菲在布朗斯維爾社區所做的事，就是基於此道理。她試圖以擁抱和火雞來修補的傷害並不是缺乏法律與秩序所造成的傷害，而是太多法律與秩序造成的傷害：該社區有太多的父親、兄弟及表親入獄，至少該社區居民視法律為敵。因此，布朗斯維爾落在倒U形曲線的右邊區段。一九八九年的加州有七萬六千名囚犯，十年後，囚犯人數增加超過一倍，主要是「三振出局法」所致。邁入二十一世紀後，加州的人均入獄率約為加拿大或西歐國家的五到八倍，你想，有無可能是因為「三振出局法」把加州社區變成類似於布朗斯維爾社區呢？

雷諾茲堅信，他的改革運動每天挽救了六個人的性命，因為自從「三振出局法」通過後，加州的犯罪率顯著降低。但是，更深入檢視後就可發現，在「三振出局法」尚未實施之前，加州的犯罪率就已開始降低了。一九九〇年代，加州的犯罪率顯著下滑，但同一期間，美國許多其他地區的犯罪率同樣也明顯降低，甚至包括一些沒有採取任何打擊犯罪行動的地區。愈深入研究「三振出局法」，就愈加發現其效果難以定論⑥，一些犯罪學家的結論是該法並未能降低犯罪率，也有犯罪學家則認為該法有效果，但把錢花在關更多的罪犯，還不如把這些錢花在別處。

一項近期研究指出，「三振出局法」使得整體犯罪率降低，但弔詭的是，暴力犯罪案件反而增加。也許，最多數的研究得出的發現是「三振出局法」完全沒效果，甚至有一些研究發現該法反而導致犯罪率提高⑦。加州進行了美國史上最大規模的刑罰實驗，經過二十年，花費了數百億美元，結果，無人能確定此實驗有益處⑧。二〇一二年十一月，加州在一項公投中大幅修改此法⑨。

一時疏忽造成的終生遺憾

女兒坎黛絲（Candace）打電話回家時，威爾瑪・德克森（Wilma Derksen）正在打掃家裡地下室的房間，那是十一月的一個星期五下午，在金柏・雷諾茲最後一次走出父母家的十年前。德克森家住加拿大中部大草原曼尼托巴省省會溫尼伯市（Wennipeg, Manitoba），每年的這個時候，戶外溫度已降到冰點以下。坎黛絲十三歲，在電話那頭和學校的一個男孩聊天嬉笑，她打電話想要媽媽來接她。威爾瑪在腦袋裡計算了一下，家裡只有一部車，她得去接先生克里夫（Cliff），但離下班還有一個鐘頭。家中還有兩個小孩，一個兩歲，一個九歲，此刻，她可以聽到他們正在另一個房間爭吵，她得先讓這兩個穿好衣服上車，去接坎黛絲，接著再去接先生，三個餓肚子的小孩得在車上等一小時。有公車可搭，坎黛絲十三歲，也不是小孩了，更何況，房子現在亂糟糟。

「坎黛絲，你身上有錢搭公車嗎？」

「有啊。」

「我沒法去接妳。」媽媽說。

德克森回頭繼續打掃房間，接著摺洗好的衣服，忙碌極了。突然，她停了下來，看看時鐘，不太對勁，坎黛絲這時應該已經回到家了才對，外頭氣溫突然間變得更冷了，正在下雪呢，她記得坎黛絲出門時穿得不夠暖。她開始在房子前窗和廚房後窗來回張望外頭過道，坎黛絲可能從前門或後門進屋。時間一分分過去，到了去接先生的時候了，她把兩個小孩弄上車，沿著塔爾伯大道（Talbot Avenue）慢慢開，這條路連接德克森的住區和坎黛絲的學校，她望向一家7－11裡頭，女兒有時會在這裡逗留。她開車到學校，校門已經鎖上了，「媽，她在哪裡？」九歲的女兒問。他們開到先生克里夫的辦公室，「我找不到坎黛絲，」她告訴先生：「我很擔心。」

四個人回到家，一路上觀看街道兩邊。他們開始逐一打電話給坎黛絲的朋友，那天下午以後，沒人見到她。威爾瑪開車去找坎黛絲打電話回家前跟她聊天嬉笑的那個男孩，他說他最後看見她沿著塔爾伯街走。德克森家報警，那晚十一點，兩名警員來敲門，他們坐在餐桌邊詢問威爾瑪和克里夫一個又一個的問題，主要是想了解坎黛絲在家是否快樂。

德克森家組成了一個搜尋委員會，招募他們教會裡的人、坎黛絲學校裡的人，以及他們能想到的任何人。他們在溫尼伯市到處張貼「你是否見過坎黛絲？」的尋人海報，展開該市有史以來最大規模的尋人行動。他們祈禱、哭泣、無法入眠。一個月過去了，他們帶著兩個較年幼的小孩去看電影《木偶奇遇記》（*Pinocchio*），想藉此分心，影片播放到老木匠葛培德（Geppetto）心碎地到處流浪尋找失蹤的兒子時，德克森一家人再也看不下去。

一月，坎黛絲失蹤七週後，德克森夫婦被請去警察局，兩位負責此案的警官詢問能不能先和克里夫單獨談談。幾分鐘後，他們把威爾瑪請入房間，關起門後，在裡頭等候的克里夫開口：「威爾瑪，他們已經找到坎黛絲了。」

他們在離德克森家四分之一英哩處的一間小棚屋找到她的屍體，手腳被綁，她是凍死的。

繼續被傷痛折磨，還是走出傷痛？

德克森一家人遭遇的不幸相同於麥克．雷諾茲，溫尼伯市對於坎黛絲的失蹤所做的反應相同於弗雷斯諾市對於金柏．雷諾茲的被殺所做的反應，德克森一家人悲痛，一如麥克．雷諾茲的悲痛。不過，這兩件悲劇的事後發展非常不同。

德克森夫婦從警局回到家時，他們家中已經聚集了許多親朋好友，他們在那裡待了一整天，到了晚上十點，只剩下德克森夫婦和一些親近友人。他們坐在廚房吃櫻桃派，這時，門鈴響了。

「我還記得當時我以為大概有人回來取遺忘在我家的手套或什麼。」德克森說。我們談話時，她坐在她家後院的一張椅子上，她斷斷續續、慢慢地述說，回憶她生命中最漫長煎熬的那一天。她打開門，外頭站的是一個陌生人，「他只說：『我是一個小孩也遭殺害的父親。』」

這男人五十幾歲，比德克森夫婦年長一個世代，幾年前，他的女兒在一家甜甜圈店被殺，那事件在溫尼伯市倍受矚目，一個名叫湯瑪斯・索佛瑙（Thomas Sophonow）的嫌疑犯被捕，並歷經三審，在獄中待了四年後，上訴法庭以罪證不足將他開釋。德克森夫婦請這陌生男子進廚房坐，並切了一片櫻桃派給他，他開始娓娓道來。

「我們全都圍桌而坐，大家都看著他，」威爾瑪說：「我記得他每一審都到場，他有一本黑色小本子，很像記者那樣，他說得非常詳細，甚至把他保留的帳單全部拿出來排列。他談到索佛瑙，談到審判的無能，談到他氣憤於沒有正義，制度無能於定罪任何人，他想要這件事有個清楚的交代。這整個過程摧毀了他，摧毀了他的家庭，他再也無法工作，他的健康也嚴重受損，他詳細述說了他歷經的醫療，我當時心想，他當場就要心臟病發了。我想他應該沒有跟太太離婚，但從他講話的樣子看來，他們的關係大概也完了。他並沒有說很多關於他女兒的事，談話內容非常貫注於司法正義，我們看得出來，他根本不必告訴我們，我們感覺得到。他一再重複的一句話是：『我告訴你們這些，是想讓你們知道接下來會如何。』最後，早已過了半夜十二點後，他打住了，看看手錶，他已講完他的故事，便起身告辭。」

「那真是可怕的一天，」德克森說：「你可以想像，我們快瘋了，我甚至不知要如何解釋那種驚呆、失去感覺的感覺，但這突如其來的經歷打破了那種感覺，因為它是如此生動強烈。我有一種感覺，覺得這很重要，我不知要如何解釋，就像是有聲音在告訴你：『做筆記，這對你們而言很重要，你們正在歷經痛苦難熬的日子，但要注意這些未來將出現的情形。』」

那位陌生人述說其命運和經歷，視之為慘劇發生後無可避免的歷程，所以他說：「我告訴你們這些，是想讓你們知道接下來會如何。」但是，在德克森夫婦看來，那男人所述說的，並不是一個預言，而是一個警告：未來可能會發生這些，若他們讓女兒的兇殺案繼續折磨他們，他們可能會失去健康，失去健全的神智，失去彼此。

「若他那晚沒來，整個情形可能會有所不同，」德克森說：「我事後想想，是他使得我們思考另一個選擇，我們對彼此說：『我們要如何走出這傷痛？』」

那晚，德克森夫婦上床睡覺，或是嘗試入眠。第二天是坎黛絲的葬禮，接著，德克森夫婦同意對媒體說話，曼尼托巴省的所有媒體幾乎全來了，坎黛絲・德克森的失蹤已經成為溫尼伯市的焦點。

「你們對於殺害坎黛絲的人有何感覺？」一名記者問。

「我們想知道是誰，這樣，我們才能和這些生命中似乎失去愛的人分享愛，」克里夫回答。

接下來是威爾瑪回答：「我們主要關切的是找到坎黛絲，現在，我們已經找到她了。此時此刻，我無法說我原諒這個人。」語氣中強調「此時此刻」這幾個字，「我們全都曾在人生中做過可怕的事，或是有這麼做的衝動。」

以暴治暴之外的選擇

很多人可能會想問：麥克．雷諾茲和威爾瑪．德克森，誰比較英勇？但這個問題問錯了，他們兩人的作為皆出於最佳意圖，並且選擇了非常勇敢的路。

兩人的差別是，他們對於使用權力或力量可以達成之事有不同的感覺和看法。德克森夫婦盡全力克制身為父母者想反擊的衝動，因為他們不確定這麼做能達成什麼，他們不相信巨人的力量。他們從小就受到門諾派宗教傳統的薰陶，門諾派教徒是和平主義者，信念及許多生活與行為理念非常不同於普遍世俗。威爾瑪的家族從俄羅斯移民而來，十八世紀時，許多門諾派教徒遷居俄羅斯，在俄羅斯革命和史達林時代，門諾派信徒一再遭到邪惡殘酷的迫害，許多門諾派信徒村莊被整村消滅，無數成年男性信徒被遣送至西伯利亞。他們的農田被奪取，被燒毀，整個社區被迫遷徙至美國和加拿大。德克森拿一張她的姨婆的相片給我看，那是很久以前拍攝的，她記得她的外婆常看著這張相片，邊流淚邊述說她的這個姊姊的故事。這姨婆是主日學校的教師，俄羅斯革命時期，武裝者來到主日學校，屠殺了她和學童。威爾瑪說，她的祖父常在半夜夢到當年發生於俄羅斯的事而驚醒，久久無法再入睡，一大早便起床去工作。她也談到她的父親有次決定不控告欠他很多錢的某人，選擇不再追究，「這是我的信仰，是我們的生活方式。」她父親說。

一些宗教運動有其勇士或教義倡導人為英雄人物，例如，十六世紀的德克．威冷斯（Dirk Willems）是門諾派的殉道者，他被逮捕並監禁於高塔，後來用撕破的布結成繩，從窗戶垂吊逃走，成功越過了結冰的城堡護城河，後面追趕他的守衛兵卻掉進冰下凍寒的河水裡。威冷斯停下腳步，回頭去救起這守衛，但這守衛如何回報他的慈悲行動呢？他把威冷斯押回監牢，威冷斯遭折磨，後來被綁在樁上，慢慢地燒死，被燒的過程中，他重複喊了七十多遍：「噢，我的主，我的上帝。」⑩

「我受的教育是，面對不義之事，有別的應對方法。」德克森說：「學校這樣教我，迫害史這樣教我。我們有一張十六世紀殉道的相片，門諾派的信念是寬恕，往前走。」對門諾派信徒而言，寬恕是一項教規：寬恕那些侵害你的人。不過，這也是一項務實的策略，其基本觀念是：制式懲罰機制能達成的有極限。門諾派信徒相信倒U形曲線。

麥克・雷諾茲不了解這種極限，他信奉的理念是：政府與法律能夠為他女兒的死伸張正義。他曾經提到著名的「傑利・迪韋恩・威廉斯」（Jerry DeWayne Williams）案件，此案涉及威廉斯在洛杉磯南方的麗浪多海灘（Redondo Beach）搶奪四個小孩的一塊披薩。由於威廉斯之前已犯案五次，包括搶劫、持有毒品、侵入民宅盜竊等，因此，搶奪披薩一案使他達到三振出局，被判刑二十五年[11]，他的刑期比另一名犯下殺人案的牢友還要長。

如今回顧起來，威廉斯一案是雷諾茲的改革運動走向終點的肇端，此案凸顯「三振出局法」的種種錯誤，這條法律未能區分披薩搶奪者與殺人犯。但雷諾茲未能了解為何威廉斯一案會引發如此大的公憤，在他看來，威廉斯已經違反了一個基本原則：他一再違犯社會法規，因此喪失了他的自由權利。就是這麼簡單，雷諾茲告訴我：「那些設計觸犯三振出局法的人是咎由自取。」在他看來，法律為屢犯者樹立了一個引以為戒的例子，他說：「媒體每報導一次類似這種某個蠢蛋搶奪一塊披薩而觸犯三振出局法的故事，比什麼都更能遏制犯罪。」

北愛爾蘭「動亂」早期，英軍就是秉持這相同的理念。當然，不能容許人們製造炸彈，藏匿自動武器，光天化日之下彼此槍戰，因為在這樣的環境下，沒有任何一個文明社會得以生存。弗里蘭將軍對暴徒採取強硬政策，絕對沒錯。

但是，弗里蘭跟雷諾茲一樣未能了解一點：縱使抱持最佳意圖來使用權力或力量，其效果仍然有一個極限點，過了這個極限點，威權就會開始導致反作用。在下瀑布社區搜查被舉報的第一棟民宅，這是合理行動，但在整個社區逐戶大肆搜查，只會導致反彈，使情況變糟。一九七〇年代中期，平均每個北愛爾蘭天主教徒住家被搜查過兩次，有些社區被搜查達十次以上。一九七二年至一九七七年間，北愛爾蘭十六歲至四十四歲的男性天主教徒平均每四人當中有一人至少被逮捕過一次⑫，就算這些人全都做過非法之事，這樣的擾民程度也不可能成功⑬。

權力能夠成就的有限，但這是不易學習的一課，需要那些當權者認知並接受：他們自以為的最大優勢（例如，他們想搜查多少房子，就搜查多少；他們想逮捕多少人，就逮捕多少；他們想把人關多久，就關多久），其效用其實是有限的。卡洛琳・薩克斯也面臨這種「任何優勢的效用有其極限」的變化版本，她以為的優勢，實際上置她於不利。但是，認知到某項教育政策帶給你的益處有限，或者，在一所很優秀的學校和一所非常優異的學校這兩者之間抉擇，這是一回事；握著躺在醫院病床上性命垂危的女兒的手，那又是另一回事。「爸爸是能夠修補一切東西的人……，爹地什麼都能修好。可是，當我們的女兒發生這事時，我卻無法把它修好。」雷諾茲說。他向女兒承諾將盡其所能地努力去防止這種事發生在其他人身上，他這麼做並沒有錯，但不幸的是，他實踐了這個承諾，卻造成加州比過去更糟。

多年來，有許多人前來弗雷斯諾市跟雷諾茲談「三振出局法」，從洛杉磯往北開幾小時車前往中央谷地，已經變成一種朝聖之旅，雷諾茲習慣帶來訪者去每日星球餐廳——她女兒在對街被槍殺前用餐的那家餐廳。我聽說在我之前，雷諾茲帶一個訪客前去那餐廳，雷諾茲和餐廳老闆起爭執，她要求雷諾茲別再帶人來參觀，她說雷諾茲這麼做傷害到她的生意，「這何時才能終了？」那老闆問。雷諾茲很生氣，他說：「是啊，她的生意會受影響，但被毀的是我們的人生。我告訴她，當我的女兒回來時，就能終了。」

我們的談話結束時，雷諾茲說想帶我去他女兒遇害的地方，我無法說好，這太難受了。於是，他把手伸過桌子，放在我的手臂上。

「你有帶皮夾嗎？」他問。他給我一張他女兒的相片，約護照大小，「這是金柏被殺前一個月拍的照片，也許可以放在皮夾裡，每當你打開皮夾時就想想，有時，你需要類似這樣地擺放著一張臉孔。」雷諾茲將永遠傷痛，「這孩子本來有光明的人生，有種種值得活下去的理由。發生了這樣的事，有人如此冷血地殺了她，真是荒唐，我們得阻止這樣的事。」

寬恕力量大

二〇〇七年，德克森夫婦接到警察局的電話。「我對他們拖延了兩個月。」德克森說，還會有什麼新發展呢？況且，坎黛絲失蹤被害已經過了二十年了，他們努力繼續往前走，重啟舊傷，又有何益？終於，他們答應了，警察來他們家，他們說：「我們已經找到殺害坎黛絲的人了。」

這麼多年來，坎黛絲陳屍的那個小棚屋被存放在警方的一座倉庫裡，現在，從現場採集到的ＤＮＡ被拿來和一個名叫馬克·格蘭特（Mark Grant）的男子的ＤＮＡ比對。格蘭特是性侵犯慣犯，成年的大部分時間都在牢裡度過，二〇一一年一月，他再度入獄。

德克森說，她受到驚嚇，不知如何反應，她已經把對女兒的記憶深埋，現在重新被挖了出來。她坐在法庭上，格蘭特被帶出來，他臉色蒼白，頭髮灰白，看起來瘦弱、不健康。「他對我們怒氣沖沖，滿是敵意，真是奇怪，我不明白他為何對我們憤怒，應該是我們對他感到憤怒才對啊！」她說：「大概到了調查庭快結束時，我才注視他，我對自己說：『他是殺了坎黛絲的人，』我記得我們彼此對看，我心想：『你是誰？你怎麼能做這種事？你現在怎能這付模樣？』」

「最難受的時刻是當我……，我要哭了……，是當我……」她停了下來，為她的流淚向我致歉。「當我想到他把坎黛絲手腳綁起來，以及這麼做的含義。性行為有不同形式，我以前沒想到……」她再度停下來。「我是純樸的門諾派教徒，當我理解到，他的快樂來自於把坎黛絲綁起來，看著她痛苦，折磨她使他獲得快感……，我不知道這麼做有沒有什麼道理。在我看來，這比淫慾或強暴更糟，你明白嗎？這不人道，我可以理解性慾可能使人犯錯，但把人這樣綁起來折磨，這是希特勒，這很恐怖，這是最差勁的。」

理論上地說寬恕，那是一回事。坎黛絲被殺害時，他們不知道兇手是誰，兇手是不知其姓名或長相的某個人，但現在，他們知道了。

「你如何能夠原諒這樣的一個人？」她繼續說：「我的故事現在變得更複雜了，我必須掙扎於自己的種種感覺和念頭，例如：『噢，他為何不死掉算了？為何沒有人把他殺死？』這些是不健康的報復念頭，就某方面來說，也是折磨他，把他的命運操控在我手裡。

「某天，我在教會裡有點失控，我當時跟一群朋友在一起，我向他們抱怨那些瘋狂的性行為。第二天早上，其中一位朋友打電話給我說：『我們一起吃早餐吧，』後來她說：『我們不能在妳這裡聊，我們得去我的公寓。』於是，我去了她家。她開始跟我談到她對色情、綁縛性愛、性虐待（SM）之類的東西上癮，她曾身歷其境，所以了解這些，她跟我聊一切關於這些的東西。我想起我很喜愛她，我們在教會一起做服事工作，但我完全不知道她的這另一面。」

至此，德克森已經聊了很長的時間，情緒也發洩了很多，現在，她說得比較慢，也比較溫和了，她繼續說道：「她很擔心，非常害怕，她之前看到了我的憤怒，現在很擔心我是不是仍然心懷憤怒，把怒氣發在她身上？我會不會嫌棄、排斥她？」德克森理解到，要寬恕她的這個朋友，她就得寬恕格蘭特，她不能有兩套道德標準，對這個朋友例外。

「我很掙扎，很不願意，」她說：「我不是聖人，我不是總能寬恕他人，這是最難做到的事。我不寬恕，那會遠遠更容易，因為有這麼多人站在我這邊（她握起一個拳頭），此時，我可以有大批的支持者，我可以有一個巨大的組織支持我。」

威爾瑪・德克森大可以變成麥克・雷諾茲，她大可以發起她自己的「三振出局法」版本，但她最終選擇不這麼做。「我選擇不寬恕的話，初始會更輕鬆、容易，」她說：「但日後卻會變得愈來愈辛苦，我想，我可能會因此失去克里夫，失去我的小孩，從另一個角度來看，我將會把他（格蘭特）加諸坎黛絲身上的痛苦轉而加諸別人身上。」

一個男人在其悲憤之中運用一州的全部權力，結果使該州陷入無益且高成本的實驗。一個女人捨棄權力賦予的希望，找到了寬恕的力量，拯救了她的友誼、婚姻和理性。不同的想法與做法，獲致全然不同的世界。

注解

① 以實用的詞語來說，「三振出局法」的內容如下：初犯（盜竊）：以前是有期徒刑兩年，現在仍是兩年；二犯（盜竊）：以前是有期徒刑四年六個月，現在是九年；三犯（取得贓物）：以前是兩年，現在是二十五年。美國其他各州及世界各國政府後來也通過自己版本的三振出局法，但其嚴格與認真執行程度皆遠不如加州。

② 參見理查・萊特和史考特・德克，*Armed Robbers in Action: Stickups and Street Culture*, Northeastern University Press, 1997。這是一本引人入勝的著作，以下再多敘述一點他們對犯罪心理的分析：

一些持械搶劫者試圖不去想被捕之事的另一個原因是，這類想法會導致高度的苦惱，他們認為，為防止這種苦惱，最好的方法就是不去想風險，一切聽天由命。他們當中的一人這麼說：「老兄，我不會去想被捕的事，因為會因此而太擔心。」由於這些犯法者幾乎全都認為自己承受快速取得錢的壓力，而且沒有合法管道可以快速取得錢，難怪他們不會去思慮被捕風險。除了犯法，別無可行選擇，那就沒必要因為犯法的潛在後果而遲疑了，無怪乎犯法者通常偏好忽視可能的風險，專注於預期報酬：「對於可能被逮捕的威脅，我是這麼想的：我寧願冒被捕被關的風險，也不要在這裡一毛錢也沒有地乾著急，而不去冒險試試能否搶到錢。」

③ 大衛・甘迺迪指出，檢視實際犯罪動機後可以發現，風險與利益的估算其實是非常主觀性的東西，他寫道：「為產生嚇阻作用，關鍵在於犯罪者和潛在犯罪者在乎什麼，他們了解和定義的成本及效益是什麼。」誠如犯罪學家安東尼・杜布（Anthony Doob）和雪兒・瑪麗・韋伯斯特（Cheryl

Marie Webster）在不久前大規模地對所有重要犯罪處罰研究進行分析後得出的結論：「我們合理評析截至目前為止的研究，特別聚焦於過去十年進行的研究，我們發現，刑度的鬆嚴對社會犯罪率並無影響。過去二十五至三十年間，並無一貫的研究文獻顯示嚴刑具有嚇阻作用。」他們的意思是，大多數已開發國家落在倒U形曲線的中間段，把罪犯關到超過他們的犯罪高峰期，以及對較年輕的犯法者祭出他們根本不在乎的威脅，這些並不會對減少犯罪產生多少效果。

④ 參見克利爾的著作《監禁社區》（*Imprisoning Communities: How Mass Incarceration Makes Disadvantaged Neighborhoods Worse*）。克利爾最早在一篇研究報告中提出十個理由，論述何以把很多人關進牢裡可能會導致和原先意圖之效果相反的結果。一開始，克利爾向重要的學術期刊投稿這篇文章，但全遭退稿，除了相關社區，沒有人相信他的論點。克利爾說：「我的世界有一個鮮為人知的事實，那就是絕大多數的懲罰領域的專業人員都不認為他們所做的事能收到改善情況之效，他們嘗試推動人性監獄，盡他們的全力，但他們親眼目睹實際情形，他們說：『我的監獄看管人員苛待牢犯，』或：『那些囚犯出獄後不會感覺更好，』或：『我們沒能提供任何他們（囚犯）需要的東西，』這對他們而言是很難過的經驗。所以，我的文章牴觸碰壁，後來，奧克拉荷馬罪犯正義研究社團（Oklahoma Criminal Justice Research Consortium）中有人問我能不能讓他們刊登這篇文章，我說可以，他便刊登於該試圖發行的期刊上。有很長一段時間，若你在Google上搜尋我的姓名，第一條搜尋結果就是這篇文章。」

⑤ 用最簡單的方式來陳述，克利爾的理論是：「一地區的大量年輕人入獄，出獄後重返故居，無益於當地居民。」

⑥ 有關「三振出局法」對加州犯罪率的影響，相關研究甚多，其中，最好的書籍類學術著作是犯罪學者富蘭克林・齊姆林（Franklin Zimring）撰寫的《刑罰與民主》（*Punishmnt and Democracy*）。以下是最近期的學術研究之一：Elsa Chen, "Impacts of 'Three Strikes and You're Out' on Crime Trends in California and Throughout the United States," *Journal of Contemporary Criminal Justice*, November 2008, vol. 24。以下節錄這篇文章的部分內容：

本研究使用橫斷面時間序列分析法來分析一九八六年至二〇〇五年州層級統計資料，以了解「三振出局法」對加州和全美的犯罪率影響。本研究的模型衡量犯罪嚇阻效果（deterrence effect）及監禁效果（incapacitation effect），分析中的控制因素包括業已存在的犯罪趨勢、經濟因素、人口結構因素及政策因素。儘管加州以外其他地區對「三振出局法」的使用有限，該法的存在顯然在全美各地使得搶劫、夜盜、盜竊、汽車偷竊等犯罪率出現輕微但快速的下降。「三振出局法」也跟兇殺犯罪率的降低有關。雖然，加州是最廣泛且最常使用「三振出局法」的一州，但這並未比那些法律較寬鬆的其他州產生更大的監禁效果。本研究的分析發現，最嚴厲的刑罰政策未必是最具成效的選擇。

⑦ 舉例而言，根據加州法律，檢察官可以選擇是否要求在判刑時爰用「三振出局法」，一些城市（例如舊金山）減少爰用此法，但在加州中央谷地的一些郡（靠近雷諾茲居住的地區），檢察官要求爰用此法的比例高出二十五倍。若「三振出局法」真的具有防止犯罪效果，那麼，一個郡使用此法的頻率應該和該郡的犯罪率降低速度有關連性。但研究發現，似乎並不明顯存在這種關連性。若「三振出局法」真的具有嚇阻犯罪效果，那麼，那些符合刑罰的違法者犯罪率降低速度應該比不符合刑

罰的違法者犯罪率降低速度來得快，但研究發現並非如此。

⑧ 一九八〇年代，加州把一〇％的預算花在高等教育，三％的預算花在獄政；「三振出局法」實施二十年後，加州把超過一〇％的預算花在獄政（相當於每人每年花五萬美元於獄政），而教育支出占總預算的比例下滑至低於八％。

⑨ 二〇一二年十一月，加州進行對「第36號議案」的公投，六八・六％的人支持此案：再犯者第三次必須是嚴重或暴力犯罪，才得處以有期徒刑二十五年至無期徒刑。該議案也允許先前依「三振出局法」判刑、目前正在服無期徒刑、但第三次並非犯嚴重罪的罪犯可以上訴申請重新判刑。

⑩《阿米希的恩典：寬恕如何超越悲劇》（*Amish Grace: How Forgiveness Transcended Tragedy*）一書中有個故事敘述一位年輕的阿米希母親，她的五歲兒子被一輛疾駛的汽車撞成重傷。阿米希跟門諾派信徒一樣（譯註：阿米希也是門諾派的一支），承繼德克・威冷斯的傳統，也跟門諾派信徒一樣，早年因為他們的信仰而遭到迫害。門諾派和阿米希的傳統裡有不少類似如下的故事：

調查的警員到場，把肇事駕駛帶到警車上進行酒測，重傷小孩的母親走到警車旁邊跟警員說話，更年幼的女兒抓著她的衣服，這個母親向警察說：「請照顧男孩，」警察回答：「救護車人員和醫生會盡他們的全力搶救，剩下的，就只能求上帝保佑了，」這母親指向坐在警車後座的肇事者，說：「我說的是這位駕駛，我們原諒他。」

⑪ 後來，法官減刑，威廉斯服刑幾年後便出獄。他的案件成為反「三振出局法」運動常引用的例子。

⑫ 社會學者派迪・希爾雅德（Paddy Hillyeard）估計一九七二年至一九七七年間，北愛爾蘭十六歲至四十四歲的男性天主教徒平均每四人當中有一人至少被逮捕過一次。平均而言，每個北愛爾蘭天主

教徒住家被搜查過兩次，但由於許多住家沒有嫌疑，因此，有些社區的一些住家可能被搜查達十次以上。一篇報導指出，英軍對一些地區的特定住戶每月進行四次戶口檢查。據估計，到了一九七四年中，英軍已經掌握北愛爾蘭約三四%至四〇%的成年及青少年人口詳細資料。一九七三年四月一日至一九七四年四月一日這一年期間，英軍總計在北愛爾蘭攔下四百萬輛汽車進行搜查。

⑬ 一九九〇年代中期，愛爾蘭共和軍每天安排前往貝爾法斯特外的探監巴士，那裡簡直就像是遊樂園。政治學家約翰・索爾（John Soule）描述北愛動亂高峰期的情形時寫道：「天主教徒社區幾乎人人都有父親、兄弟、叔伯或堂表兄弟被關在監獄裡，在這種氛圍下，年輕人認為入獄是一種榮譽的象徵，不是什麼不光采的事。」

CHAPTER

9

為正義而無視危險的樂善邦：被逼到絕境，更能產生向前衝的力量

一個法國山區小鎮的居民，不畏納粹強權的脅迫，拯救了數千名的猶太難民。從這個真實故事裡，我們看到了面對障礙與劣勢時的全新思維：想要消滅一個小鎮或一群人或一個行動，絕非如表面上看來的那麼簡單。強者未必強如其表，弱者也未必弱如其表。

收容庇護猶太人的樂善邦

法國在一九四〇年六月淪陷時，德軍允許法國人在中部的維琪市（Vichy）組成一個政府，這個政府的領導人是一次大戰時的法國英雄菲利普・貝當元帥（Marshal Philippe

Pétain）。貝當被德軍授予獨裁者的全權，他積極與德國人合作，剝奪猶太人的權利，把他們逐出所屬專業領域，廢除反對反猶太主義的法律，圍捕法國的猶太人，把他們關入拘留營，採取其他十多項大大小小的獨裁措施，包括要求法國學童每天早晨以百分之百的法西斯禮（右臂向前伸直，手掌朝向）向法國國旗致敬。在德國占領下必須做出的種種調整當中，以法西斯禮向國旗致敬算是小事一樁了，大多數人都遵從，但法國中南部小鎮麗儂河畔樂善邦（Le Chambon-sur-Lignon）的居民連這小事也不遵從。

樂善邦是維瓦瑞斯高原（Vivarais Plateau）上的十多個村莊之一，這片山巒起伏的高原在法國中南部，離法義和法瑞邊界不遠，冬季冰雪嚴寒。這是個偏遠地區，距離最近的大城都在遠處的山腳下，居民大多務農維生，農田深藏於松林之間。長達幾世紀期間，樂善邦是各支異端新教派遷居落腳之地，其中最大的是胡格諾教派，當地胡格諾教派的牧師安德列・卓梅（André Trocmé）是個和平主義者。法國淪陷後的某個星期天，卓梅在樂善邦新教教堂舉行一場布道，「在逆境中，愛、寬恕及行善是我們的本分，」他說：「但我們必須不退讓、不怯懦地這麼做，不論何時，當我們的逆境試煉我們，要我們順從地做出違背福音訓令之事時，我們應當抗拒。我們應當毫不畏懼地、但也毫不驕傲、毫無仇恨地這麼做。」

在卓梅看來，伸直手臂向維琪政府行法西斯禮，就是一個「順從地做出違背福音訓令之事」的好例子。他和他的同座牧師愛德華・提斯（Édouard Theis）幾年前在樂善邦創立了一所學校賽凡諾學院（Collège Cévenol），他們決定，這所學校不設旗杆，也不行法西斯禮。

維琪政府的下一步是要求所有法國老師簽署效忠政府的誓言，卓梅、提斯以及賽凡諾學院的全體教職員拒絕。貝當要求法國的每所學校必須懸掛他的肖像，卓梅和提斯嫌惡地置之不理。維琪政府成立滿一週年時，貝當下令全國各鄉市鎮在八月一日正午敲響教堂鐘聲，卓梅要其教堂守衛阿梅莉（Amélie）不用理會，來鎮上避暑的兩個居民前來教堂抱怨，阿梅莉淡然地說：「鐘鈴不屬於統帥，它屬於上帝，只為上帝而響。」

一九四〇年整年，全歐洲各地猶太人的境況愈來愈悲慘。某日，一個女人出現於卓梅家門口，驚恐不已，在寒冬中顫抖，她說她是猶太人，生命危險，她聽說樂善邦是個友善的地方。「我說：『進來吧，』一切就此開始。」卓梅的太太梅格達（Magda）多年後回憶。

很快地，愈來愈多猶太難民來到樂善邦。卓梅搭火車去馬賽，跟一個名叫柏恩斯・查爾默斯（Burns Chalmers）的貴格會教友會面。貴格會教徒對設立於法國南部的拘留營提供人道協助，那些拘留營環境非常糟，老鼠、蝨子橫行，各種疾病蔓延，光是其中一個拘留營就在一九四〇年至一九四四年間死了一千一百名猶太人。許多在拘留營中得以存活下來的猶太人，最終被東移至納粹集中營後遭到殺害。貴格會教徒有辦法把人（尤其是小孩）弄出拘留營，但沒有地方能安置他們，卓梅主動提供樂善邦，原本稀稀落落地前來樂善邦山區的猶太人，現在突然大批到來。

一九四二年夏天，維琪政府內掌管青年事務的喬治斯・拉米蘭德（Georges Lamirand）因公來到樂善邦，貝當要他在法國各地設置青年營，仿效德國的希特勒青年營。

穿著光鮮海軍藍制服的拉米蘭德及其隨從堂而皇之地來到山上，他的行程中要求當地準備一場款宴，然後遊行前往鎮上的運動場和當地青年會面，接著再來一場盛大正式的歡迎會。但是，款宴的菜色很差，卓梅的女兒還「不小心」把湯濺到拉米德蘭後背的制服上。遊行時，街道兩旁民眾稀稀落落；來到運動場上，什麼也沒安排，孩子們磨磨蹭蹭，相互推擠，愣頭愣腦地東瞧西望。歡迎會上，一位鎮民站起來誦讀《新約全書》的〈羅馬人書〉第十三章第八節：「凡事都不可虧欠人，惟有彼此相愛，因為愛人的就完全了律法。」

接著，一群學生走向拉米蘭德，當著全鎮人的面，呈給他一封信，這封信是在卓梅的協助下撰寫的。那年夏天稍早，維琪政府的警察在納粹要求下，在巴黎逮捕了一萬兩千名猶太人，這些猶太人被拘留在巴黎南區的自行車冬賽館（Vélodrome d'Hiver），再轉送至奧茲維茲（Auschwitz）集中營。樂善邦的孩子不希望這種事發生在樂善邦，「部長，」這封信寫道：

> 我們得知三週前發生於巴黎的可怕事件，法國警方在占領政權命令之下，前往住家逮捕了巴黎的所有猶太家庭，把他們拘留在冬賽館。為人父者和他們的家人拆散，被送去德國；小孩與他們的母親拆散，母親的命運也跟她們的丈夫一樣……。我們擔心驅逐猶太人的做法很快就會推行至南部。
>
> 我們覺得有義務告訴你，我們之中有相當數量的猶太人。但是，我們這裡並不區分猶太人與非猶太人，這違反福音對我們的教導。
>
> 我們的這些同伴唯一的錯就是出生於另一個不同的宗教，若他們收到要驅逐他們、甚至審問他們的命令，他們將不會遵從此命令，我們也會盡我們所能地藏匿他們。

我們這裡有猶太人，你們不會抓到他們。

我不知道什麼是危險

為何納粹不來樂善邦，拿這裡殺雞儆猴呢？卓梅和提斯創立的學校，大戰前夕只有十八名學生，到了一九四四年，已經增加到了三百五十人，不需要什麼好頭腦或好數學，也能知道這多出的三百三十二名學生是打哪來的。這個小鎮也沒把它做的事當成什麼大祕密，學生們的信裡白紙黑字寫著：「我們覺得有義務告訴你，我們之中有相當數量的猶太人。」一名助理敘述，每個月有幾列來自里昂的火車載來十多名猶太小孩，她先把他們安置在火車站旁的五月旅館，然後，她在鎮上各地走動，找到收容這些小孩的家庭。在法國，維琪政權的法律規定，運送和藏匿猶太難民是違法行為，大戰期間，納粹已多次明示，他們不打算在猶太人的問題上有任何妥協。維琪政府曾在樂善邦鎮上設立辦事處三週，在鎮上和周圍鄉間搜尋猶太難民，但只逮捕了兩人，其中一人稍後獲釋。他們為何不乾脆把全鎮的人召集起來，把他們送往奧茲維茲集中營？

菲利普・赫利（Philip Hallie）的著作《不流無辜人的血》（*Lest Innocent Blood Be*

Shed）敘述發生於樂善邦的這個重要歷史故事，他在書中指出，大戰末期，這個小鎮受到該區蓋世太保高階軍官朱利亞斯・施瑪林少校（Major Julius Schmahling）的保護，此外，當地的維琪政府警察機關裡也有很多富同情心的人。卓梅有時在深夜接到電話，警告他翌日將有突擊檢查。有時候，在接獲藏匿猶太難民的線報後，一隊當地警察出動，他們會先在鎮上一間咖啡館喝咖啡喝上好一段時間，讓鎮上所有人獲得充分警告，得知他們來此的意圖。德軍本身已經自顧不暇了，尤其是到了一九四三年，他們在東線的戰事已經開始吃緊，他們大概不想和一群好辯、頑強的山區傢伙們開戰。

不過，最好的答案是《以小勝大》這本書想闡明的一點：想要消滅一個小鎮或一群人或一個行動，絕非如表面上看來的那麼簡單；強者未必強如其表，弱者也未必弱如其表。樂善邦的胡格諾派教徒是最早的法國新教徒的後裔，早年，他們的先人長期遭到迫害殺戮，想消滅他們。在十六世紀的宗教改革運動中，胡格諾教派脫離天主教，使他們成為法國政府眼中的反叛者，一個又一個的法國國王採取各種行動，想使他們回歸天主教。胡格諾教派運動被禁，教徒被公開逮捕與屠殺，無數男性教徒被送上絞臺，女性被終身監禁，小孩被送到天主教徒家庭養育，以使他們脫離原來的信仰。這種恐怖統治與迫害長達超過一世紀，到了十七世紀後期，二十多萬名胡格諾派教徒從法國逃往歐洲和北美洲其他國家，少數留在法國本土的教徒被迫轉為地下活動，他們在偏遠的森林地區祕密舉行禮拜儀式，他們隱居於維瓦瑞斯高原上的高山村莊，他們在瑞士設立一所神學院，把神職人員偷運過邊界。他們學會了逃避、偽裝、掩飾、隱匿等技巧，就像大轟炸之下的倫敦人，他們留下來，領悟到他們其實並不害怕，他們只害怕自己因為迫害而心生害怕①。

「我們村裡的人早已知道迫害是什麼樣的情形，」梅格達說：「他們經常談到他們的祖先。許多年過去了，他們已經遺忘了，但德軍來到時，他們記起來了，他們比其他村莊的人更了解遭迫害的猶太人，因為他們早已有這樣的準備。」梅格達說，當第一位猶太難民出現在她家門口時，她從未有拒絕的念頭，「我不知道什麼是危險，沒有人會想那個。」我不知道什麼是危險，沒有人會想那個？在法國其他地區，所有人想到的是生命有多危險，但樂善邦的居民不會想這個。第一批猶太難民抵達時，鎮上居民為他們製作假文件，這社區已經有長達一世紀隱藏其實際宗教信仰而不讓政府得知的經驗，偽造文件根本難不倒他們。他們把猶太人藏匿在他們幾世代藏匿的地方，他們用三百多年來使用的路徑，把猶太人偷運過邊界，前往瑞士。梅格達說：「有人問我：『妳當時如何做決定？』根本沒有什麼決定要做。只需想想：你是否認為我們世人全都是兄弟？你是否認為把猶太人交出去是不義之事？若是，那我們就試著幫助他們吧！」

幾世紀前，法國政府試圖消滅胡格諾教派，反而在其國家創造出一塊堅不可摧的地區。誠如安德列・卓梅所言：「納粹哪能窮盡這麼一個民族的資源呢？」

邪惡與不幸能造成的傷害有其極限

安德列・卓梅出生於一九〇一年，高個兒，身材結實，有個長鼻子和一對銳利藍眼，工作勤奮，在樂善邦到處奔波，他的女兒妮莉（Nelly）描繪：「他全身散發著責任感。」卓梅稱自己是和平主義者，其實，他一點也不「和平」，他和太太梅格達常大聲爭吵辯論，他常被描繪為「被上帝征服的剛烈男」。他在自傳中寫道：「他被下了詛咒，從此開始溫和，變得平淡乏味且謙卑，再也不涉足脫離基督教信仰的大洪流。」

拉米蘭德來訪的六個月後，卓梅和提斯被捕，監禁於一個拘留營，菲利普・赫利在其書中指出：「這個拘留營丈量被拘留者的鼻子，以判別他們是不是猶太人。」一個月後，卓梅和提斯被告知，若他們宣誓為了法國的安全和貝當元帥的國家革命益處，毫無異議地服從政府當局，他們就可獲釋。卓梅和提斯拒絕，拘留營的營長覺得難以置信，因為拘留營裡的大多數人最終都會被送去毒氣室毒死。只要這兩人簽署一份有點像愛國樣本的文件，他們就可獲釋回家。

「這是什麼？」拘留營營長對他們咆哮：「這份誓約一點不違背你們的良知！元帥一心都是為了法國好！」

「至少有一點，我們無法認同元帥，」卓梅回答：「他把猶太人交給德國人……。我們返家後，一定會繼續反抗，一定會繼續不遵從政府的命令，那麼，我們現在又怎能簽署這誓約？」

最終，拘留營的官員投降，釋放他們。

後來，蓋世太保升高對樂善邦的搜查時，卓梅和提斯被迫逃亡，提斯加入地下組織，在大戰剩餘期間護送猶太人越過阿爾卑斯山，前往安全的瑞士。（日後，提斯向赫利解釋他當年的這個決定：「這不明智，但你知道，我還是得這麼做。」）卓梅帶著偽造文件，逃經許多城鎮，儘管小心翼翼，最終還是在里昂火車站被捕。那段期間，卓梅既狼狽，又不安，不僅要擔心可能被捕，更重要的問題是他的假文件。赫利寫道：

> 他的身分證上的名字是「貝貴」（Béguet），他們會問他這是不是他的真名，那麼一來，他就得撒謊以隱瞞自己的身分，但他不能撒謊，撒謊——尤其是為了

救自己的命而撒謊，「這是淪落到上帝未叫我做的妥協，」卓梅在其自傳中這麼寫。用偽造的身分證救他人或自己的命，那是一回事；為了自衛而對另一個人撒謊，那又是不同的另一回事。

為自己偽造身分證，對某個警員說一個假名，這兩者真的有道德上的差別嗎？大概沒有。卓梅當時帶著他的一個年幼兒子逃命，在此期間，他仍然積極從事藏匿難民的行動，也就是說，他有充分情有可原的處境撒無惡意的謊。

但這不是重點。卓梅在當時被視為討人嫌的不合作者（disagreeable），就跟傑伊．弗雷瑞奇、懷特．沃克、弗瑞．夏特斯沃等人一樣，而討人嫌的不合作者在做考量和計算時，跟我們這些人是不一樣的。沃克和夏特斯沃沒啥可損失的，若你的房子被炸，三K黨人包圍你的車子，用拳猛揍你，還會有什麼更糟的事呢？傑伊．弗雷瑞奇被要求停止他在做的事，而且被警告他的所作所為可能會危及他的事業，他遭到同儕的嘲諷、責罵與背棄，他抓住垂死的病童，用粗針刺入他們的細骨，可是，他曾經歷更糟的境況，哪裡還會在乎這些呢？把自身利益置之度外的胡格諾派教徒，早在幾世紀前就被迫改變他們的信仰，或是遭到迫害，或是遠走他鄉，留下的是頑固與反抗。

逮捕卓梅的警官並未詢問他的身分文件真偽，警察聽信了他的說詞，把他帶回火車站，他和兒子會合後，從邊門逃走。但是，他已經在心裡下了決定，若警察詢問他是不是「貝貴」，他會據實回答：「我不是蒙西爾・貝貴（Monsieur Béguet），我是安德列・卓梅牧師。」他不在乎。若你是歌利亞，你要如何戰勝抱持這種思維的人？你當然會殺了他，但這麼做，就會跟北愛爾蘭的英軍和加州的「三振出局法」運動一樣引發逆火。過度使用權力將導致正當性問題，缺乏正當性的蠻力將引發反抗，而非獲致順從與屈服。你可以殺了安德列・卓梅，但極可能再出現另一個安德列・卓梅。

卓梅十歲時，某日，他的家人開車前往他們位於鄉間的住屋，他和兩個哥哥及一個表哥坐後座，父母在前座。前面的一輛車子開太慢，卓梅的父親很生氣，便加速超車，母親驚叫：「保羅，保羅，別這麼快，這樣會出意外！」車子失控衝出翻覆。卓梅奮力爬出車外，父親、哥哥和表哥都還好，母親躺在三十公尺外，已無生命跡象。相較於看到自己的母親死在路邊，與納粹對抗就不足為道了。多年後，卓梅寫到已故的母親：

> 自那時起，若我曾經過得很荒唐，若我曾經是那麼孤僻，若我曾經懷疑一切，若我曾經是個宿命論者，是個悲觀、天天等死、差點尋死的孩子，若我這麼慢敞開

自己的心胸，這麼晚才開始擁抱快樂，若我仍然是一個陰鬱嚴肅的人，無法開懷大笑，這全都是因為妳在那個六月二十四日的那條路上離我而去。但是，若我相信了永恆的真實……，若我投向追求永恆的真實，這也是因為我曾經孤獨，因為妳不再當我的上帝，不再用妳那豐富、強烈的生命填補我的心靈。

在法國收容庇護猶太人的，並不是權貴及幸運者，而是那些卑微者和受創者。這也提醒我們，邪惡與不幸能造成的傷害終究有其極限。若你轟炸一個城市，固然造成死傷與破壞，但你會創造出一個「遠遠躲過」而變得更堅強的社群。若你奪走一個孩子的母親或父親，將導致這孩子痛苦與絕望，但是，每十個這樣的孩子當中，將會有一個走出絕望，成為不屈不撓的人。若你奪走一個人的閱讀能力，你將會造就他的優秀聆聽力。你看見巨人和牧童在以拉谷即將對戰，你的目光被巨人的利刀、堅盾和閃閃發光的盔甲所吸引；但是，這世上有太多卓越和可貴的東西來自牧童，他具有超乎我們想像的力量與意志。

梅格達和安德列的長子尚皮耶是個敏感、有才華的青少年，安德列深愛他。大戰末的一個晚上，他們全家人去觀賞改編自維庸（Francois Villon）的詩作〈吊死者之歌〉（The Ballad of the Hanged Man）的獨奏會。第二天晚上，他們外出晚餐回到家，發現尚皮耶在浴室吊在套索上，卓梅踉踉蹌蹌地衝上前，喊叫著：「尚皮耶！尚皮耶！」多年後，卓梅寫道：

> 至今，我仍然忘不了我兒子的死，我像一棵被截了的松樹。頂部被截的松樹不會往上再生，它們從此扭曲殘缺。

想必，寫到這裡，他停頓了，因為，樂善邦發生的種種顯示，生命裡還有更多的故事和意義。接著，他寫道：

> 它們生長得更茂密，或許，我現在的生命就是如此。

注解

①歷史學家克麗絲汀・范德桑登（Christine van der Zanden）稱維瓦瑞斯高原為「好客的高原」（The Plateau of Hospitality），這個地區收容難民的歷史淵長。一七九〇年，法國議會宣布，所有天主教神職人員必須向政府宣誓，使得教會臣屬於政府，違抗者將被捕入獄。那些拒絕簽署此宣誓的神職人員開始逃命，他們逃往哪裡呢？逃至居民早已嫻熟挑戰反抗技巧的維瓦瑞斯高原，於是，逃遷至這個地區的異端者愈來愈多。一次大戰期間，維瓦瑞斯高原的居民收容難民；西班牙內戰期間，他們收容逃避佛朗哥將軍的法西斯部隊的難民；納粹恐怖統治早期，他們收容來自奧地利和德國的社會主義人士和共產主義人士。

致謝

《以小勝大》從許多人的智慧和慷慨中獲益良多，他們是：我的父母、我的經紀人Tina Bennett、《紐約客》的編輯Henry Finder、Geoff Shandler和Pamela Marshall以及Little Brown出版公司的整個團隊、英國企鵝出版集團的Helen Conford。還有我眾多友人：Charles Randolph、Sarah Lyall、Jacob Weisberg、the Lyntons、Terry Martin、Tali Farhadian、Emaily Hunt和Robert McCrum。特別感謝事實查證員Jane Kim和Carey Dunne，以及我的神學顧問：加拿大安大略省基秦拿市（Kitchener）the Gathering Church（重浸會，門諾教派一支）的Jim Leopp Thiessen。並且感謝永遠的大師Bill Phillips。

以小勝大：弱者如何找到優勢，反敗為勝？（暢銷慶功版）/ 麥爾坎．葛拉威爾（Malcolm Gladwell）著；李芳齡譯 --三版. --台北市：時報出版, 2022. 4 ；320面 ；14.8x21公分
（葛拉威爾作品集：12）
譯自 David and Goliath
ISBN 978-626-335- 126-4（平裝）
成功法

177.2 111002616

David and Goliath

ISBN 978-626-335-126-4
Printed in Taiwan

葛拉威爾作品集 12

以小勝大：弱者如何找到優勢，反敗為勝？(暢銷慶功版)

David and Goliath : Underdogs, Misfits, and The Art of Battling Giants

作者 麥爾坎．葛拉威爾 Malcolm Gladwell｜**譯者** 李芳齡｜**主編** 陳家仁｜**編輯** 黃凱怡｜**封面設計** 陳恩安｜**企劃** 藍秋惠｜**總編輯** 胡金倫｜**董事長** 趙政岷｜**出版者** 時報文化出版企業股份有限公司 108019台北市和平西路三段240號4樓｜**發行專線** 02-2306-6842 **讀者服務專線**—0800-231-705．(02)2304-7103 **讀者服務傳真**—(02)2304-6858 **郵撥**—19344724時報文化出版公司 **信箱**—10899臺北華江橋郵局第99信箱 **時報悅讀網**—http://www.readingtimes.com.tw｜**法律顧問**—理律法律事務所 陳長文律師、李念祖律師｜**印刷**—勁達印刷有限公司｜**初版一刷** 2013年12月20日｜**三版一刷** 2022年4月15日｜**定價** 新台幣420元｜版權所有 翻印必究（缺頁或破損的書，請寄回更換）

時報文化出版公司成立於1975年，並於1999年股票上櫃公開發行，於2008年脫離中時集團非屬旺中，以「尊重智慧與創意的文化事業」為信念。